博士论文
出版项目

中英语码转换加工机制的多层面研究:
来自眼动的证据

A Multi-level Study on the Processing Mechanisms of
Chinese-English Code-switching:
Evidence from the Eye-movements

李 锐 著

中国社会科学出版社

图书在版编目(CIP)数据

中英语码转换加工机制的多层面研究：来自眼动的证据 / 李锐著 . —北京：中国社会科学出版社，2020.7
ISBN 978-7-5203-6018-0

Ⅰ.①中… Ⅱ.①李… Ⅲ.①汉语—英语—转换（语言学）—研究 Ⅳ.①H14②H314

中国版本图书馆 CIP 数据核字（2020）第 028344 号

出 版 人	赵剑英
责任编辑	任　明
责任校对	张依婧
责任印制	郝美娜

出　　版	中国社会科学出版社
社　　址	北京鼓楼西大街甲 158 号
邮　　编	100720
网　　址	http://www.csspw.cn
发 行 部	010-84083685
门 市 部	010-84029450
经　　销	新华书店及其他书店

印刷装订	北京君升印刷有限公司
版　　次	2020 年 7 月第 1 版
印　　次	2020 年 7 月第 1 次印刷

开　　本	710×1000　1/16
印　　张	16.75
字　　数	226 千字
定　　价	98.00 元

凡购买中国社会科学出版社图书，如有质量问题请与本社营销中心联系调换
电话：010-84083683
版权所有　侵权必究

出 版 说 明

　　为进一步加大对哲学社会科学领域青年人才扶持力度，促进优秀青年学者更快更好成长，国家社科基金设立博士论文出版项目，重点资助学术基础扎实、具有创新意识和发展潜力的青年学者。2019年经组织申报、专家评审、社会公示，评选出首批博士论文项目。按照"统一标识、统一封面、统一版式、统一标准"的总体要求，现予出版，以飨读者。

全国哲学社会科学工作办公室

2020年7月

序

《中英语码转换加工机制的多层面研究：来自眼动的证据》是我在 2019 年为李锐博士作序的第二本专著了。今年，的确是李锐博士在学术上大丰收的一年。年初，论文被国外 SSCI 收录期刊接受的消息频传；年中，传来李锐博士荣膺"人文社科领域 2019 年度国际期刊同行评议奖"的消息；年末，又闻李锐博士依托江苏省优秀博士论文《中英语码转换加工机制的多层面研究：来自眼动的证据》获得了 2019 年国家社科基金后期资助项目立项的喜讯。在其研究成果即将付梓，作为他攻读博士学位期间的指导教师，应邀作序，倍感欣慰。

李锐博士撰写的《中英语码转换加工机制的多层面研究：来自眼动的证据》专著分为八章。第一、第二和第三章为前言、文献回顾和研究方法。第四至第六章分别从语素、语音和句子三个层面提供了三项中英语码转换心理语言学实验的研究结果。第七章结合以往研究对三项实验结果进行了梳理和讨论。第八章总结了研究发现、不足和对未来研究的展望。

总体看来，该专著的特色有三。一是系统的研究层面。以往的语码转换研究，大都局限于词汇或句子层面。该专著从语素、语音和句子三个层面，系统探讨了语码转换的认知机制。二是融合的研究方法。该专著融合了心理语言学测量中广泛认可的句法接受度测试任务和时间分辨率较高的眼动技术等方法，为多层面视角探讨语码转换机制提供了多种研究方法融合的范例。三是完善的解释理论。

针对语码转换所遵循的原则，该专著提出了"非制约观"的阐释理论；对于语码转换的时间进程特征，该专著应用了"双语句法系统非选择性激活观"的解释理论；针对不同语言水平二语者的差异，该专著又借用了"参数重设理论"进行分析。

期望李锐博士在新的一年，再创佳绩！

是为序。

倪传斌　教授、博导
2019 年 12 月 28 日于茶苑

摘　　要

　　新近，语码转换的研究业已呈现跨学科融合之势，相关领域研究的成果丰硕。然而，学界在语码转换的理论及实证研究间的融合仍有待深化。首先，国外学者针对句法学视角的语码转换研究才刚刚起步，尚且不够成熟，基于同一（印欧）语系所建构的语码转换理论，亦有待得到跨语系语码转换汇流性证据的支撑。相较而言，国内学者专门针对句法学视角的语码转换的多层面研究更是较为欠缺。其次，就句法学视角的语码转换理论来看，学界尚存较大争议，其争论的焦点为：语码转换是否存在独立于双语句法系统的转换特异的"第三语法"（third grammar），由此引发了句法学视角的语码转换的"制约观"（constraint-based account）和"非制约观"（constraint-free account）之争。最后，学界在语码转换加工时间进程（time-course of CS processing）及受试水平（language proficiency）等方面的考察尚未定论，仍有较大的挖掘空间。有鉴于此，本研究试图从句法学和心理语言学双重视角出发，依托于时间分辨率较高、生态效度较好的眼动阅读技术研究手段，在语素、语音和句子三个层面对不同语言水平的英语学习者展开实证考察，冀为揭示句法学视角的语码转换理论提供一定的跨语系在线加工证据支持。主要研究问题有三：（1）中英语码转换在语素层面是否存在转换代价？如果存在，其转码代价具有怎样的特征？（2）中英语码转换在语音层面是否存在转换代价？如果存在，其转码代价具有怎样的特征？（3）中英语码转换在句子层面是否存在转换代价？如果存在，其转码代价具有怎样的特征？

针对上述问题，本研究开展了三项中英语码转换的眼动实验。实验一：语素层面的功能语类短语。通过分析不同水平受试在目标词上的眼动指标，探讨中英语码转换在语素层面的加工机制。实验招募年龄相仿的 31 名高级水平受试（英专硕士生）及 32 名中级水平受试（非英专硕士生）参与眼动阅读任务，从而构成 2（语言水平）×4（呈现条件）的混合实验设计。其中，"语言水平"为组间变量，而"呈现条件"为组内变量。实验二：语音层面的音节重复短语。通过分析不同水平受试在目标词上的眼动指标，探明中英语码转换在语音层面的加工机制。实验招募年龄相仿的 28 名高级水平受试及 29 名中级水平受试参与眼动阅读任务。实验前后分为两个测试阶段，为了防止记忆效应，两个阶段相隔近两个月，且每个阶段测试材料为音节重复或不重复的短语，从而构成 2（语言水平）×2（音节重复性）×4（呈现条件）的混合实验设计。其中，"语言水平"为组间变量，而"音节重复性"和"呈现条件"均为组内变量。实验三：句子层面的 Wh-疑问句。通过分析不同水平受试在目标词上的眼动指标，探究中英语码转换在句子层面的加工机制。实验招募年龄相仿的 28 名高级水平受试及 29 名中级水平受试参与眼动阅读任务，从而构成 2（语言水平）×4（呈现条件）的混合实验设计。其中，"语言水平"为组间变量，而"呈现条件"为组内变量。

就以上三项实验，本研究得到如下结论：（1）中英语码转换在语素层面存在转换代价。表现为，不同呈现条件的语码转换限定词短语具有不同的转码代价。就句法学视角的语码转换理论来看，语素层面的中英语码转换可能并不支持以"制约观"为代表的"功能中心语原则"（functional head constraint），而支持以"非制约观"为代表的"最简理论"（minimalist program）。（2）中英语码转换在语音层面亦存在转换代价。虽然在音节重复性条件下并未发现显著的转换代价差异，但不同呈现条件的语码转换限定词短语仍具有不同的转码代价。基于句法学视角的语码转换理论，语音层面的中英语码转换可能并不支持以"制约观"为代表的"触发理论"（triggering theory），而支持以"非制约观"为代表的"最简理论"。（3）在句子层面上，中英语码转换与语素和语音层面一样，存在明显的转换代价。在不同呈现条件的 Wh-疑问句中，语码转换的目标词均具有不同的转码代价。就句法学视角的语码转换理论而言，这一结果进一步支持句子层面的中英语码转换以"非制约观"为代表的"最简理论"。从上述三个层面的研究结果推测，语码转换可能并不存在独立于双语句法系统的"第三语法"。此外，对于中英语码转换时间进程的综合考察，三项实验均表明，中英语码转换的句法效应在语言加工的早期阶段业已肇始，并一直持续到晚期阶段。该结论可由"层级符号运算模型"（gradient symbolic computation）的"双语句法系统非选择性激活观"进行阐释；而就语言水平对中英语码转换的调节作用而言，三项实验均显示，不同语言水平的受试对转换代价的调节作用较为有限。因此表明，不论是中级英语学习者还是高级英语学习者，均习得了"不可解"的句法特征，本研究所得结论总体上符合二语习得的"完全迁移/完全通达"（full transfer full access model）理论预期。

本研究的意义体现在以下几个方面：（1）从理论贡献来看，本研究对以"第三语法"为代表的"制约观"提出理论挑战，明确了中英语码转换所遵循的"非制约观"这一句法学理论阐释；对于语码转换时间进程的考察，为"层级符号运算模型"的"双语句法系统非选择性激活观"提供新的实证研究证据。此外，针对不同语言水平学习者的研究，进一步明确了二语习得的参数重设理论观点，即"完全迁移/完全通达"的二语习得观。（2）从研究方法来看，本研究结合了业界认可的句法接受任务和时间分辨率较高、生态效度较好的眼动阅读技术，为句法学视角的语码转换理论提供精密、可靠的数据支持，有助于揭示其加工的时间进程。（3）从研究对象来看，本研究通过对不同语言水平的中国英语学习者的研究，丰富了语码转换的研究对象,为句法学视角的语码转换理论提供较为翔实的跨语系语码转换汇流性证据,有助于丰富其理论的普适性。(4)从研究内容来看,本研究较为全面地考察句法学视角的中英语码转换在三个层面(语音、语素和句子)、两种句法操作("合并"和"移位")及两大理论争议("制约观"对阵"非制约观")下的具体表现,为句法学视角的语码转换研究提供可资借鉴的多层面研究框架及内容,有助于拓宽其后续研究维度。

关键词:中英语码转换;句法;认知;眼动

Abstract

To date, code-switching (CS hereafter) studies are undergoing interdisciplinary attempts with fruitful achievements. While the interplay between theoretical and empirical studies of CS remains to be reinforced for numerous reasons. Firstly, studies regarding the syntactic aspects of CS are in their infancy, and the related theories on the Indo-European family desperately require to be checked with the converging and cross-linguistic evidence. Moreover, little is known about the syntactic aspects of Chinese-English CS with regards to domestic studies. Secondly, the syntactic aspects of CS are far from consensus, and the theoretical disputes reside in the existence of CS-specific "third grammar" that is independent of bilingual syntactic systems, namely, the disputes between "constraint-based account" and "constraint-free account". Lastly, two crucial issues of CS (viz. time-course and language proficiency) are not satisfactorily settled, leaving much space to further explore. Given the aforementioned, the present study, by applying the syntactic approach at the morphological, phonological and sentential level, attempts to recruit two groups of Chinese EFL learners of different language proficiency to participate in three temporally sensitive and ecologically valid eye-movement experiments, in the hope of explicating the syntactic aspects of CS with converging and cross-linguistic online evidence. Consequently, three general research questions are put forward. First, can Chinese-English CS costs be observed at morphological level? If yes, what characterizes such costs? Second, can Chinese-English CS costs be observed at phonological level? If yes, what characterizes such costs? Third, can Chinese - English CS costs be observed at sentential level? If yes, what characterizes such costs?

Concerning those questions, three eye-movement tasks of Chinese-English CS were conducted as follows. To be specific, Experiment 1: *Functional category of code-switched DPs at morphological level*. This experiment, by analyzing the eye-movement indexes between two groups of participants, attempted to discover the processing mechanisms at morphological level. 31 post-graduates majoring in English (advanced group) and the other 32 post-graduates majoring in non-English (intermediate group) were recruited to take part in the eye-movement task. In this sense, a mixed ANOVA design with 2 (Language Proficiency) × 4 (Conditions) was established. Language Proficiency was between-group variable, and Conditions within - group variable. Experiment 2: *Syllabically-overlapped code-switched DPs at phonological level*. The experiment, by analyzing the eye-movement indexes between two groups of participants, attempted to discover the processing mechanisms at phonological level. 28 post-graduates majoring in English (advanced group) and the other 29 post-graduates majoring in non-English (intermediate group) were recruited to take part in the eye-movement task. To avoid repetition effects, two experimental sessions that present either syllabic overlapped or non-overlapped materials were deliberately set to last for 2 months interval. As such, a mixed ANOVA design with 2 (Language Proficiency) × 2 (Syllabic - overlap) × 4 (Conditions) was established. Language Proficiency was the between - group variable, and Syllabic-overlap and Conditions the within-group variable. Experiment 3: *Wh - question in code - switched sentences at sentential level*. This experiment, by analyzing the eye-movement indexes between two groups of participants, attempted to discover the processing mechanisms at sentential level. 28 post-graduates majoring in English (advanced group) and the other 29 post-graduates majoring in non-English (intermediate group) were recruited to take part in the eye-movement task. In this sense, a mixed ANOVA design with 2 (Language Proficiency) × 4 (Conditions) was established. Language Proficiency was the between-group variable, and Conditions the within-group variable.

Taken together, research findings could be summarized as follows. First, Chinese-English CS costs can be observed at morphologicalleve. Specifically, switch costs at code-switched conditions seem to differ from each other. Consequently, the syntactic aspects of Chinese-English CS at morphological level cannot be supported by the functional head constraint (FHC), a typical representative of "constraint-based account", but by the theoretical predictions of minimalist program (MP), a representative of "constraint-free account". Second, Chinese-English CS costs can be observed at phonological level. Specifically, switch costs of syllabically-overlapped conditions do not differ from each other, while switch costs at code-switched conditions seem to differ from each other. Thus, the syntactic aspects of Chinese-English CS at phonological level cannot be supported by the triggering theory, a typical representative of "constraint-based account", but by the theoretical predictions of MP, a representative of "constraint-free account". Third, Chinese-English code-switching costs can be observed at sentential level, specifically, switch costs of *wh*-question in different code-switched sentences seem to differ from each other. Therefore, the syntactic aspects of Chinese-English CS at sentential level can further be supported by the theoretical predictions of MP, a representative of "constraint-free account". Above all, the "third grammar" independent of bilingual syntactic systems might be non-existent. Furthermore, the exploration regards the time-course of

Chinese-English CS, as a whole, reveals that robust switch effects can be observed from the very early stage to the late stage of CS processing, which could be explained by the ideas of "coactivation in bilingual grammars" under the gradient symbolic computation. Lastly, as far as the effects of language proficiency among three experiments are concerned, language proficiency might play a limited modulating role in Chinese-English CS. That is, both groups of participants acquired the uninterpretable features (e.g., "[+uNum]" or "[+uwh]") seem to support the theoretical predictions of Full Transfer/Full Access Model (FTFAM).

The contributions were also obtained as follows. First, *theoretical contributions*. The present study posed threat to the existence of "third grammar" as the typical representative of "constraint-based account", so as to ensure the theoretical stance of "constraint-free account" in Chinese-English CS. New evidence of "coactivation in bilingual grammars" under the gradient symbolic computation was provided, given the consideration of time-course of CS. Furthermore, as far as two groups of participants in different language proficiency were concerned, the study also supported the theoretical predictions of FTFAM in terms of the parameter resetting of SLA. Second, *research methods*. The study combined the well-acknowledged syntactic acceptability task and the temporally sensitive and ecologically valid eye-movement task, which could also provide the sensitive and reliable bonanza of data, so as to reveal the time-course of CS. Third, *research participants*. The study, by comparing two groups of Chinese EFL learners of different language proficiency, enriched the diversity of research participants, which could also provide the converging and cross-linguistic evidence for the syntactic aspects of CS, adding to the universality of theories. Four, *research framework*. The study made a comprehensive exploration of three linguistic levels (i.e., morphological, phonological and sentential level), two syntactic operations ("Merge" and "Move") and two theoretical disputes ("constraint-based account" vs. "constraint-free account") regarding Chinese-English CS, which could also provide the ready-made framework for the syntactic aspects of CS, so as to fertilize the research dimensions for subsequent studies.

Keywords: Chinese-English code-switching; syntax; cognition; eye-movement

目　　录

第一章　前言 ……………………………………………………（1）
　　第一节　研究缘起 ………………………………………………（1）
　　第二节　研究价值 ………………………………………………（4）
　　第三节　总体安排 ………………………………………………（5）

第二章　文献回顾 ………………………………………………（7）
　　第一节　前言 ……………………………………………………（7）
　　第二节　语码转换相关术语界定 ………………………………（7）
　　第三节　语码转换的心理语言学研究 …………………………（19）
　　第四节　语码转换的理论研究 …………………………………（30）
　　第五节　文献评析 ………………………………………………（43）
　　第六节　本章小结 ………………………………………………（47）

第三章　研究方法 ………………………………………………（48）
　　第一节　前言 ……………………………………………………（48）
　　第二节　研究原理与设计 ………………………………………（48）
　　第三节　本章小结 ………………………………………………（54）

第四章　中英语码转换语素层面的认知机制研究 ……………（55）
　　第一节　前言 ……………………………………………………（55）
　　第二节　研究方法 ………………………………………………（60）

第三节 结果 ·· (68)
第四节 讨论 ·· (78)
第五节 本章小结 ·· (85)

第五章 中英语码转换语音层面的认知机制研究 ················ (87)
第一节 前言 ·· (87)
第二节 研究方法 ·· (93)
第三节 结果 ·· (98)
第四节 讨论 ·· (113)
第五节 本章小结 ·· (117)

第六章 中英语码转换句子层面的认知机制研究 ················ (119)
第一节 前言 ·· (119)
第二节 研究方法 ·· (125)
第三节 结果 ·· (130)
第四节 讨论 ·· (139)
第五节 本章小结 ·· (143)

第七章 总体讨论 ·· (145)
第一节 前言 ·· (145)
第二节 结果梳理 ·· (145)
第三节 语码转换的第三语法论辩 ······························ (150)
第四节 语码转换加工视角：梯度符号运算 ······················ (151)
第五节 语言水平的二语习得视角：全迁移全通达
       模型 ·· (152)
第六节 本章小结 ·· (154)

第八章 结语 ·· (155)
第一节 前言 ·· (155)

第二节　主要发现 …………………………………… （155）
第三节　启示 ………………………………………… （157）
第四节　研究不足及展望 …………………………… （158）

附　录 ……………………………………………………… （162）
附录一：实验一语言材料 …………………………… （162）
附录二：实验二语言材料 …………………………… （168）
附录三：实验三语言材料 …………………………… （177）
附录四：实验知情书 ………………………………… （193）
附录五：语言学习情况、语码转换态度及语言水平
　　　　测试 ………………………………………… （194）

参考文献 …………………………………………………… （202）

索　引 ……………………………………………………… （232）

Contents

Chapter 1 Introduction ⋯⋯⋯⋯⋯⋯⋯⋯⋯⋯⋯⋯⋯⋯⋯⋯⋯⋯⋯ (1)
   Section 1 Research background ⋯⋯⋯⋯⋯⋯⋯⋯⋯⋯⋯⋯⋯⋯ (1)
   Section 2 Research significance ⋯⋯⋯⋯⋯⋯⋯⋯⋯⋯⋯⋯⋯⋯ (4)
   Section 3 Layout of the book ⋯⋯⋯⋯⋯⋯⋯⋯⋯⋯⋯⋯⋯⋯⋯ (5)

Chapter 2 Literature Review ⋯⋯⋯⋯⋯⋯⋯⋯⋯⋯⋯⋯⋯⋯⋯ (7)
   Section 1 Introduction ⋯⋯⋯⋯⋯⋯⋯⋯⋯⋯⋯⋯⋯⋯⋯⋯⋯⋯⋯ (7)
   Section 2 Defining key terms ⋯⋯⋯⋯⋯⋯⋯⋯⋯⋯⋯⋯⋯⋯⋯ (7)
   Section 3 A Psycholinguistic review of code-switching ⋯⋯⋯⋯ (19)
   Section 4 A theoretical linguistic review of code-switching ⋯ (30)
   Section 5 A tentative comment ⋯⋯⋯⋯⋯⋯⋯⋯⋯⋯⋯⋯⋯⋯ (43)
   Section 6 Summary ⋯⋯⋯⋯⋯⋯⋯⋯⋯⋯⋯⋯⋯⋯⋯⋯⋯⋯⋯ (47)

Chapter 3 Methodology ⋯⋯⋯⋯⋯⋯⋯⋯⋯⋯⋯⋯⋯⋯⋯⋯⋯ (48)
   Section 1 Introduction ⋯⋯⋯⋯⋯⋯⋯⋯⋯⋯⋯⋯⋯⋯⋯⋯⋯⋯ (48)
   Section 2 Research rationale and design ⋯⋯⋯⋯⋯⋯⋯⋯⋯ (48)
   Section 3 Summary ⋯⋯⋯⋯⋯⋯⋯⋯⋯⋯⋯⋯⋯⋯⋯⋯⋯⋯⋯ (54)

Chapter 4 The Processing Mechanisms of Chinese-English Code-switching at Morphological Level ⋯⋯⋯⋯ (55)
   Section 1 Introduction ⋯⋯⋯⋯⋯⋯⋯⋯⋯⋯⋯⋯⋯⋯⋯⋯⋯⋯ (55)

Section 2   Research method ……………………………………… (60)
Section 3   Results ………………………………………………… (68)
Section 4   Discussion ……………………………………………… (78)
Section 5   Summary ……………………………………………… (85)

Chapter 5   The Processing Mechanisms of Chinese-English Code-switching at Phonological Level ……………… (87)

Section 1   Introduction …………………………………………… (87)
Section 2   Research method ……………………………………… (93)
Section 3   Results ………………………………………………… (98)
Section 4   Discussion ……………………………………………… (113)
Section 5   Summary ……………………………………………… (117)

Chapter 6   The Processing Mechanisms of Chinese-English Code-switching at Sentential Level ……………… (119)

Section 1   Introduction …………………………………………… (119)
Section 2   Research method ……………………………………… (125)
Section 3   Results ………………………………………………… (130)
Section 4   Discussion ……………………………………………… (139)
Section 5   Summary ……………………………………………… (143)

Chapter 7   General Discussion …………………………………… (145)

Section 1   Introduction …………………………………………… (145)
Section 2   Summary of the results ……………………………… (145)
Section 3   The third grammar dispute of code-switching …… (150)
Section 4   A processing account of code-switching: Gradient symbolic computation ……………………………… (151)
Section 5   A second language acquisition account of language proficiency: Full transfer full access model ……… (152)

Section 6　Summary ……………………………………………（154）

Chapter 8　Conclusion ………………………………………（155）
　Section 1　Introduction ………………………………………（155）
　Section 2　Major findings ……………………………………（155）
　Section 3　Implications ………………………………………（157）
　Section 4　Limitations and future direction ………………（158）

Appendixes ……………………………………………………（162）
　Appendix A　Stimuli of Experiment 1 ………………………（162）
　Appendix B　Stimuli of Experiment 2 ………………………（168）
　Appendix C　Stimuli of Experiment 3 ………………………（177）
　Appendix D　Consent Form …………………………………（193）
　Appendix E　Protocol of Language History, Code-switching
　　　　　　　Attitudes and Language Proficiency Test ……（194）

References ……………………………………………………（202）

Index …………………………………………………………（232）

表格目录

表 2-1	句子加工数违反示例	(15)
表 2-2	眼动指标定义	(17)
表 2-3	眼动阅读任务中的语码转换研究	(18)
表 4-1	中英限定词短语不可解的数特征	(59)
表 4-2	实验一受试信息	(61)
表 4-3	实验一研究设计	(63)
表 4-4	实验一实验试次示例	(65)
表 4-5	实验一四个条件的接受性任务结果	(69)
表 4-6	实验一两组受试的限定词短语首次注视时间和总注视时间结果	(71)
表 4-7	实验一两组受试的限定词首次注视时间和总注视时间结果	(74)
表 4-8	实验一两组受试的名词首次注视时间、凝视时间和总注视时间结果	(77)
表 5-1	触发理论实证研究梳理	(88)
表 5-2	实验二受试信息	(93)
表 5-3	实验二研究设计	(95)
表 5-4	实验二接受任务的音节重叠词项部分说明	(97)
表 5-5	实验二两组受试的限定词短语首次注视时间和总注视时间结果	(102)

表 5-6	实验二两组受试的限定词首次注视时间和总注视时间结果 ……………………………………………………（106）
表 5-7	实验二两组受试的名词首次注视时间和总注视时间结果 ……………………………………………………（110）
表 6-1	实验三一组实验材料示例 ……………………（123）
表 6-2	实验三受试信息 ………………………………（126）
表 6-3	实验三研究设计 ………………………………（128）
表 6-4	实验三目标词及目标词后区域的兴趣区划分说明 ……………………………………………（129）
表 6-5	实验三两组受试的目标词首次注视时间、凝视时间、回视时间和总注视时间结果 …………………（133）
表 6-6	实验三两组受试的目标词后首次注视时间、凝视时间、回视时间和总注视时间结果 …………………（137）
表 7-1	三项实验兴趣区的转换代价推断统计结果 ………（147）
表 7-2	三项实验高级水平（AG）和中级水平（IG）受试在兴趣区上转换代价推断统计结果 ……………（149）

List of Tables

Table 2-1 Number violation case in the sentential processing design ·· (15)
Table 2-2 Defining eye-movement indexes ························ (17)
Table 2-3 Summary of the eye-movement CS studies ············ (18)
Table 4-1 Summary of the uninterpretable number feature between Chinese and English DPs ···································· (59)
Table 4-2 Participants' demographic information in Experiment ·· (61)
Table 4-3 Research design in Experiment ························ (63)
Table 4-4 List of TablesSample items for the acceptability task in Experiment ·· (65)
Table 4-5 Summary of the acceptability results among four conditions in Experiment ································· (69)
Table 4-6 Summary of first fixation durations (ms) and total reading time (ms) for DPs between advanced group (AG) and intermediate group (IG) in Experiment ············ (71)
Table 4-7 Summary of first fixation durations (ms) and total reading time (ms) for determiners between advanced group (AG) and intermediate group (IG) in Experiment ············ (74)
Table 4-8 Summary of first fixation durations (ms), gaze duration (ms) and total reading time (ms) for nouns between

	advanced group (AG) and intermediate group (IG) in Experiment ……………………………………	(77)
Table 5-1	Summary of the empirical studies for triggering theory ……………………………………………………	(88)
Table 5-2	Participants' demographic information in Experiment …………………………………………………	(93)
Table 5-3	Research design in Experiment ……………………	(95)
Table 5-4	Sample items for the acceptability task in Experiment …………………………………………………	(97)
Table 5-5	Summary of first fixation durations (ms) and total reading time (ms) for DPs between advanced group (AG) and intermediate group (IG) in Experiment ………………	(102)
Table 5-6	Summary of first fixation durations (ms) and total reading time (ms) for determiners between advanced group (AG) and intermediate group (IG) in Experiment …………	(106)
Table 5-7	Summary of first fixation durations (ms) and total reading time (ms) for nouns between advanced group (AG) and intermediate group (IG) in Experiment ……………	(110)
Table 6-1	Sample stimuli in Experiment ……………………………	(123)
Table 6-2	Participants' demographic information in Experiment …………………………………………………	(126)
Table 6-3	Research design in Experiment ……………………	(128)
Table 6-4	Illustration of the critical and post-critical regions in Experiment …………………………………………………	(129)
Table 6-5	Mean RTs (ms) of first fixation durations, gaze durations, regression durations and total reading time for the critical regions between advanced group (AG) and intermediate group (IG) in Experiment …………………………	(133)

Table 6-6 Mean RTs (ms) of first fixation durations, gaze durations, regression durations and total reading time for the post-critical regions between advanced group (AG) and intermediate group (IG) in Experiment ············· (137)

Table 7-1 Inferential statistic results of switch costs among three experiments ··· (147)

Table 7-2 Inferentialstatistic results of switch costs between advanced group (AG) and intermediate group (IG) among three experiments ··· (149)

图示目录

图 2-1　Eyelink 2000 眼动仪主界面 …………………………（16）
图 2-2　眼动阅读样例 ………………………………………（17）
图 2-3　"制约观"示意图 ……………………………………（31）
图 2-4　"非制约观"示意图 …………………………………（36）
图 2-5　最简方案理论概念示意图 …………………………（38）
图 2-6　最简方案理论视域下的语码转换示意图 …………（41）
图 2-7　语码转换的心理语言学实验实施步骤 ……………（44）
图 3-1　本研究的技术路线示意图 …………………………（53）
图 4-1　实验一的技术路线图 ………………………………（67）
图 4-2　"两个 apples"实验示例 ……………………………（67）
图 4-3　实验一"两个苹果"兴趣区的绘制 ………………（68）
图 4-4　两种条件的树形图 …………………………………（82）
图 5-1　实验二"七个苹果"兴趣区绘制 …………………（98）
图 5-2　实验二四种条件接受性任务描述统计结果 ………（99）
图 5-3　实验二限定词短语中两组受试音节重叠和转换条件的
　　　　首次注视时间描述统计 ………………………（104）
图 5-4　实验二限定词短语中两组受试音节重叠和转换条件的
　　　　总注视时间描述统计 …………………………（104）
图 5-5　实验二限定词中两组受试音节重叠和转换条件的
　　　　首次注视时间描述统计 ………………………（107）

图 5-6 实验二限定词中两组受试音节重叠和转换条件的总注视时间描述统计 …………………………………（107）

图 5-7 实验二名词中两组受试音节重叠和转换条件的首次注视时间描述统计 …………………………………（111）

图 5-8 实验二名词中两组受试音节重叠和转换条件的总注视时间描述统计 …………………………………（111）

图 6-1 "Which one is Xiaowang"推导过程示意图 …………（121）

List of Figures

Figure 2-1 Visual presentation of Eyelink 2000 ················ (16)
Figure 2-2 Sample fixation sequence for "The student take classes in University Hall." ························ (17)
Figure 2-3 Schematic illustration of the constraint-based account ·· (31)
Figure 2-4 Schematic illustration of the constraint-free account ·· (36)
Figure 2-5 Schematic illustration of the minimalist program approach ··· (38)
Figure 2-6 Schematic illustration of the minimalist program approach to CS research ······························· (41)
Figure 2-7 Schematic illustration of psycholinguistic CS research procedures ··· (44)
Figure 3-1 The workflow of the book revisited ················ (53)
Figure 4-1 Schematic illustration of the procedure in Experiment ··· (67)
Figure 4-2 Schematic illustration of a code-switched trial "liangge apples" ··· (67)
Figure 4-3 Sample drawing of "liangge pingguo" in Experiment ··· (68)

Figure 4-4	Schematic interpretation of two code-switched conditions	(82)
Figure 5-1	Sample drawing of "qige pingguo" in Experiment	(98)
Figure 5-2	Summary of the acceptability results in Experiment	(99)
Figure 5-3	DP switch costs of Syllabic Overlap×Switch Condition between two participant groups in terms of the first fixation durations (ms) in Experiment	(104)
Figure 5-4	DP switch costs of Syllabic Overlap×Switch Condition between two participant groups in terms of the total reading time (ms) in Experiment	(104)
Figure 5-5	Determiner switch costs of Syllabic Overlap×Switch Condition between two participant groups in terms of the first fixation durations (ms) in Experiment	(107)
Figure 5-6	Determiner switch costs of Syllabic Overlap×Switch Condition between two participant groups in terms of the total reading time (ms) in Experiment	(107)
Figure 5-7	Noun switch costs of Syllabic Overlap×Switch Condition between two participant groups in terms of the first fixation durations (ms) in Experiment	(111)
Figure 5-8	Noun switch costs of Syllabic Overlap×Switch Condition between two participant groups in terms of the total reading time (ms) in Experiment	(111)
Figure 6-1	Schematic interpretation of "Which one is Xiaowang"	(121)

第一章

前 言

第一节 研究缘起

近些年来,经济全球化趋势日臻凸显。各地在政治、经济或贸易等方面交流密切,促进了不同语言使用者之间的频繁接触(Weinreich,1953)。为了实现高效率交际目的,人们多采用语码转换(code-switching, CS)策略。作为常见的语言现象,语码转换日益引起学者的关注,学界对其展开大量的研究,成果丰硕。从文献上看,著名语言学家罗曼·雅格布逊(Roman Jakobson)在其语音研究的著述中首推"语码转换"这一术语(Jakobson,1952)[①]。随后,学者们对语码转换的理论及实证研究掀起了阶段性高潮(如Bullock & Toribio,2009;Gardner-Chloros,2009;Isurin et al.,2009;Myers-Scotton,2006a)。这些研究主要围绕语码转换的三大跨学科研究视角

---

① 有关语码转换术语首次提出尚存一定争议。按照麦克斯万(MacSwan,2009,2016)的观点,在1962年乔治城大学举办的第十三届语言学和语言圆桌会议上,豪根(Haugen)首创"语码转换"这一术语。如果以1962年作为时间起点,这比雅格布逊(Jakobson,1952)晚了整整十年。此外,雅格布逊比维格(Vgot,1954)的《语言接触》(*Language in Contact*, Weinreich,1953)书评中用到"语码转换"这一术语亦早了两年。据此,有理由认为,雅格布逊是"语码转换"这一术语的首推者。

展开：结构性视角、心理语言学视角及社会语言学视角，这些跨学科视角的探索，有助于揭开语码转换的神秘面纱（Weinrich，1953）。其中，结构性视角关注语码转换的语音、形态、词汇、句法和语义属性；心理语言学视角侧重对语码转换产出、理解和习得加工机制的探讨；而社会语言学视角则倾向于考察语码转换的社会动因，如会话者（interlocutor）权势分配、社会经济地位及权威性等。

然而，学者们对于跨学科研究视角的语码转换运作机制尚未形成统一认识。其中，早期的社会语言学研究者们力推"语码转换随机论"（CS is random）（如 Labov，1971：457；Lance，1975：143）。然而，近期的语码转换研究者们则推崇"语码转换系统论、规则论"（CS is systematic and rule-governed）（参见 Bhatt，2002：456；Herring et al.，2010：553；Luna et al.，2005；Sankoff & Poplack，1981；Toribio，2001b：203），更有甚者从句法理论角度强调，"双语者具有语码转换的认知官能（faculty），具备产出合法（well-formed）语码转换的语言直觉"（Anderson & Toribio，2007：222）；"语码转换能力（competence）实则为语言使用者内在语言（I-language）的外化体现"（González-Vilbazo & López，2012：36；Toribio，2001b）。学界对生成语法视域下的语码转换研究业已走过三十年的探索历程（Quintanilla，2014：213-214）。

另一方面，语码转换的影响因素可粗略地划归为语言内因素（linguistic factors）和语言外因素（extra-linguistic factors）。其中，语言内因素包括双语间语义、词汇和语篇的重叠情况；而语言外因素则包含情境和语言使用者情感因素（Javier，2007：54-58），故有变异性和不稳定性。援引乔姆斯基语言官能的"语言能力"（competence）和"语言表现"（performance）二分论观点，语言学家应加强对于语言能力而非语言表现的探讨，因为"语言能力是一种潜在的知识，而语言表现仅为语言知识的外在体现"（Chomsky，1995：12）。受此启发，学者们（如 Toribio，2001a，b）开始从句法学视角探究语码转换能力的运作机制，逐渐形成两大主要理论派别："制约观"（constraint-based account）和"非制约观"（constraint-free account）。二者在语码转换规则是否为语码转换特异性规则制约方面各自为政，争议不断。因此，语码转换句法学视角的理论争议亟须不同正字法（orthographically distinct languages）语码转换语料（如中英语码转换）的佐证。

为了厘清上述语码转换句法学视角的理论争议，本研究借助心理语言学研究方法，考察中英语码转换的认知机制，试图"敲开语码转换的实验室之门"（knocking on the laboratory door）（Myers-Scotton，2006b）。具体地，一方面，本研究基本认同"语码转换系统论和规则论"（Lipski，1978；Timm，1975；Pfaff，1979），依托心理语言学研究结果，对上述两大派别的理论观点进行实证检验，旨在解决理论争端。换言之，句法学家关心的是语码转换结构性问题，由此，围绕（结构不同或相近的）语言对（language pairs）的制约条件开展具体研究（Müller & Cantone，2009：199）。语码转换的句法视角"并非只关注语码转换必定发生的因素，还应关注无法预测发生的因素"（Bartlett & González-Vilbazo，2013：97）。对此，我们必须清楚地认识到，语码转换这一"终端语言产品"不仅受句法规则制约，还将受语言外因素的影响。例如，社会语用、交际策略及其他因素等（Herring et al.，2010：571）。另一方面，诚如凡贺娅等（van Hell et al.，2015）所言，学界应疏通语码转换句法理论和心理语言学实验之间的鸿沟，将语言理论转化成可资心理语言学实验证实或证伪的研究假设。此外，通过对"句法规则"（syntactic principles）的理论考察，心理语言学实证手段还可以揭示研究假设的在线加工过程（Cantone & MacSwan，2009：270），即语码转换认知加工的时间进程问题（time-course）。由于种种原因，既往国内外研究缺乏对语码转换句法加工时间进程的系统性探索（参见 Chen，2006；Dussia，1998；Toribio，2001a，b 的语码转换句法研究；以及 Felser & Cunnings，2012；Foucart & Frenck-Mestre，2012；Van Patten & Jegerski，2010 的句法加工时间进程研究）。

目前为止，仅有少数国内学者（Wang & Liu，2013，2016）基于依存语法，开始考察影响中英语码转换的句法规则。鉴于此，语码转换认知机制研究需要得到双语实证及句法理论汇流证据（converging evidence）的支持（MacSwan，2014：27）。

第二节　研究价值

本研究从句法学和心理语言学双重视角出发，着眼于语码转换"制约观"和"非制约观"之争，通过实施三项眼动阅读实验，以探讨中英语码转换在语素、语音及句子多个层面的加工机制。

实证上，既往研究鲜有从上述三个层面对语码转换认知机制展开系统性研究。理论上，本研究亦可助力语码转换理论普适性的验证工作。具体地，研究涉及如下内容：功能中心语原则（functional head constraint，FHC）对阵最简方案理论（minimalist program，MP）；触发理论（triggering theory）对阵最简方案理论；以及最简方案理论在语码转换中的实际应用。实践上，通过分析语码转换不同认知加工阶段的行为模式，可揭示其不同阶段的认知过程。本研究还将纳入语言水平（language proficiency）这一重要的人口学变量（demographic factor），考察语言学习者语言水平对语码转换的重要调节作用。因此，本研究存在如下的理论价值和方法意义。

一　理论价值

本研究可为语码转换的句法学及心理语言学研究提供如下启示：

其一，系统探讨语码转换在语素、语音及句子层面上的加工机制，有助于拓宽语码转换的研究层面。通过对"制约观"和"非制约观"典型理论代表的比较和验证，可厘清两个派别的理论争议。此外，还可为今后语码转换的句法学研究提供可资借鉴的研究框架。

其二，揭示了语码转换认知加工的时间进程：早期阶段和晚期阶段。通过参考不同的眼动指标（如首次注视时间、凝视时间及总注视时间），研究可类推语码转换的早期和晚期加工阶段。语码转换加工进程的考察还可为"梯度符号运算"（gradient symbolic computation）理论下的"双语语法交互激活观"（coactivation in bilingual grammars）提供实证给养（Goldrick et al., 2016a, b）。

其三，涉及了不可解特征的习得问题（acquisition of uninterpretable features），所得的结果可反哺二语习得（second language acquisition, SLA）相关研究。具体地，本研究纳入的语言水平因素可为析清二语习得的"失败的功能特征假设"（failed functional features hypothesis, FFFH）（Aldwayan et al., 2009; Hawkins, 2005; Ohba, 2003; Tsimpli & Dimitrakopoulou, 2007）以及"全迁移全通达"（full transfer full access model, FTFAM）（Foucart & Frenck-Mestre, 2012）之间的理论争议提供实证支持。

二 方法意义

与常见的心理语言学实验范式（如自定步速阅读及快速视觉序列呈现范式等）相比，本研究运用的眼动阅读任务优势明显。比如，有较高的生态效度，与自然语境下的语码转换（CS in the wild）亦具有很大程度的相似性（Gullberg et al., 2009: 22）。此外，鉴于既往研究鲜有考察语码转换加工机制，眼动阅读范式亦可反映语码转换在不同阶段的认知加工过程，尤其可反映语码转换早期和晚期加工阶段的具体表现。

第三节 总体安排

第一章为前言，介绍研究缘起、意义及章节安排。第二章为文献回顾，界定主要术语，综述语码转换在心理语言学及理论语言学的既往研究，借此引出研究争议，并对其作出批判性梳理。第三章为研究方法,论述被试遴选准则、研究理念及研究问题。第四至第六章为本研究的主体部分,分别汇报中英语码转换在语素、语音及句子三个层面的心理语言学实验研究结果。其中,第四章以中英语码转换限定词短语为案例,借助生态效度较高的眼动阅读任务,通过开展实证研究,比较了功能中心语原则和最简方案对于语码转换的不同理论预期,旨在考察语码转换语素层面的认知加工机制。第五章主要探讨语音层面与语码转换认知加工相关问题,为此实验招募两组不同英语水平受试参与限定词短语眼动阅读实验,通过考察音节重叠在语码转换中的作用,旨在确定语码转换语音层面的认知加工机制。第六章主要考察中英语码转换中的 wh-移位问题,为此实验招募两组不同英语水平受试参与限定词短语眼动阅读实验,通过考察中英 wh-疑问词在语码转换中的作用,旨在确定语码转换句子层面的认知加工机制。第七章为总体讨论,结合既往研究对上述三章结论进行梳理和讨论。第八章为结语,进一步总结本研究的发现、不足及未来研究启示。

第 二 章
文献回顾

第一节　前言

本章首先界定语码转换主要术语，介绍语码转换分类、双语与语码转换、语码转换代价及与语码转换相关的研究任务。其次，对语码转换心理语言学及理论语言学的既往文献进行综述。就心理语言学研究来说，涉及了语言产出与理解过程中的单个孤立词项及句子语境下的语码转换。就理论语言学而言，涉及了语码转换两大理论争议及其主要代表性理论。其中，"制约观"的代表性理论主要有：早期制约观理论、功能中心语原则和触发理论。"非制约观"的代表性理论为最简方案和特征核查等。最后，本章还作了相关小结。

第二节　语码转换相关术语界定

本节主要介绍语码转换相关术语，主要有语码转换分类、双语与语码转换、语码转换代价及与语码转换相关的研究任务。

一 语码转换分类

一般来说，社会语言学研究者将语码转换定义为双语者在双语之间自主转换的语言现象（Bullock & Toribio，2009：1；Grosjean，1982：152）。不难看出，这个定义涉及双语间的交互，因此可以划分为：（1）句间语码转换（inter-sentential CS），即语码转换发生在两个句子之间［见句2（1）］。（2）句内语码转换（intra-sentential CS），即语码转换发生在句子内部［见句2（2）］。

2（1） That is a funny story. 我很喜欢听。①

2（2） 今天的天气真的很赞，我打算和女朋友一起 *go shopping*。

抛开上述语码转换两种划分类型，理论研究学者（参见 Belazi et al.，1994；MacSwan，2014a；Myers-Scotton，2006a；Toribio，2008）及实证探索者们（Gullifer et al.，2013；Philipp & Huestegge，2015；Tarlowski et al.，2013）更热衷于考察语码转换的句内运作规则，故学者们更多地关注句内语码转换现象。

由此，本研究亦以句内语码转换为主要目标，原因有三：第一，诚如乔氏研究传统那样，因句间语码转换难以推导出语码转换的句法规则，句内语码转换才是更理想的研究单元（González-Vilbazo & López，2012）。第二，关于语码转换的句法理论亦多针对句内语码转换开展，这与广大学者关注句内语码转换规则亦有关联。第三，从实验可操作性角度来看，句内语码转换相较句间语码转换更具实证意义，其可结合心理语言学实验研究范式展开系统性探讨，例如，眼动仪、事件相关电位及功能核磁共振技术等。

---

① 如无特殊说明，本书中的语码转换以斜体标识。

二 双语与语码转换

语码转换的使用者称为"双语者"（bilingual），作为双语者常见的语言行为，语码转换又可视为一种典型的双语现象。从文献上来看，早期的学者对双语现象持负面观点（Epstein，1915；Weinreich，1953），将这种双语现象视为低等身份的象征。如：

> 毫无疑问，熟悉双语的儿童具有可见的语言先天优势，不过这种优势的代价却较为惨重。因为儿童很难像单语者那样，具备完美的语言能力，从而习得完整的双语系统。因此，表面上双语儿童可以像母语者那样，使用双语进行交际，实际上其并未习得完整的双语系统。又有谁见过这种双语儿童日后成为艺术家、诗人或演说家？（Jespersen，1922：148）

不难看出，双语者身份曾经被视为心理缺陷或身份低微的代名词。更有甚者恐吓道，"双语经验会导致严重的语误，并且双语习得时间越早，儿童的心理发展越糟糕"（Weinreich，1953：119-120）。在此情景下，语码转换则被视为语言水平低下、无法辨别双语的表现，以至于有学者将其视为弥补语言水平缺憾的交际策略（Grosjean，1982）。

不过，随着研究的深入，早期语码转换的负面观点日渐式微，学者们开始意识到双语经验对于语言和认知可塑性等的积极意义。甚至有学者指出，语码转换是双语者身份的象征，其遵循特定的内在语法规则（MacSwan，2016）。这种认知上的转变可能由如下原因所致：第一，有不少文献（Bialystok et al.，2012；Kroll & Bialystok，2013；Kroll et al.，2015）均支持双语认知优势观（cognitive advantages of bilingualism），即双语经验对执行功能的三个成分（刷新、抑制和转换）起到重要的塑造和训练作用。因而语码转换常被视为双语者有技巧性的、高难度执行控制双语系统的行为表现（Gullifer，2013）。此外，还有学者指出，"句内语码转换水准与语言结构的充分习得直接关联"（Bullock & Toribio，2009：8）。第二，那种语码转换的早期负面观点难以解释"为何语码转换受具体句法规则的制约"这一语言现象（Heredia & Altarriba，2001：165）。例如，新加坡熟练中英双语者倾向于使用"一些 apples"而非"many 苹果"，表明语码转换受制于具体的句法规则（Ong & Zhang，2010）。还有大量研究亦证实，双语者在语码转换的语法判断任务中表现稳定，这说明双语者具有内在语码转换规则的语言直觉（Anderson，2006；Giancaspro，2013，2015；Liceras et al.，2008；Liebscher & Dailey-O'Cain，2005；Potowski & Bolyanatz，2012；Toribio，2001b）。第三，语言水平和语言转换（language switching）①的心理语言学研究表明，平衡双语者在双语转换方向上（如一语转换到二语或二语转换到一语）的认知损耗或代价（关于转换代价，参见下文）是对称的（Costa & Santesteban，2004；Costa et al.，2006；Meuter & Allport，1999）。本研究将以熟练中英双语者为研究对象，他们的汉语为母语，英语为外语，符合学者提出的"熟练双语者对于语码转换内在规则具有一致的语言直觉"的观点（Bhatt，2002：457）。此外，鉴于语码转换态度对于语码转换产生重要影响，本研究亦纳入语码转换态度测试，用于双语者的遴选过程之中（Anderson，2006；Anderson & Toribio，2007；Giancaspro，2015；MacSwan & McAlister，2010）。

三 转换代价

所谓"转换代价"是指语码转换中的认知损耗和代价。雅格布

---

① 语码转换和语言转换有时虽可换用，但这并非意味着二者能够混为一谈。事实上，二者在研究视角上存在明显差异：语码转换关注双语者内在语法规则及自由言语产出的认知过程，因此，语码转换的研究单元多为短语和句子。而语言转换更多侧重转换本身及其转换机制，如语言选择、控制、注意、转换代价、双语记忆和双语心理词汇通达等，因而研究单元多为单一、孤立的转换词项（Gullberg et al.，2009）。本研究对二者不作过多区分。

逊（Jakobson，1952）在其著述中首提这一术语。心理语言学研究者更是将其视为语码转换效应的重要指标之一（Meuter & Allport，1999），表现为反应时的变慢，可表征认知资源的衰减（Heredia et al.，2016：169）。从研究任务上看，多用于语言整合（Heredia et al.，2016：169-170）及转换效应（Bultena et al.，2014，2015；Meuter & Allport，1999）的研究中。在语言产出或理解方面，转换代价不仅见于单个孤立的语码转换的词项上（Meuter & Allport，1999），还多见于句内语码转换中（Gollan & Ferreira，2009；Heredia & Altarriba，2001）。

严格来说，心理语言学的语码转换研究实际为语言转换，主要涉及如下范式：线索语言转换（cued language switching）、交替语言转换（alternating language switching）、主动语言转换（voluntary language switching）及序列语言转换（sequence-based language switching）（参见 Declerck & Philipp，2015）。不论何种范式，转换代价一般通过转换条件与非转换基线条件行为数据相减求得（Meuter & Allport，1999），因而被视为语言转换效应的重要标志之一。

关于转换代价，学界有如下几点结论性认识：第一，转换代价对称性（symmetricality）与语言主导性（language dominance）或语言水平有关。研究认为，双语者两种语言主导性和语言水平越均衡，其语码转换代价越趋于对称（Meuter & Allport，1999）。第二，句子语境有助于弱化转换代价，表明双语心理词汇以非选择性（non-selective）方式编码（Heredia et al.，2016）。第三，转换代价可视为反映语码转换句法规则的重要指标之一（Dussias，1997，2003；Guzzardo Tamargo et al.，2016）。例如，在一项语码转换的眼动阅读实验中，杜塞尔斯（Dussias，2003）通过比较"现在进行时"和"现在完成时"结构的西班牙—英语语码转换后发现，"现在完成体"较"现在进行体"产生更多的转换代价。据此，杜塞尔斯认为，双语者更加倾向于接受"现在进行体"而非"现在完成体"句法结构的语码转换。

可见，心理语言学的语码转换研究聚焦于转换代价，具体来说，语码转换代价来源双语心理词汇内部因素和外部因素（参见Pavlenko，2009），以及转换代价与语言水平之间的相互关系。本研究拟采用眼动阅读任务，并以转换代价为语码转换效应的主要参考指标，考察双语者在中英语码转换在多个层面的具体表现。

四 研究任务

作为典型的双语现象，语码转换研究多依托多元心理语言学任务或范式开展。这些任务大体上可归为离线（offline tasks）和在线（online tasks）两类任务（González-Vilbazo et al.，2013；Heredia et al.，2016）。其中，离线任务不牵涉时间限制，在实验过程中，受试可根据个人意愿自由作相应的自主反馈；而在线任务则要求受试在实验中作出即时反应。不难看出，二者具有迥异的测量标准和因变量，离线任务通常基于受试的元认知判断（如 Toribio，2001b；Ong & Zhang，2010）或书写产出；而在线任务则依赖受试的反应时（reaction times，RTs）和正确率（accuracy，ACC）（Bullock & Toribio，2009：26）。本研究将综合运用上述两种任务，具体地，以接受性任务为代表的离线任务，以及眼动阅读任务为代表的在线任务。

（一）接受性任务

作为离线任务的典型代表之一，接受性任务通常应用于考察句法结构模式和制约条件研究中（Nyvad et al.，2015；White，2003）。该任务尤其受到国内生成语法视角的二语习得研究者们的青睐。例如，马志刚（2014）采用接受性任务，开展中国英语学习者的空主语参数特征簇中介语习得程度的变量集相关性研究。戴曼纯等（2012）借助语法判断任务，以标志词短语投射为实例，考察主题结构的习得。这些基于接受性任务的研究，拓宽了句法理论研究的方法论视野。

鉴于接受性任务被广泛用于单语语法结构合法性测试，学者开始将其广泛运用到语码转换的结构合法性判断中,考察语码转换的句法规则(Anderson, 2006; Ebert, 2014; Giancaspro, 2013, 2015; González-Vilbazo & López, 2011; Grabowski, 2011; Koronkiewicz, 2014; Liceras et al., 2008; MacSwan & McAlister, 2010; McAlister, 2010; Shim, 2016; Sobin, 1984; Toribio, 2001b; Wyngaerd, 2017)。不过,也有部分学者对此持保留意见,他们认为语码转换规则本质上无迹可寻(MacSwan & Mcalister, 2010: 529; Mahootian & Santorini, 1996),这与单语句法规则形成较为鲜明的反差。不过,近期的大量研究(如 Belazi et al., 1994; Chan, 2008; MacSwan, 2014a; Myers-Scotton, 2006a)表明,语码转换具有句法规则,而非杂乱无章(参见 *Lingua*, Vol.118 的语码转换句法理论视角特刊收录的四篇文章①, Toribio, 2008)。据此有理由相信接受性任务可运用于语码转换的研究中(Grabowski, 2011)。例如,有学者通过比较自然观察与语码转换接受性任务的差异后发现接受性任务优于自然观察研究法。究其原因,主要有三:第一,自然观察只能提供语码转换的正面(合法的)证据,而将负面(不合法)证据置于一旁;第二,自然观察只能提供语码转换部分示例,难以穷尽语码转换所有语料资源;第三,所有的自然观察数据精准性都难以得到充分保证,这可能将导致语码转换研究结论的过度泛化(overgeneralization)。因此,语码转换接受性任务具有较强优势,借助接受性任务,学者可关注语码转换的具体语言背景及双语者对语码转换的态度(MacSwan & McAlister, 2010)。

---

① 这四篇文章题目分别为:文章一:Code-switching, word order and the lexical/functional distinction (Chan, 2008);文章二:Interface conditions on code-switching: Pronouns, lexical DPs, and checking theory (Gelderen & MacSwan, 2008);文章三:Gender and gender agreement in bilingual native and non-native grammars: A view from child and adult functional-lexical mixings (Liceras et al., 2008);文章四:*Un nase or una nase*? What gender marking within switched DPs reveals about the architecture of the bilingual language faculty (Cantone & Müller, 2008)。参见 Toribio (2008) 对四篇文章的点评。

除了上述比较外，托瑞比奥（Toribio，2001b）较早使用语码转换接受性任务，考察三组不同水平的（初级、中级和高级西班牙—英语）双语者对于三组不同语码转换句子的接受性判断。研究结果表明，高级西英双语者遵守功能中心语原则（Belazi，1994），而初级和中级双语者则表现为违反该原则。不过，托瑞比奥的研究尚存如下不足：第一，双语者的语码转换态度在该研究中并未被严格控制，这一定程度上削弱了研究结论。第二，尽管该研究纳入语言水平因素，研究者仅基于学习外语时间进行的语言水平划分（一学期视为初级者，三学期视为中级者，六学期视为高级者），并未对外语水平进行严格测量（如波士顿命名任务、语言水平测试或李克特自测量表等），这可能对研究发现产生一定的负面影响。第三，该研究方法上亦存在一定不足。研究仅采用二分法判断（yes-no），数据类型仅为称名变量（nominal variable）而非连续型变量（continuous variable），无法采用推断统计（inferential statistics）进行后续推断统计分析（Larson-Hall，2010）。因此有学者（Ebert，2014）建议，为了提高统计检验力，研究可采用李克特量表来取代二分法判断。

（二）眼动阅读任务

就在线任务方面，针对语言加工认知机制的研究涌现出大量的实验任务（参见 Heredia et al.，2016；Jegerski & VanPatten，2014；Jiang，2012；Keating & Jegerski，2015），主要有：自定步速阅读任务（Just et al.，1982）、迷津任务（Forster et al.，2009）、快速序列呈现任务（Reeves & Sperling，1986；Sperling & Weichselgartner，1995）及眼动阅读任务（Rayner，1998）等。如表 2-1 所示，与合法句子相比，语法不适合句子①阅读反应时更长，消耗更多的认知资

---

① 在本研究中，我们基本认同有些学者（Potowski & Bolyanatz，2012：120）的观点，"不合法"（ungrammatical）与"不适合"（infelicitous）是两个截然不同的术语。此外，鉴于几乎所有的语码转换（第三）语法规则都会受到反例的挑战，以至于有人指出，"语码转换句法规则不应用'合法性'，而应用'合适性'取而代之"（Thomason，2001）。当然，这不在本研究的讨论范围，故对这两个术语不作过多区分。

源（Keating & Jegerski，2015）。

表 2-1　　　　　　　　　　句子加工数违反示例

条件	词项 1	词项 2	词项 3	词项 4	词项 5	词项 6	词项 7	词项 8	条件
a.	The	*student*	studies	in	the	library	on	campus.	合法、单数
b.	The	*student*	study	in	the	library	on	campus.	不合法、单数
c.	The	*students*	study	in	the	library	on	campus.	合法、复数
d.	The	*students*	studies	in	the	library	on	campus.	不合法、复数

表 2-1 显示，该研究为 2（主谓一致情况：*student studies* vs. *student study*）×2（复数违反情况：*students study* vs. *students studies*）重复测量方差设计（Keating & Jegerski，2015：6）。针对这种设计的研究范式可以为：自定步速阅读任务、迷津任务、快速序列呈现任务及眼动阅读任务等。这些任务在语法敏感度方面存在一定差异。相较而言，眼动阅读任务更为敏感，生态效度也更高（Bullock & Toribio，2009：36-37；Conklin & Pellicer-Sanchez，2016；Heredia et al.，2016：185；Jr. Cliftion & Staub，2011；参见 Forster et al.，2009 对不同任务的比较）。所谓的生态效度是指，语言任务与真实自然语言使用环境的接近程度，正如有的学者（Keating，2014：86）所言，"眼动阅读范式是为数不多的能够支持受试回读（reread）的在线研究方法"。

眼动阅读任务指的是，为了获取、注视和追随视觉目标刺激，眼睛发生自发性或非自发性的运动过程。这些眼动数据（如阅读时间及注视位置等）可以被眼动仪精确捕捉并记录下来（如图 2-1 所示）。眼动阅读任务的立论根基是"眼脑假设"（the eye-mind assumption），强调读者阅读时所耗费的时间能够反映该阅读任务的难易程度（Just & Carpenter，1980）。因此，研究者可以通过收集受试眼动阅读任务中的眼动数据，用以了解其阅读过程中如何表征和整合目标文本信息（Jr. Clifton et al.，2007；Rayner，1998；Whitford et al.，2016）。在阅读中，受试会不自主地遇到两个眼动现象：注视（fixation）和跳跃（saccade）。其中，前者为200—250毫秒（占阅读中的90%）；后者为20—40毫秒（占阅读中的10%）。

此外，眼动指标还可以反映受试对于目标文本加工的不同认知阶段：早期阶段和晚期阶段，详见表2-2。具体地，以表2-1句子加工数违反为例，图2-2显示了受试阅读样例"The student take classes in University Hall."的眼动过程，其中目标刺激为动词"take"，见图2-2的点圈部分。表2-2显示，反映早期阶段的指标有三个：首次注视时间、凝视时间及回视时间。在图2-2中，首次注视时间为210毫秒（注视点3），凝视时间为475毫秒（注视点3+注视点4），回视时间为1000毫秒（注视点3+注视点4+注视点5+注视点6）。晚期阶段的主要指标有：总注视时间和回视比率。其中，总注视时间为775毫秒（注视点3+注视点4+注视点6）。由于总试次数量不详，因此图2-2无法获知回视比率数据。在眼动阅读之后，研究者可以对数据进行预处理，运用推断统计方法进行后续数据分析。

a.主试机和受试机　　　　b.主试机

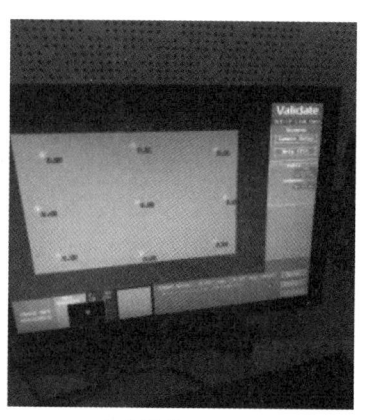

图2-1　Eyelink 2000眼动仪主界面

The student take classes in Universit Hall.

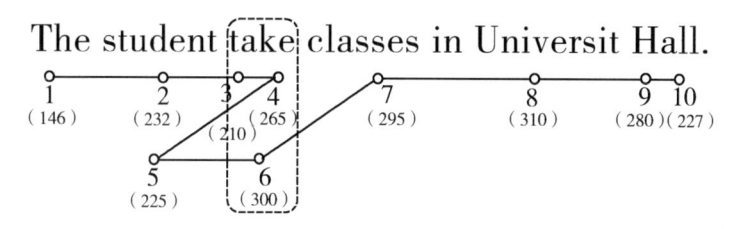

图 2-2　眼动阅读样例

(引自 Keating, 2014: 76)

表 2-2　　　　　　　　　　　　眼动指标定义

加工阶段	指标	定义
早期加工	首次注视时间	首次注视兴趣区的时间
	凝视时间	第一遍阅读中，离开兴趣区前所有的总注视时间
	回视时间	第一遍阅读后，离开兴趣区前所有的总注视时间
晚期加工	总注视时间	兴趣区上所有的总注视时间
	回视比率	单个条件下，注视次数除以总试次数

(引自 Leeser, 2014: 233)

鉴于眼动在阅读中具有良好的生态效度及时间分辨率，深受心理语言学研究者们的青睐。有些学者（如 Altarriba et al., 1996; Dussias, 2003; 倪传斌等, 2015）开始运用眼动阅读任务来考察语码转换的认知机制（详见表 2-3），关注语码转换中的若干影响因素：语境因素（Altarriba et al., 1996; Libben & Titone, 2009; 倪传斌等, 2015）、激活层级（Philipp & Huestegge, 2015）、句法因素（Dussias, 2003; Guzzardo Tamargo & Dussias, 2013a, b; Guzzardo Tamargo et al., 2016）等。

艾尔塔瑞巴等（Altarriba et al., 1996）较早使用眼动仪考察西英双语者阅读语码转换句子时的表现。研究设计了两组句子：西英语码转换组（He wants to deposit all his *dinero* at the credit union.）及纯英语句子组（He wants to deposit all his *money* at the credit union.），研究发现句子语境受到语义、概念及词汇信息的影响，这个结论在中英语码转换的眼动研究中得以证实（倪传斌等，2015）。随后，杜塞尔斯团队的系列研究亦采用眼动阅读任务，考察语码转换的句法接口问题（Dussias，2003；Guzzardo Tamargo & Dussias，2013a，b；Guzzardo Tamargo et al.，2016）。例如杜塞尔斯（Dussias，2003）首次采用眼动范式，以西英进行体和完成体语码转换结构为样例，结果推翻了功能中心语原则（Belazi et al.，1994）的理论预设，表明不存在游离于普遍语法之外的第三语法（MacSwan，2009，2014；MacSwan & McAlister，2010），这一发现支持了词库论（Chomsky，1995），驳斥了语码转换"制约观"的理论预设（Belazi et al.，1994；Myers-Scotton，2006a，2006b；Toribio，2001b）。然而，中英语码转换的眼动研究方才开展（如，倪传斌等，2015），目前为止，鲜有单独考察中英语码转换句法规则的眼动研究。

表 2-3　　　　　眼动阅读任务中的语码转换研究

编号	作者	主要发现
1	Altarriba et al.（1996）	句子语境受到语义、概念及词汇信息的影响
2	Dussias（2003）	不同类型助动词短语结构的语码转换具有不同的表现形式，这一结论表明不存在游离于普遍语法之外的第三语法，支持词库论（lexicalist approach）
3	Guzzardo Tamargo & Dussias（2013b）	在加工语码转换句子时，晚期双语者与早期双语者具有相似的表现，这一发现支持了二语习得的"基于体验的视角"：使用频度高的结构（如西英语码转换 estar *doing*）较使用频度低的结构（如西英语码转换 haber *done*）更容易接受
4	Philipp & Huestegge（2015）	结果支持双语加工的 BIA-d 模型（Grainger et al.，2010），即外源性和内源性信息均参与到语码转换的认知加工过程中
5	Guzzardo Tamargo et al.（2016）	语码转换产出的结果与"产出—分布—理解"模型（Gennari & MacDonald，2009；MacDonald & Thornton，2009）的理论预期一致
6	倪传斌等（2015）	结果支持双语加工的 BIA+模型（Dijkstra & van Hell，2003；Dijkstra & van Heuven，2002），未发现语言水平的调节作用

第三节 语码转换的心理语言学研究

依托跨学科研究路径,心理语言学业已彰显独特的学科魅力以及广阔的研究前景(Aitchison,2008;Carroll,2008;桂诗春,1991,2000,2011;桂诗春、宁春岩,1997;Kroll & de Groot,2005)。该学科关注以下三个主要话题:语言产出、语言理解及与语言习得有关的认知心理加工过程。

毫无疑问,语码转换认知加工机制亦是当下心理语言学所要探讨的研究热点之一。从既往文献上看,学者们采取了多种研究范式(任务),主要有:图片命名(Costa et al.,2006;崔占玲等,2009)、视觉数字命名(Meuter & Allport,1999;Costa & Santesteban,2004)、图片命名与数字命名相结合(Finkbeiner et al.,2006)、自定步速阅读任务(Wang,2015;Bultena et al.,2014)、眼动阅读任务(Altarriba et al.,1996;Libben & Titone,2009;倪传斌等,2015;Philipp & Huestegge,2015;Pivneva et al.,2014)及事件相关电位等(Moreno et al.,2002;Ng et al.,2014;Proverbio et al.,2004;Ruigendijk et al.,2015)。除了上述多种范式外,近期的语码转换研究开始从基于单个孤立的语码转换词项转向句内语码转换研究(Bullock & Toribio,2009;van Hell et al.,2015)。这种纳入语境因素的研究转向,有助于促成语码转换研究走向纵深。

一 单个孤立的语码转换词项

语码转换认知加工的早期研究主要采用单个孤立的语码转换词项作为语言刺激材料,这时的研究又叫作语言转换。实验过程中,受试要求阅读视觉(图片或文字)刺激,抑或需要对视觉刺激进行命名,因此涉及两种模态(modal):语言产出和语言理解。进一步说,学者通过研究语言产出和语言理解过程中语码转换的代价及其对称性，得以厘清语码转换的认知加工机制。

(一) 语言产出中的语码转换

语言产出中的语码转换研究成果丰硕（Costa & Santesteban, 2004; Costa et al., 2006; Cui et al., 2009; Meuter & Allport, 1999; Meuter et al., 2002），这些研究多采用命名范式，相关研究发现亦较为一致。例如，牟塔尔和阿尔坡（Meuter & Allport, 1999）较早使用自定步速数字命名任务（self-paced numeral-naming task），探讨语言水平对转换代价对称性的影响。实验随机呈现一语或二语数字，受试以呈现的颜色背景为指令，对相应数字进行命名。研究结果显示：第一，转换的试次比未转换的试次反应时更长；第二，转换代价非对称性。由非主导语言（二语）转向主导语言（一语）比由主导语言转向非主导语言的转换代价更大，因为"受试会对目标任务产生非自主性的抑制"（Meuter & Allport, 1999: 25），这一发现得到后续研究的支持，即"语码转换与调节主导语言抑制资源有关"（Meuter et al., 2002: 109）。

随后，学者们围绕语言产出中语码转换的认知机制展开了系列研究，运用到多种研究任务：图片命名（Bobb & Wodniecka, 2013; Costa et al., 2006; 崔占玲等, 2009; Liu et al., 2014, 2016）、数字命名（Meuter et al., 2002）、图片命名与数字命名相结合（Finkbeiner et al., 2006）及目标词命名等（Gullifer et al., 2013）。虽各项研究任务不同，其研究结论却较为统一：转换代价由非主导语言转向主导语言大于由主导语言转向非主导语言。不过，仅有少数的句内目标词命名任务研究未发现显著的转换代价（Gullifer et al., 2013）。

针对上述语码转换的理论阐释主要有：抑制控制模型（Green, 1998）和语言特异性选择阈限假设（Costa & Santesteban, 2004）。具体如下：

(1) 抑制控制模型。双语者之所以能够成功运用双语中的一种，是因为一般性抑制控制机制（domain-general inhibitory control mechanisms）起作用。当双语者使用目标语言时，该机制能够成功抑制住非目标语。因此，语码转换与一般性转换任务并无二致。具体来说，主要步骤有二：第一，抑制激活的任务图式（activated schemas）；第二，抑制的解除（崔占玲、张积家，2010：181）。据此，转换代价的非对称性可由上面两个步骤解释：只有抑制解除，语码转换才能成为可能，而主导语言（一语）的任务图式抑制的解除难度远远大于非主导语言（二语），这势必造成一语转换到二语比二语转换到一语消耗更多的认知资源（Costa & Santesteban, 2004：507），表现为转换代价的非对称性，这种非对称性现象在非平衡双语者（unbalanced bilinguals）中表现得尤为突出；而在平衡双语者中，则更多表现为转换代价的对称性（Costa & Santesteban, 2004；Costa et al., 2006）。由此可见，抑制控制理论表明，转换代价来源于心理词汇（mental lexicon）外部双语任务图式的竞争之中。不过，这一理论并非完美无缺，受到一定的理论挑战（La Heij, 2005）。

（2）语言特异性选择阈限假设。在词汇选取过程中，关于双语心理词汇非使用语言（non-response language）的作用主要有两种观点：语言特异性选择假设（language-specific selection hypothesis）和语言非特异性选择假设（language-nonspecific selection hypothesis）。其中，前者认为，非使用语言不参与到词汇选取过程，因为该过程是语言特异性的；而后者则坚持认为"非使用语言的词汇节点亦参与到词汇选取过程中，形成一定的干扰效应"（Costa, 2005：314）。联系到上文提及的语码转换文献，不难看出：语码转换对称性可由语言特异性选择假设阐释（Costa & Santesteban, 2004；Costa et al., 2006）；而语码转换的非对称性则由语言非特异性选择假设解读（崔占玲，2010；倪传斌等，2015）。随着研究的深入，研究者们愈加认同双语心理词汇的非选择性激活理论，即双语词汇语义系统表现为相互竞争，随时激活的状态（Assche et al., 2012；Gullifer et al., 2013；Dijkstra & van Hell, 2003；Dijkstra & van Heuven, 2002；Gullifer et al., 2013；肖巍、倪传斌，2016）。

(二) 语言理解中的语码转换

除了上述语言产出中发现了转换代价及其对称性问题,亦有学者对语言理解中的语码转换进行实验研究(Altarriba et al.,1996;Assche et al.,2012;Bultena et al.,2014;Grainger & Beauvillain,1987;Philipp & Huestegge,2015;Pivneva et al.,2014;Thomas & Allport,2000;Wang,2015;倪传斌等,2015)。有趣的是,相关研究并未形成统一的认识,因为有的研究发现,转换代价的对称性与转换方向并无关系(Jackson et al.,2004;Macizo et al.,2012);亦有研究认为语码转换从一语转换到二语(Chauncey et al.,2008)或从二语转换到一语(Bultena et al.,2015;Thomas & Allport,2000)才会产生代价。针对语言理解中的语码转换亦采用多种研究范式,主要为:词汇判断任务(Thomas & Allport,2000;崔占玲、张积家,2010;祁志强等,2009;张积家、崔占玲,2008)、语义分类任务(Alvarez et al.,2003;Von Studnitz & Green,2002;刘欢欢等,2013)、跨语言启动任务(Jiang,2012;李霓霓等,2012)及掩蔽启动任务等(Chauncey et al.,2008)。

在理论阐释方面,主要有两大理论观点:语言选择性通达假设和语言非选择性通达假设(Dijkstra,2005)。其中,前者认为,双语心理词汇独立存储,具有两套系统;而后者则坚持只有一套系统的整合性双语心理词汇(Dijkstra & van Heuven,2002:176),具体如下:

(1) 语言选择性通达假设。双语心理词汇独立存储,目标语言的激活与非目标语言并无关联。换言之,二者并不会被同时激活。目标语言的选取与非目标语言并无关系,表现为语言特异性特征(Dijkstra & van Heuven,2002:176;Gerard & Scarborough,1989)。根据这个观点,语码转换中并不存在干扰效应。不过,随着研究的深入,该观点日益受到诸多挑战。

(2) 语言非选择性通达假设。双语心理词汇存储在统一的、整合的系统内,目标语言与非目标语言在语言使用中均得到同步激活,二者亦会产生相互竞争，表现为干扰效应。有学者基于此观点提出BIA+（双语扩散激活模型+）模型（Dijkstra & van Heuven，1998）。更进一步说，语码转换存在如下过程：第一，根据葛洛斯金（Grosjean，2001：63）的观点，双语者无法完全"关闭"非目标语言，不过可以"控制"非目标语言激活的程度；第二，诚如BIA+模型预测的那样，双语者采用非选择性方式从整合的心理词汇中提取目标语言（Holman & Spivey，2016；肖巍、倪传斌，2016）；第三，语言水平影响双语词汇语义系统的激活程度（Bultena et al.，2014，2015；Kootstra et al.，2012；Pivneva et al.，2014；Wang，2015），因此转换代价受到语言水平的影响。由此可见，语言非选择性通达假设具有较强的理论生命力，对于诠释语码转换认知机制及其转换代价对称性等具有重要的理论价值。

二 句内语码转换

鉴于语码转换多发生在句子语境下，近来年，学者们（Altarriba & Basnight-Brown，2009；Bobb & Wodniecka，2013；Bultena et al.，2015；Declerck & Philipp，2015b；倪传斌等，2015；Ruigendijk et al.，2015；van Hell et al.，2015；Wang，2015）逐渐意识到探讨单个孤立的语码转换词项存在的不足，将研究视角转向句内语码转换。在研究范式方面，亦借鉴单个孤立的语码转换词项研究，主要有：词汇—门禁掩蔽任务（Bultena et al.，2015；Li，1996）、结构启动技术（Kootstra et al.，2012）、自定步速阅读任务（Bultena et al.，2014）、基于序列的语言转换任务（Declerck & Philipp，2015b）及迷津任务（Wang，2015）等。

此外，学者们也开始关注语码转换不同加工阶段的表现特征。例如，采用眼动阅读任务（Altarriba et al.，1996；倪传斌等，2015）和事件相关电位（Elston-Güttler et al.，2005；Van der Meij et al.，2011；Moreno et al.，2002；Proverbio et al.，2004；Ruigendijk et al.，2015）等考察语码转换在句子产出和理解过程中的时间进程。

(一) 句子产出中的语码转换

受单个孤立词项研究的启发，学者们围绕语言水平及语言本体（如语音、句法和语境）因素，考察句子产出中的语码转换认知机制（Altarriba, 1996; Bultena et al., 2015; Declerck & Philipp, 2015b; Kootstra, 2015; Kootstra et al., 2010; Kootstra et al., 2012; Li, 1996）。

李平（Li, 1996）较早采用词汇门禁和词汇掩蔽范式，探讨语言因素对于语码转换的影响。结果发现，双语者在语码转换时，同时整合了语音、结构和语境信息。这一结果符合双语非选择性激活模型的理论预期。另有学者指出，转换目标词的激活受制于不同的语言（词汇或概念语义信息）因素影响（Altarriba et al., 1996）。随后，学者们在此基础上进行一定的修补性和拓展性研究（Bultena et al., 2015; Kootstra et al., 2012）。有的研究（Bultena et al., 2015）考察语言水平、转换方向及句式结构对转换代价的调节效应，结果显示：语言水平和句式结构对语码转换代价影响较小，而转换方向对转换代价影响较大。其中，从主导语言转换到非主导语言的代价要大于非主导语言转换到主导语言，这一研究支持了BIA+模型的理论预期，不符合抑制控制模型的理论预期，这可能表明句内语码转换代价来源于心理词汇内部。另有研究（Kootstra et al., 2012）亦发现，高语言水平受试较低语言水平受试产出更强的词汇效应，说明语言水平影响句子产出中的语码转换。不难看出，这两项研究均研究相同正字法系统的语码转换，对于不同正字法系统之间的语码转换是否存在语言水平效应，仍需进一步的研究。

然而，也有学者（Declerck & Philipp, 2015b）采用序列语言转换任务（一语→一语→二语→二语→……）对句式结构进行深入的探讨，研究设置三组变量：通用句组（双语均可使用）、单用句组（仅某语言使用）和不合法句组（双语均不使用）。结果显示，通用句组未发现显著的转换代价；而单用句组和不合法句组虽有转换代价，但二者并无区别，这说明句式因素对转换代价影响甚小。

此外，也有学者（Kootstra et al., 2010）采用生态效度更好的同盟脚本对话技术（confederate-scripted dialogue technique），考察词序因素对语码转换的影响。研究发现双语者在对话产出过程中倾向于使用双语共享词序的语码转换，可能表明双语心理词汇在词序层面得到了同步激活，会话同盟（speech partner）起到启动效应（priming effect）的作用。

总之，学者们主要关注语言属性（语音特征、词序、句法结构、语境和语义制约条件等）及双语者因素（语言水平、执行功能和社会经济地位等）对于句子产出语码转换的影响。

（二）句子理解中的语码转换

除了上述句子产出中的语码转换研究，句子理解中的语码转换研究成果更为丰富，涉及多样的研究范式：自定步速阅读任务（Bultena et al.，2014；Wang，2015）、眼动阅读任务（Altarriba et al.，1996；倪传斌等，2015）和事件相关电位（Elston-Güttler et al.，2005；Moreno et al.，2002；Ng，2014；Proverbio et al.，2004；Ruigendijk et al.，2015；Van der Meij et al.，2011；van Hell & Witterman，2009）等。

近期，学者们较多地关注句子理解中转换代价的方向及交互激活或抑制等因素（Bultena et al.，2014；Wang，2015）。例如，有的学者（Bultena et al.，2014）考察转换方向、语言水平和跨语言激活对转换代价的调节作用。结果表明，一语转换到二语发现了转换代价，而二语转换到一语却没有发现转换代价；转换代价的强度与语言水平呈正相关，即转换代价受制于主导语言；跨语言激活对转换代价不起作用，这一发现可由双语非选择性激活理论加以阐释。另有研究（Wang，2015）采用迷津任务，得到新的发现：句内语码转换存在词汇激活（目标词上）和抑制控制（目标词后）两种效应。

目前为止，采用眼动阅读任务考察句内语码转换认知机制的研究尚且不多（Altarriba et al.，1996；倪传斌等，2015）。其中，艾尔塔瑞巴等（Altarriba et al.，1996）考察（高和低）语境因素（semantic constraint）对于语码转换句子中目标词激活的作用，研究发现高频、高语境句子产生更少的反应时，这说明语境因素受制于词汇（如词频）和语义信息。受此启发，倪传斌等（2015）分析了语言水平和转换方向对中英语码转换的影响。结果表明，语言水平并未起到调节作用，这可能是由于两组受试水平差异不明显所致。就转换方向来说，从二语转换到一语的代价要大于从一语转换到二语，表现为转换代价的非对称性，该结论契合了BIA+模型的理论预期。

除了上述行为实验之外，还有学者采用事件相关电位技术，探究语码转换的神经机制（Elston-Güttler et al., 2005；Moreno et al., 2002；Ng, 2014；Proverbio et al., 2004；Ruigendijk et al., 2015；Van der Meij et al., 2011）。其中，默瑞等（Moreno et al., 2002）招募不同水平的英西双语者阅读三组条件句，实验控制句子的地道性（非地道和地道条件）。在非地道条件下，三组不同条件的句子为：语码转换组（Each night the campus built a *fuego*［fire］.）、词汇转换组（Each night the campus built a *blaze*［fire］.）和无转换组（Each night the campus built a *fire*.）。在地道条件下，三组不同条件的句子为：语码转换组（Out of sight, out of *mente*［mind］.）、词汇转换组（Out of sight, out of *brain*［mind］.）和无转换组（Out of sight, out of *mind*.）。结果表现为，在地道和非地道两种条件下，词汇转换组均诱发了N400[①]；语码转换组仅在非地道条件下诱发类似N400的左前额分布的脑电成分。不过，语码转换组和词汇转换组均诱发了标志转换效应的LPC。回归分析亦显示，高水平组在语码转换组中表现为更早的波峰潜伏期和更小的LPC振幅；而低水平组在词汇转换中则表现为更大的N400振幅。这一结果表明，词汇转换与

[①] 事件相关电位（又俗称脑电）成分有三种表示形式：极性（正、负）、潜伏期（时间进程）和头皮分布（左、中线和右；前、中线和后）。例如，脑电成分N400为刺激开始后潜伏期在400毫秒左右的正极性成分，分布在顶中回。该指标可以表示语义和百科知识的整合（Kutas & Hillyard, 1980）。与语码转换有关的脑电指标有：N2、N400和LPC（晚期正成分）。其中，N2分布在额中回，表示策略性监控（Roelfs et al., 2006）、认知控制（Folstein & Van Petten, 2008）和反应选择（Gajewski et al., 2008）。LPC则表示句子层面整合（Kaan et al., 2000；Paller & Kutas, 1992）和再分析（Friederici, 1995）。

语码转换来源不同。其中，词汇转换来源于心理词汇内部，而语码转换则来源于双语任务图式间的竞争（Green，1998），因而二者存在本质区别。也有学者（Proverbio et al.，2004）采用区组设计（block design），考察转换代价及词汇转换与语码转换的认知机制。实验招募熟练译员，并要求其阅读一语或二语的不完整句框（如 Let me briefly give you the...），待3200毫秒后呈现句尾目标词，该目标词可能是语码转换词项（如 FATTI［facts］），或是语义适恰和不适恰词项。结果显示，语码转换条件出现 N400，并且转换代价由一语转到二语较二语转到一语更大，这与之前单个孤立的语码转换词项结果不一致。由于研究采用区组设计，语码转换预期性高，因而并未发现与转换有关的 LPC 成分。

这些早期的句内语码转换脑电研究表明，语码转换可能会诱发两个主要脑电成分：N400/LPC 或仅 N400，可见 N400 是更稳定的成分。不过这些研究设计上尚存一定不足。例如，句尾词较句中词更受关注，目标词位于句尾可能会混入"打包效应"（wrap-up effect）（Heredia et al.，2016：17；Li et al.，2017；参见 Just & Carpenter，1980；Rayner et al.，2000）。可喜的是，也有学者（Van der Meij et al.，2011）意识到这点，将目标词设置在句中，提高研究设计的质量。研究结果显示，语码转换的神经认知过程为：首先，双语者对语言特异性正字法侦测（左枕叶 N250）；随后，双语心理词汇语义系统参与激活（N400）；进而实现后期刷新及再分析（LPC）。此外，语言水平亦参与到语码转换的过程中。最近，在既往研究的基础上，有学者（Ruigendijk et al.，2015）进一步考察语码转换的神经机制。实验招募三组不同语言背景的双语者（单语者、中级俄—德双语者和高级俄—德双语者）阅读三组实验句：词汇转换（语义无法预测的德语目标词）、纯德语句子和语码转换（德语目标词的俄语翻译词）。研究发现，在词汇转换条件下，单语者和中级双语者均诱发了 N400；在语码转换条件下，三组均诱发了类似 N400 的成分及 LPC。

还有些学者关注宏观语境、目标词位置和词性在句子语码转换中的作用（Elston-Güttler et al., 2005; Ng et al., 2014）。例如，在实验正式开始前，研究（Elston-Güttler et al., 2005）呈现给受试一段20分钟的静音短片，然后要求受试做语义启动任务。其中，启动句为"The woman gave her friend an expensive *gift*"，目标词为"item""target"和"boss"。实验结果为：语义启动、电影版本及区组的反应时和脑电指标均出现显著的交互效应。其中，观看德语短片的受试在第一个区组中表现出显著的语义启动和脑电（N2、N400）效应。另有研究（Ng et al., 2014）将句子语境拓宽到语篇层面，辅以短文（《伊索寓言》）为实验材料，考察目标词位置和词性对语码转换的作用。结果与既往研究一致，表现为三个脑电指标：LAN、N400和LPC。其中，词性效应表现为，名词比动词产生更大的N400振幅；语码转换效应则表现为ELAN和LPC成分的出现。

不难看出，句子层面的语码转换研究选题上与先前单个孤立的词项存在很大程度上的一致性。这些研究多借助行为学和神经认知研究手段，旨在考察"语言水平、正字法、文本语言、任务指令及语义语境"等因素对语码转换的影响（Heredia et al., 2016: 175）。

（三）评析

这一节主要介绍语码转换的心理语言学研究前沿。

从上述文献可知，这些研究共性特征有三：第一，语码转换研究支持双语心理词汇的非选择性交互激活理论预期；第二，语码转换的代价来源问题：心理词汇内部，还是外部？第三，语码转换的心理语言学研究开始突破单个孤立的词项，转向更大的研究单元，如句子，甚至语篇。

既往研究虽成果丰硕，然而尚存一定不足，概括起来主要有三：

第一，就研究单元而言，由于大量研究关注于单个孤立的语码转换词项和句子，研究较少聚焦于短语层面的语码转换认知机制（Fairchild & van Hell, 2017; Ong & Zhang, 2010; Quick et al., 2016）。例如，为了比较最简方案和基础语框架的理论预期，实验要求 21 个西—英双语者进行限定词短语的图片命名任务。研究采用区组设计，主要有：$Det_{English} + N_{English}$（"the clock"）、$Det_{English} + N_{Spanish}$（"the reloj"）、$Det_{Spanish} + N_{Spanish}$（"el reloj"）和 $Det_{Spanish} + N_{English}$（"el clock"）（Fairchild & van Hell，2017）。不过，他们的研究并未得到上述两个理论的支持。还有研究（Ong & Zhang，2010）采用接受性任务考察中英限定词短语语码转换，结果发现，双语者更倾向于"$Det_{Chinese} + N_{English}$"（一个 apple），而不是"$Det_{English} + N_{Chinese}$"（one 苹果）。

第二，就研究焦点而言，多数研究关注双语心理词汇的非选择性激活机制，仅有少数研究从实证方面探讨语码转换的句法理论（Declerck & Philipp，2015b；Dussias，1997，2003；Gollan & Goldrick，2016；Guzzardo Tamargo et al.，2016）。此外，研究多关注相同正字法体系之间的语码转换，针对不同正字法体系之间的语码转换研究关注尚且不足。

第三，就研究层面而言，多数研究聚焦于词汇层面（Altarriba et al.，1996；Assche et al.，2012；Bultena et al.，2014；Costa & Santesteban，2004；Costa et al.，2006；崔占玲等，2009；Grainger & Beauvillain，1987；Meuter & Allport，1999；Meuter et al.，2002；Philipp & Huestegge，2015；Pivneva et al.，2014；Thomas & Allport，2000；Wang，2015），其他层面（如语音、形态和句子）的语码转换研究关注较为不足，系统性探讨各个层面语码转换认知机制的研究尤为缺乏。

第四，就研究方法而言，研究采用多种实证研究范式，探究语码转换的认知机制。然而，在生态效度（Bullock & Toribio，2009：36；Isurin et al.，2009：100）和时间进程（Altarriba et al.，1996；倪传斌等，2015）方面仍有较大挖掘空间。可见选取眼动阅读任务，可以在一定程度上改进方法论上的弊端。

第四节　语码转换的理论研究

随着人们对语码转换认识的深入，"语码转换随机论"（Labov, 1971：457；Lance, 1975：143）的早期观点愈发受到"语码转换规则论"（Herring et al., 2010：553；Toribio, 2001b：203）的挑战。诚如著名诗人罗伯特·弗罗斯特（Robert Frost）的《未选择的路》（*The Road Not Taken*）所描写的那样"丛林中分出两条路"（two roads diverged in a wood），语码转换的理论观点亦是如此，分离出了"制约观"（constraint-based account）和"非制约观"（constraint-free account）。其中，前者认为存在语码转换特异的"第三语法"（CS-specific constraints/third grammar）①；而后者则坚称语码转换只是一般性语言现象，仍受普遍语法的制约。学者们对此展开激烈的学术论辩，有的以语码转换节点（juncture point）为关注点（Belazi et al., 1994）；有的考察语码转换中的词序问题（Poplack, 1980）；还有的研究语码转换中主导语（matrix language）和嵌入语（embedded language）的不同角色（Myers-Scotton, 2006a；Myers-Scotton & Jake, 2015）；以及语码转换中的句法—语义界面（Hita, 2014）等。

早期的语码转换理论研究业已存在分歧。有的派别旨在建立一套专司语码转换运作模式的语法理论体系，用以阐释语码转换行为的"第三语法"（MacSwan, 2014b；Poplack, 1980）。然而，这种尝试受到另一派别的挑战（Belazi et al., 1994；Di Sciullo et al., 1986；MacSwan, 1999；Mahootian, 1993）。他们提出"空理论"（null theory）的概念，即语码转换完全可以由单语语法系统进行阐

---

① "第三语法"指的是，语码转换所涉及的两种语言以外的第三种专门解释语码转换规则的语法体系（Cantone & Müller, 2008；Koronkiewicz, 2014）。

释，没有必要建立一套专司语码转换的语法规则体系（Gardner-Chloros & Edwards，2004）。这种论辩引申出了语码转换理论的"制约观"和"非制约观"之争（Giancaspro，2015；MacSwan，2009，2014a，2016）。

一 语码转换"制约观"

语码转换"制约观"（如图2-3所示）指的是，语码转换受到语码转换特异性规则的制约（即第三语法。直接关系以实线箭头表示），与双语的语法规则（G_1和G_2分别代表参与到语码转换的两个语法系统，无直接关系以点状箭头表示）并无关联（Belazi et al.，1994；Clyne，1967，2003；Myers-Scotton，2006a，b；Poplack，1980）。本节主要介绍该观点的理论演化，涉及早期的制约观理论、功能中心语原则及触发理论。

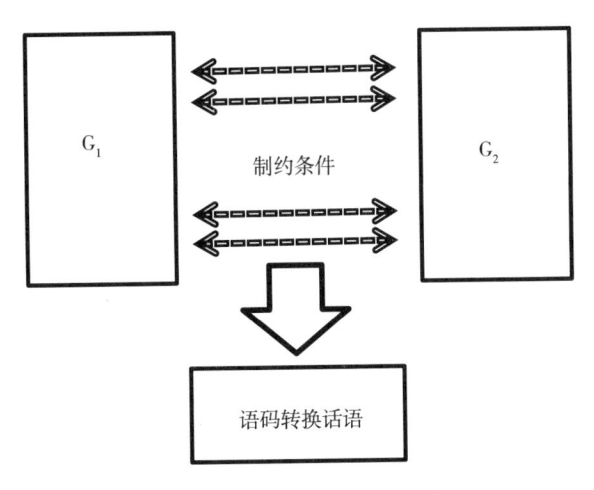

图2-3 "制约观"示意图

（引自 MacSwan，2014b）

（一）早期的"制约观"理论

这部分主要论述三个早期的"制约观"理论：等值制约（Equivalence Constraint）和自由语素制约（Free Morpheme Constraint）理论（Poplack，1980）、基础语与嵌入语理论（Joshi，1985）及基础语框架模型（Matrix Language Frame, Myers-Scotton, 2006a）。

其中，等值制约和自由语素制约定义如下（转引自 MacSwan, 2014a: 6）：

等值制约：语码转换发生在双语表层结构（surface structures）均可接受的转换点位上（points）。

自由语素制约：只要表层成分独立且保持为自由语素状态，语码转换可发生在交际话语中的任何位置。

上述观点可以解释一些典型的语码转换结构。例如，*eat-*iendo*[①]（即 eat-ing 的进行体语码转换）。然而却无法解释以下西—英语码转换例句"学生们已经看过意大利语电影了"（转引自 Belazi et al., 1994: 225）。

2（3）*The students had *visto la película italiana*.

2（4）**Los estudiantes habían* seen the Italian movie.

2（5）The students had seen *la película italiana*.

2（6）*Los estudiantes* had seen the Italian movie.

句 2（3）和句 2（4）遵守自由语素制约，却不合法，而句 2（5）和句 2（6）却合法。此外，等值制约也无法解释符合西英双语词序的句 2（3）和句 2（4）的不合法性。可见上述自由语素制约和等值制约的理论适用条件十分有限。

还有学者从双语结构差异的视角出发，提出语码转换的四条限制性规则：第一，语码转换的双语中必定含有基础语和嵌入语；第二，由于基础语和嵌入语不对等的地位，语码转换仅能发生在基础

[①] 本书遵照前人（如 Adger, 2003; Chomsky, 1995）的做法，语法上不合法标以"*"，合法不可接受标以"?"。

语转向嵌入语时；第三，封闭性功能词类（如限定词、介词和时态）无法发生语码转换；第四，除了发生在中心语位置，语码转换还可以发生在最大投射位置（Joshi，1985）。然而，该理论亦受到如下反例的挑战（转引自 Belazi et al.，1994：227）：

2（7）J'ai joué avec *il-ku*：*ra*.

受上述观点的启发，梅耶·斯格腾（Myers-Scotton，2006a：243）在对语码转换语料的分析后，提出了基础语框架模型。该模型包括如下三条次则（premise）：

次则一：基础语与嵌入语扮演不同的成分结构角色。
次则二：由于不同语素所扮演的角色存在差异，以至于其在基础语和嵌入语中的角色亦存在差异。
次则三：在语码转换时，双语均处于"开放"状态，尽管基础语的激活程度更高。

仍以句 2（3）—2（6）为例，如果按照上述三个次则预测的那样，所有的四个句子均应合法才对。具体地，在句 2（3）中，词序遵守双语的语法，因此也遵守基础语的词序；此外，限定词短语嵌入动词短语，充当嵌入语岛（西班牙语：visto la película italiana），故该语码转换句理应符合上述三个次则的规定。然而，实际上句 2（3）并不合法。可见，该理论亦存在阐释力不足的局限，而受到有些学者的批判（MacSwan，2005a，b）。

（二）功能中心语原则

在对既往文献批判的基础上，贝纳泽等（Belazi et al.，1994）借鉴前人（Abney，1987）关于功能中心语（functional head）能够"功能性选取"（f-select）其补足语（complement）的论述，创造性地提出了语码转换的功能中心语原则。该原则表明，补足语必须与功能性成分的语义和句法特征保持一致。此外，补足语的语言标识（language indexing）还应与功能性成分保持一致（Toribio, 2001a: 430）。具体如下（Belazi et al., 1994: 228）：

  功能中心语原则：就像对待其他相关特征一样，功能中心语特征选取其补足语的语言特征，因此补足语的语言特征必须与功能中心语保持一致。

  功能中心语原则可以解释句 2（3）—2（6）的语法遵守情况。具体地，因功能中心语要求其补足语的语言标识必须与其保持一致，如果不一致则造成语码转换失败。因此，句 2（3）（在语码转换 had visto 中，西班牙语 visto 未与英语 had 语言标识保持一致）和 2（4）（在语码转换 habían seen 中，英语 seen 未与西班牙语 habían 语言标识保持一致）违反了特征选取的规定，造成不合法的语码转换。

  然而，该理论亦受到学者的批判，质疑的重点之一便是所谓的"语言标识"（MacSwan, 2014）。众所周知，语言特征应该是有限的、二元的（binary）（Adger, 2003），而作为语言特征的"语言标识"的数量却是不确定的，比如：［+Chinese］［+English］［+Spanish］等，这显然不符合理论的简约之美（elegant and simple）（Chomsky, 1995）。

  目前为止，学者们对于功能中心语原则的理论争议尚未形成一致看法。有的通过实证研究（Toribio, 2001a, b）和数据建模（Li & Fung, 2014a, b）验证了其合理之处；另有学者（Dussias, 1997, 2003; Guzzardo Tamargo et al., 2016; MacSwan, 2014; Mahootian & Santorini, 1996）公开质疑其立论基础。因此，对于功能中心语理论的实证探索需要进一步深化，尤其需要得到不同正字法体系语码转换实证研究的支持。

  （三）触发理论

  理论上，柯林（Clyne, 1967）将触发界定为能够促进语码转换的词项，包括三个触发位置：第一，序列性触发（sequential facilitation）。触发词项位于语码转换位置之前。第二，预期性触发（anticipational facilitation）。触发词项位于语码转换位置之后。第三，上述两种情形的结合体。两个触发词项位于语码转换位置之间。随后，柯林（Clyne，2003：162-177）在进一步拓展触发词项（包括词汇、声调和句法触发）的基础上，提出了专门阐释语码转换的"触发理论"，具体地：

> 触发原则一：语言使用者个人或者言语社区中两种语言（部分）兼有的词项可能会促进语码转换的发生。通常这些词项为：双语发音相近词、名词或双语同音词等。
> 触发原则二：声调语言中音高和重音在非声调语言中相同（或相似）的词项可能会促进语码转换。通常这些词在双语声调上具有相同的调值（tonal range）。
> 触发原则三：双语句法规则重叠可能会促进语码转换的发生。

不难看出，上述三原则从词汇、语音及句法层面对语码转换进行细致的限定，该理论实则为语码转换"第三语法"的代表理论之一。

具体来说，在词汇层面，文化负载词一般不予翻译。例如，实义英语名词 Cola、iPhone 和 MP3 等可能在中文交际中直接使用，因而发生语码转换，这符合触发原则一的理论预期。

在语音层面，中文作为典型的声调语言，一般认为具有四种声调。例如，"八［bā］""把［bá］""靶［bǎ］"和"爸［bà］"（Zheng，1997：54）。研究发现，中文的四声（如爸［bà］）可能会促使中—澳双语儿童进行语码转换。因为中文的"做［zuò］"与英语的"do"在声调上具有一定重叠，按照触发原则二的预期，可能会导致语码转换的发生（Zheng，1997：55）。

2 (8) 早上到学校以后，我们做 [zuò] *language skill*.

在句法层面，正如等值制约所预测的那样，双语句法层面的重叠有助于语码转换的发生。从这个角度看，触发原则三与等值制约具有理论上的共通之处。

二 语码转换"非制约观"

从20世纪80年代开始，另一派别从句法学视角出发，开始寻求语码转换的理论阐释（Belazi et al., 1994；Clyne, 2000；Lipski, 1985；Pfaff, 1979；Poplack, 1980；Woolford, 1983；Sankoff & Poplack, 1981），并提出了语码转换的"非制约观"（见图2-4）。该学派认为，并不存在独立于双语语法系统（图2-4中的 G_1 和 G_2 代表双语语法系统）以外的专司语码转换的"第三语法"。换言之，"除了双语语法系统外，并不存在额外语法左右语码转换的发生"（MacSwan, 1999：146；2000：43；2005a：5；2005b：277）。

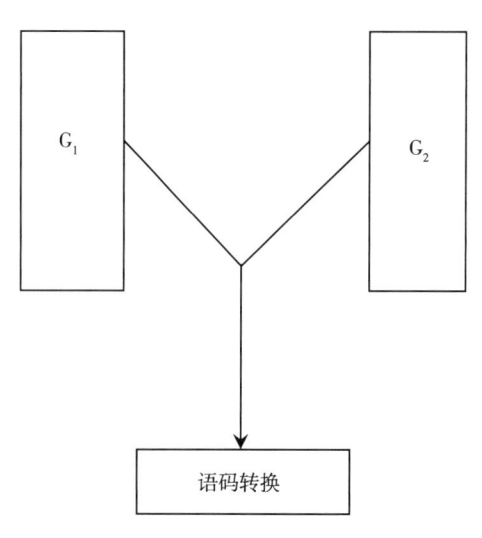

图 2-4 "非制约观"示意图

（引自 MacSwan, 2014b）

通过比对图 2-3 和图 2-4，不难发现，非制约观中不存在额外制约条件，因此语码转换来源于双语语法系统本身，即 $G_x = G_1 \cup G_2$。其中，G_x 表示语码转换规则系统，G_1 和 G_2 代表双语语法系统。

（一）最简方案

按照乔姆斯基（Chomsky，1995）的观点，人类天生具有语言习得机制（language acquisition device），在贫瘠的外在刺激（poverty of stimuli）和普遍语法（或 I-语言）的交互作用下，儿童可以习得完整的语言系统（戴曼纯等，2012）。在最简方案视域下，普遍语法包括两个部分（如图 2-5 所示）：C_{HL}（人类语言运算系统）和词库（lexicon）。其中，词库是造成不同语言间参数差异[①]（parametrically variant features）的主要来源，因此不同语言间的参数差异是由词库的不同所造成的（Chomsky，1995）。

如图 2-5 所示，在最简方案框架下，句法推导涉及作用于 C_{HL} 的两种句法操作：合并（Merge）和移位（Move）。其中，合并负责将词项列表中两个句法部件（syntactic object）组合成新的层级句法成分；移位又叫内部合并，是指由特征核查驱动的将句法成分进行重组（re-arrange elements）的过程，常见的移位方式有：中心语移位到邻近的中心语位置和最大投射移位到标句词中心语位置（MacSwan，2009：321）。

此外，句法特征主要有可解特征（interpretable feature）和不可解特征（uninterpretable feature）。其中，可解特征一般标记为 [+Interpretable]。例如，语类（categories）= {N, V, D, T}（名词、动词、限定词和时态）及名词的属性（phi features of noun）= {Number, Gender, Person}（数、性和人称），这些可解特征对于语义信息解读提供重要支撑。不可解特征则一般标记为 [-Interpretable]。例如，格特征（case features）= {Nominative, Accusative}

[①] 按照有些学者（Adger，2003：66）的观点，形态句法特征即受语音、语义和句法特征左右的词汇特征。

（主格和宾格），不可解特征主要服务于句法结构的创建。因此，在句法推导过程中，全诠释原则（Full Interpretation）要求语义界面规则作用的句法结构不能含有不可解特征。换言之，不可解特征必须在句法语义界面起作用前予以删除，如果不可解特征被核查并且删除，则推导成功；否则推导失败（MacSwan，2009）。

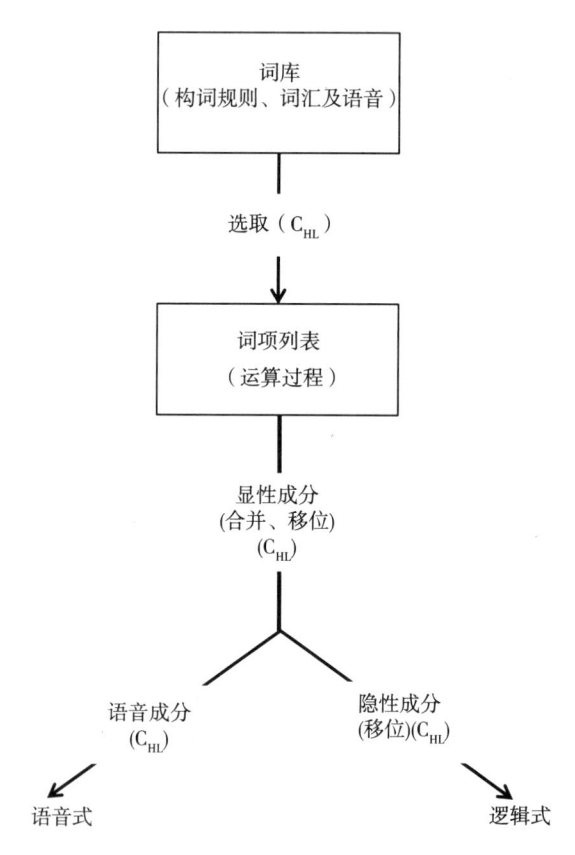

```
        ┌─────────────────┐
        │      词库       │
        │(构词规则、词汇及语音)│
        └────────┬────────┘
                 │ 选取（$C_{HL}$）
                 ↓
        ┌─────────────────┐
        │    词项列表     │
        │  （运算过程）   │
        └────────┬────────┘
                 │ 显性成分
                 │ (合并、移位)
                 │ ($C_{HL}$)
                ╱ ╲
               ╱   ╲
         语音成分   隐性成分
         ($C_{HL}$) (移位)($C_{HL}$)
            ↓         ↓
          语音式     逻辑式
```

图 2-5 最简方案理论概念示意图

（引自 MacSwan，2014b）

（二）特征核查

按照前人的观点，特征核查主要有三类：语类选取特征核查（c-selectional feature checking）、非语类选取特征核查（non-c-selectional feature checking）及语义特征核查（s-selectional feature checking)（Adger, 2003；于善志，2008, 2010）。前两项与句法有关，后一项与语义有关，具体如下：

语类选取特征指的是，决定语言类别属性的特征，旨在实现词项的合并功能（Adger, 2003：66）。按照全诠释的观点，在拼出前，不可解特征必须在逻辑式中予以删除，否则推导失败。其实，语类选取特征便是参与不可解特征核查的全过程。据此，结合句 2（9a）、句 2（9b）和句 2（10），有人进一步提出如下核查要求（Adger, 2003：67）：

> 核查要求：不可解（语类选取）特征必须被核查，并且一旦接受核查，需要立即予以删除。
> 姊妹节点核查：当 Y 是另一个句法部件 Z 的姊妹节点并且负载了 F 的句法特征，在句法部件 Y 上的不可解语类选取特征 F 需要得到 Z 的核查。

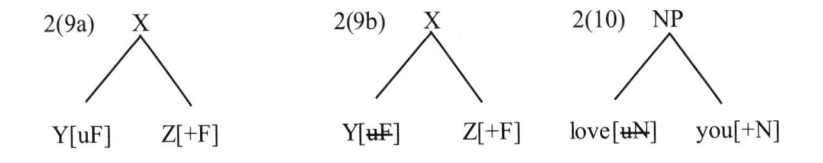

2(9a)　X　　　　2(9b)　X　　　　2(10)　NP
　　　／＼　　　　　　　／＼　　　　　　　　／＼
　　Y[uF]　Z[+F]　　Y[u̶F̶]　Z[+F]　　love[u̶N̶]　you[+N]

不难看出，句 2（9a）中，Y 和 Z 处在姊妹关系中，Z 含有可解的 [+F] 特征，Y 含有不可解的 [uF] 特征，Y 与 Z 处于姊妹关系，因此 Z 的不可解特征需要与 Y 的可解特征进行核查，进一步删除 Y 的不可解特征。至此，句 2（9a）拼出成功 [见句 2（9b）]。例如，动词短语 "love you [$_{VP}$ [$_V$ love [$_{NP}$ [$_N$ you]]]]" 的特征核查过程为：中心语 love 具有可解的 [+V] 和不可解的 [uN] 特征，其中 [+V] 负责标记语义信息，而 [uN] 则负责参与句法推导。补足语 you 具有可解的 [+N] 特征，经过合并操作，中心语的不可解特征被补足语的可解特征核查，并删除其不可解特征，因此动词短语 love you 拼出成功。

除了上述词项的句法特征外，语义特征表现主要有三：命题（proposition，事实和伪实）、实体（entity，有生命和无生命）和属性（property，颜色、声音、味道和气味等）（Adger，2003：69；于善志，2008：55）。如句2（11）所示：

2（11）a. Ray Lee intoned the prayer.（Ray Lee 念了几下祷告词。）

*b. Ray Lee intoned the mirror.（Ray Lee 念了几下镜子。）

上句中，"the prayer"和"the mirror"均为名词短语，含有可解的［+N］特征，因此均能与动词"intone"合并，删除其不可解的［uN］特征，按理说上例中两句应均可接受才对。实际上，虽然句2（11a）符合句法上的语类选取特征核查，却违反了语义选取特征核查，因为动词"intone"必须跟［+animate］语义特征的补足语。从这个意义上说，合并操作仅关注句法信息，对于语义信息却不甚敏感。

（三）最简方案视域下的语码转换

深受乔氏（Chomsky，1995）最简方案理论的影响，近期学者们（MacSwan，1999，2005a，2014a）开始尝试将其运用到语码转换的理论研究（如图2-6所示）。与乔氏最简方案略有所不同的是，原来在最简方案中的一套词库被语码转换的两套词库（见图2-6，词库 x 和 y，简写成 L_X 和 L_Y）所代替。因此，这种词库论视角认为，语码转换的规则与双语词库的参数差异有关。

近期，有学者将特征核查和最简方案理论用于阐释几种语码转换现象：限定词短语结构转换的非对称性、主谓结构的基本词序、限定词短语内部词序及作为主语的代词和名词（MacSwan，2014b）。就限定词短语结构转换的非对称性而言，限定词不可解的人称特征能够与名词短语进行合并，导致不对称的语码转换结果；对于主谓

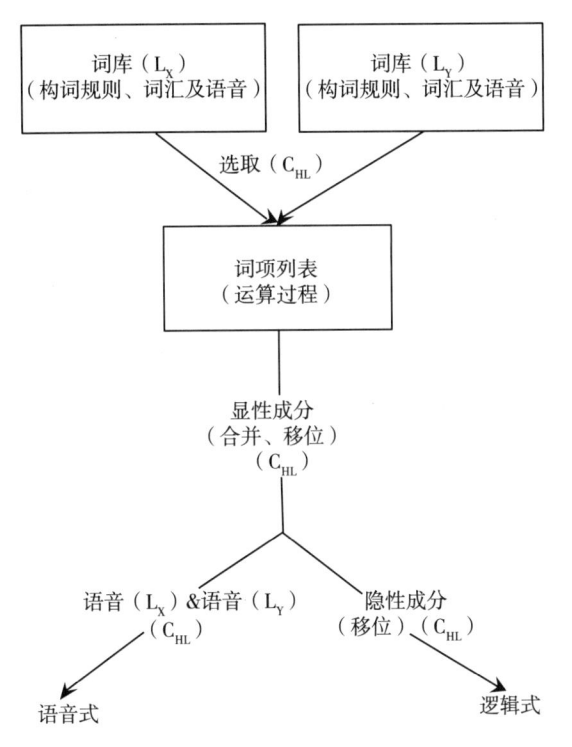

```
          ┌─────────────────┐     ┌─────────────────┐
          │  词库（L_X）     │     │  词库（L_Y）     │
          │（构词规则、词汇及语音）│     │（构词规则、词汇及语音）│
          └────────┬────────┘     └────────┬────────┘
                   │      选取（C_HL）      │
                   └──────────┬────────────┘
                              ▼
                    ┌─────────────────┐
                    │   词项列表      │
                    │  （运算过程）   │
                    └────────┬────────┘
                             │
                         显性成分
                       （合并、移位）
                         （C_HL）
                      ┌──────┴──────┐
              语音（L_X）&语音（L_Y）   隐性成分
                  （C_HL）          （移位）（C_HL）
                     │                    │
                     ▼                    ▼
                   语音式               逻辑式
```

图 2-6　最简方案理论视域下的语码转换示意图

（引自 MacSwan，2005a：7）

结构的基本词序而言，动词到时态的中心语移位操作促使动词决定主语的位置；对于限定词短语内部词序而言，形容词通过移位提升来实现一致性句法操作，因此形容词决定语码转换中的词序；最后，就作为主语的代词和名词而言，因为代词主语一般充当限定词的角色，而名词主语则充当名词短语的角色，因此代词主语和名词主语在移位操作方面存在差异：前者经历由现定词到时态的移位，故语码转换在逻辑式中拼出失败（crash）；而后者则经历名词短语移位到时态的标句词位置，故语码转换在逻辑式中拼出成功（converge）。

三　评析

可以看到，作为语码转换理论的两大主流观点，两派均得到语料库、心理语言学实验及理论探讨等部分研究的支持。本节主要对两派理论异同点进行评析。

双方在理论观点方面虽有一定争议,然而亦存在一定的共通之处。概括起来,主要有二:一是理论的适应性发展;二是各自具有鲜明特色的方法论体系。

一方面,两派之所以争执不下,各自为政,主要原因之一便是二者"百花齐放,百家争鸣"的理论开放式发展。在面对争议时,学者们便及时进行理论修正和反馈工作(如 MacSwan, 2005a, b; Jake et al., 2002, 2005)。例如,在制约观方面,以功能中心语原则为例,其理论坚持的"中心语功能性选择其补足语"(Belazi et al., 1994)业已被修正为"功能性成分(如限定词、屈折标记和语类)而非词汇性成分(如名词和动词)决定语码转换补足语的词序"(Chan, 2008)。此外,起初,基础语框架模型是以语言产出模型(Levelt, 1989)为基础建立的,因此该模型主要针对语言产出中的语码转换而言(Myers-Scotton & Jake, 2015)。然而,近期梅耶·斯格腾①却坚持认为,"该理论所谓的语言产出是广义上的,实际上是解决语言加工中的语码转换问题"。因此,基础语框架模型不仅针对语言产出中的语码转换,还针对语言理解中语码转换。在非制约观方面,早期观点(MacSwan, 1999)亦受到其他学者(Meechan, 2001:288)有关循环论证(circularity)的质疑。随后,学者们对此进行一定的澄清,并且重申"研究观点本身不是理论,而是激发理论和议题的分析型框架。按照拉卡托斯(Lakatos, 1970)的二分法,理论观点没有对错之分,只有进化(progressive)和退化(degenerative)之分"(MacSwan, 2014a:24)。

---

① 针对"基础语框架是否是语言产出导向性"这一问题,本书作者曾发邮件请教过梅耶·斯格腾教授,她的回复如下:"我之所以使用语言产出作为概念框架,是因为心理语言学家们热衷于这么理解,这还有待进一步查证。事实上,我认为狭义上的语言产出及语言理解均参与到语码转换过程中。不过,我会在今后的论述中注意这点"(回复时间:2015年11月23日)。

另一方面，两派均有符合本派特色的、自洽的方法论体系。其中，"制约观"得到大规模语料库的支持；而"非制约观"则得到语法判断任务的加持。从这个角度看，二者理论上的差异性与其各自研究方法的不同倾向性关系颇深。例如，有学者根据研究方法（反思性、语料库和实验研究法）和结果获取（反面语料、语料控制和量化）两个类别对语码转换主流研究方法进行批判式述评，研究发现：反思性研究法是研究者根据自己的直觉对语码转换句子进行的判断，因此在反面语料和预料控制方面具有优势，在量化方面尚存不足；语料库为真实世界语言产出的大规模语料编码的数字化，因而在定量方面具有明显优势，然而在反面语料和语料控制略显不足；相较而言，实验研究法在反面语料、语料控制和量化均有一定优势（González-Vilbazo et al., 2013）。

除了上述共通之处外，两派的差异亦较为鲜明，在承认其差异的基础上，研究可以考虑在以下两方面进行拓展：

一方面，比较性研究的开展。早期的研究多为思辨式且辅以反例为基础的研究，缺乏方法论创见（如 Belazi et al., 1994; Mahootian & Santorini, 1996）。近期，虽有比较研究开始围绕两派的代表性理论开展初步的实验性探索，考察基础语框架模型和最简方案对于语码转换的阐释力，然而其系统性有待提升，未来可以考虑纳入更多的代表性理论，提升研究的普适性。

另一方面，研究方法的科学化。不难看出，既往研究多采用接受性判断任务，未来研究可考虑将接受性判断任务与在线任务相结合，以取得综合性研究发现（如 Li et al., 2017; Nyvad et al., 2015）。

第五节　文献评析

在实证研究方面，通过分析不同条件下的语码转换代价，基于心理语言学的语码转换研究旨在证实或证伪某个语码转换语言学理论的理论预设,这与"近期语码转换研究开始关注语言学因素"关系颇大(Altarriba & Basnight-Brown,2009:5;Dussias,1997)。不难发现,这些研究存在明显的跨学科特质(如 Bultena et al.,2014,2015;Dussias,2003;Goldrick et al.,2016a;Gollan & Goldrick,2016;Guzzardo Tamargo & Dussias,2013;Guzzardo Tamargo et al.,2016;Kootstra et al.,2012;van Hell et al.,2015),本节将对其进行评析。

一 理论预设应转化为可资验证的实验假设

如图2-7所示,基于心理语言学的语码转换研究实验设计上包括三个层面:概念层、中间层和实践层。其中,概念层与理论直接关联,研究者需要明晰语码转换的理论预设内容;中间层涉及理论预设的检验;实践层则为具体实验的实施过程。理论预设需要转换为可资验证的假设(van Hell et al.,2015),并且通过实验加以验证,所得的结果又可反哺语言学理论。

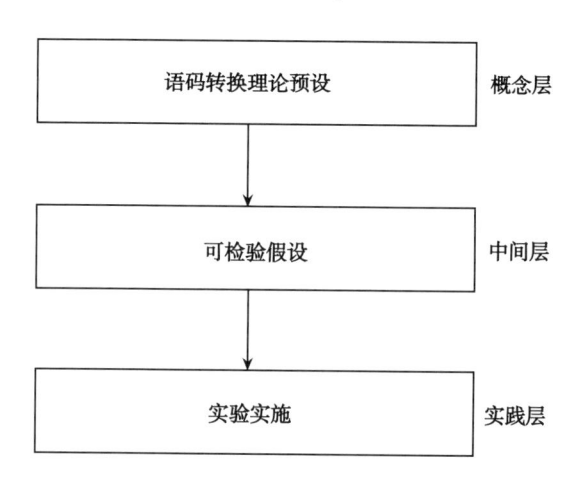

```
┌─────────────────────┐
│  语码转换理论预设    │   概念层
└──────────┬──────────┘
           ↓
┌─────────────────────┐
│     可检验假设       │   中间层
└──────────┬──────────┘
           ↓
┌─────────────────────┐
│     实验实施         │   实践层
└─────────────────────┘
```

图2-7 语码转换的心理语言学实验实施步骤

不难看出,既往研究亦是沿着这个步骤开展相关实验的,涉及的语言学理论有:触发理论(Bultena et al.,2014,2015;van Hell et al.,2015)、最简方案理论(Dussias,1997,2003;Ong & Zhang,

2010)、空理论（Goldrick et al.，2016a）、功能中心语原则（Dussias，1997，2003；Giancaspro，2015），以及不同理论之间的比较（Fairchild & van Hell，2017；González-Vilbazo & López，2011）。

具体来说，杜塞尔斯（Dussias，1997）较早运用句子匹配任务开展五项研究，系统地验证功能中心语原则的理论预设。其中，前三项实验符合功能中心语原则理论预期，后两项为该理论之外的实验。具体地，实验一为限定词和作为补语的名词短语语码转换（"…compro los books…"对阵"…compro the books…"）；实验二为标句词和作为补语的名词短语语码转换（"…sabian que the test…"对阵"…habian that the test…"）；实验三为助动词和作为补语的动词语码转换（"…had seen…"对阵"…habian seen…"）；实验四为动词和作为补语的名词短语相互语码转换（"…compro the candies…"对阵"…bought los caramelos…"），以及实验五关于介词和作为补语的名词短语语码转换（"…estaba en the kitchen…"对阵"…estaba in the kitchen…"）。五项实验研究结果均表明，功能中心语原则无法解释实验的理论预期，实验结果符合管辖论的特征核查。系列后续眼动研究（Dussias，2003；Guzzardo Tamargo & Dussias，2013；Guzzardo Tamargo et al.，2016）进一步验证了上述结果，他们发现，进行体结构（"…are enjoying…"对阵"…están enjoying…"）的语码转换并未产生显著的转换代价，而完成体结构（"…have enjoyed…"对阵"…han enjoyed…"）的语码转换则产生明显的转换代价，这与4-M[①]模型理论预期较为一致（Myers-Scotton，2006a；倪传斌等，2015）：早期系统语素（"estar"）与实义语素一样，激活较早，具有可辨的语义特征；而晚期系统语素（"haber"）激活较晚，仅能起功能性成分的作用（Wei，2009：274）。

此外，鉴于早期研究运用语料库考察语码转换中的触发理论，

[①] 这里的 M 为 morpheme 的简写，表明四种不同语素在语码转换中存在差异（Myers-Scotton，2006a）。

难以揭示理论阐释力（Broersma & de Bot，2006）。近期，学者们（Bultena et al.，2014，2015；Kootstra et al.，2012；参见 van Hell et al.，2015，in preparation）开始将触发理论转换为可资验证的心理语言学假设，加强对理论预设的验证工作。例如，有的学者（Kootstra et al.，2012）采用结构启动技术考察词汇重复、同源词和语言水平对荷—英双语者的语码转换启动效应的影响。结果表明，同源词促进了语码转换的发生，这与触发理论的理论预期一致。此外，触发理论在基于语料库的不同正字法的语码转换研究中亦得到证实（Zheng，1997）。然而，近期的心理语言学研究（Bultena et al.，2014，2015）发现似乎与触发理论的理论预期并不一致。可见，语码转换的相关理论仍需得到更多实证研究的验证。

二 理论预设应得到对比研究的支持

除了以上提出的理论验证外，语码转换理论还应加强各个理论间的比较研究，这种趋势业已初见端倪（如 Fairchild & van Hell，2017；Herring et al.，2010；Wyngaerd，2017）。

鉴于基础语框架理论和最简方案理论在阐释语码转换现象中备受青睐，学者开始着手两种理论观点的比较研究（Fairchild & van Hell，2017；Wyngaerd，2017）。虽然两者均可以解释语码转换的运作机制，却存在一定差异。具体为：一方面，研究视角不同。基础语框架理论关注语言产出；而最简方案理论仅关注语言能力，对语言产出或理解并不感冒。另一方面，研究单元不同。基础语框架理论关注句内语码转换中的主导语和嵌入语；而最简方案理论仅关注词汇层面以上的单元，如短语和句子等。

这种比较研究的趋势虽已明朗，却尚存一定不足：相关研究均关注零碎的语码转换理论（如基础语框架和最简方案），所得的结果缺乏系统性；相关研究尤其缺少对制约观和非制约观的代表性理论的比较研究，难以丰富和完善语码转换理论体系。

三 语码转换理解与产出应予以联结

近年来，学者开始聚焦于小句结构（Gennari & MacDonald, 2009；Gennari et al., 2012）及语码转换语法规则（Kroff, 2012；Guzzardo Tamargo et al., 2016），借此考察语言产出与语言理解之间的耦合关系。

作为涌现论的代表之一，"产出—分布—理解"模型试图联结语码转换的理解与产出（Gennari & MacDonald, 2009；Gennari et al., 2012），在语码转换的心理语言学研究中得到学者们的关注（Kroff, 2012；Guzzardo Tamargo et al., 2016）。例如，近期研究开始比较语料库（类比语言产出）和眼动阅读任务（类比语言理解）中进行体和完成体语码转换的差异，研究发现二者存在很大程度上的相关性，支持了该模型（Guzzardo Tamargo et al., 2016）。可见，语码转换的语言产出与理解之间的关系值得进一步研究予以确认。

第六节　本章小结

首先，本章界定了语码转换的相关术语、分类及转换代价。其次，对语码转换语言学理论及心理语言学研究进行了综述。其中，心理语言学研究聚焦于单个孤立的语码转换词项和句内语码转换研究；语言学理论研究侧重制约观和非制约观代表性理论的概述。最后，本章对上述文献进行整合，提炼出三条具有针对性的评析。下一章将探讨运用到的研究方法，涉及具体设计理念问题。

第三章

研究方法

第一节　前言

中国古代军事家孙子说道,"知己知彼,百战不殆"。对于语码转换的心理语言学和理论语言学文献的回顾所充当的是"知彼"角色,因此,本章将着重解决"知己"的问题,即交代研究原理、设计及其所采用的方法。

第二节　研究原理与设计

本研究试图从句法学视角出发,以时间分辨率较高、生态效度较好的眼动阅读技术为研究手段,在形态(语素)、语音和句子三个层面对不同语言水平的英语学习者展开实证研究,冀为揭示句法学视角的语码转换理论提供一定的跨语系在线加工证据支持。据此,本节将阐述受试遴选标准、研究原理及问题。

一　受试遴选标准

本研究从句法学角度入手,还需考虑双语者二语句法直觉的稳定性问题，这与一语存在很大程度上的不同，因一语直觉"稳定且同质"（Monika，2016）。大量的研究围绕二语者句法意识展开，目前尚未形成定论。有的采用接受性任务（Aldwayan et al.，2009）；另有采用在线任务（Aldwayan et al.，2010）或兼而有之（Li et al.，2017；Nyvad et al.，2015）。学者们争论的焦点便是二语者母语性（nativelikeness）习得问题。其中，有些学者认为二语者能够习得完整的二语语法系统（Aldwayan et al.，2009；Aldwayan et al.，2010；Foucart & Frenck-Mestre，2012）；另有学者则认为二语者无法习得像母语者那样完备的语法系统（Hawkins & Chan，1997；Hawkins & Hattori，2006；Tsimpli & Dimitrakopoulou，2007）。由此可见，语言水平和句法意识是影响语言直觉的重要因素。

为了提高研究数据的稳定性，本研究拟采纳有些学者关于语言水平的测量应当兼顾主观和客观语言水平测试的建议（Gullifer et al.，2013；Kroff，2012）。其中，主观测试方面采用七级李克特自测量表，而客观方面则沿用学界公认的修订版牛津快速测试（*Oxford Quick Placement Test*）（UCLES，2001），满分为100分（如Esfahani & Rahimi，2016；Felser & Cunnings，2012；Masoud et al.，2015）。

此外，本研究涉及语码转换句法规则的探究，根据前人的建议，有必要对眼动阅读任务的实验语料进行句法意识评定（Cunnings et al.，2010）。因此，研究招募一组不参与眼动任务的高级水平受试[①]参与材料评定，他们的评定结果将供后续章节实证研究参考。

除了语言水平和句法意识因素外，既往研究还表明，语码转换态度的作用亦不容小觑（Anderson，2006；Anderson & Toribio，2007；Giancaspro，2015；MacSwan & McAlister，2010），因为双语者的语码转换态度影响其语码转换的行为（MacSwan & McAlister，

[①] 他们的评定结果将作为基准（benchmark），供眼动阅读任务参照。需要指出的是，这些受试不参与后续的眼动阅读任务，因此对眼动阅读实验不产生任何干扰。

2010：529）。故本研究还纳入了语码转换态度因素（以七级李克特量表形式测定）。

二 研究原理

随着人们对于语码转换理论与实证研究的深入（参见 Goldrick et al.，2016a；Souag & Kherbache，2014），学界在"语码转换系统论、规则论"上基本达成共识（Luna et al.，2005；Sankoff & Poplack，1981）。当前，学者们争议的焦点是，语码转换受怎样的规则制约，即受到语码转换特异性规则（如基础语框架、功能中心语原则和触发理论等）制约？抑或普遍语法（如最简方案理论）制约？在此背景下，语码转换理论逐渐演变成两个主流派别："制约观"和"非制约观"（Giancaspro，2015；Wyngaerd，2017）。近期，已有少数学者开始采用实证研究方法，比较基础语框架和最简方案理论对于语码转换的阐释力（Fairchild & van Hell，2017；Herring et al.，2010；Wyngaerd，2017）。然而，研究得出的初步结论并不一致，相关研究尚有待进一步开展。

第一，除了开展基础语框架和最简方案理论的比较研究外（如 Fairchild & van Hell，2017；Herring et al.，2010；Wyngaerd，2017），还应拓展两个主流派别的其他代表性理论的比较研究。例如，后续研究可以借助更为丰富的语料，比较功能中心语原则和触发理论与最简方案在语码转换研究中的阐释力。

第二，语码转换理论需要得到跨语系语料支撑，才能满足语言学理论的"描写充分性"和"解释充分性"的要求（Chomsky，1965）。国外语码转换研究则主要涉及相同正字法语言间的语码转换（如 Giancaspro 2013，2015；Gullberg et al. 2009；Maurer et al.，2008）。例如，西—英（Herring et al.，2010；Fairchild & van Hell，2017）、法—英（Wyngaerd，2017）及其他等。针对不同正字法之间转换的跨语言类型学实证研究较少。不难看出，基于同一（印欧）语系所建构的语码转换理论，亦有待跨语系语码转换的汇流性证据的支撑。相较而言，国内学者专门针对句法学视角的语码转换的多层面研究更是较为欠缺。

第三，语码转换实证研究缺乏系统性，尤其缺乏对不同语言学层面的系统性考察。不难看出，既往语码转换研究多集中在词汇层面（Altarriba et al.，1996；Assche et al.，2012；Bultena et al.，2014；Costa & Santesteban，2004；Costa et al.，2006；崔占玲等，2009；Grainger & Beauvillain，1987；Meuter & Allport，1999；Meuter et al.，2002；Philipp & Huestegge，2015；Pivneva et al.，2014；Thomas & Allport，2000；Wang，2015）；也有少量研究聚焦于句子层面，考察句内语码转换的认知机制（Bobb & Wodniecka，2013；Bultena et al.，2015；Declerck & Philipp，2015b；倪传斌等，2015；Ruigendijk et al.，2015；van Hell et al.，2015；Wang，2015）。相较而言，语音层面（Clyne，2003；Zheng，1997）和形态层面（Fairchild & van Hell，2017；Ong & Zhang，2010）关注不多。

第四，既往研究鲜有关注语码转换加工的时间进程，而对于时间进程的研究既可反映"双语语码转换的认知活动过程"（Isurin et al.，2009：xii），又"能够揭示语码转换理解和处理过程中的早期和晚期阶段"（Cunnings，2010：91）。既往虽已开展语码转换认知机制研究，但其研究方法有限，主要借助语料库（Herring et al.，2010）、词图命名（Fairchild & van Hell，2017）和接受度判断（Wyngaerd，2017）等传统方法，难以描摹语码转换的认知加工进程。

第五，语言水平在语码转换中的作用历来深受学者们的青睐（Costa & Santesteban，2004；Costa et al.，2006；Meuter & Allport，1999），然而，其在语码转换中作用至今尚未形成定论。从二语习得角度看，语言水平还与不可解特征是否能够最终习得而引发的"失败的功能特征假设"（Aldwayan et al.，2009；Hawkins，2005；Ohba，2003；Tsimpli & Dimitrakopoulou，2007）及"全迁移全通达模型"（Foucart & Frenck-Mestre，2012）之争有关。对于语码转换中语言水平作用的考察，亦可以进一步反哺二语习得理论。

通过以上研究原理的背景介绍，本研究拟建构中英语码转换研究框架。涉及三个主要考量维度：语言学层面、语言水平层面及时间进程层面。

首先，一般而言，语言学层面涉及了语音、形态、词汇及句子四个主要层面。鉴于先前研究多立足于单个孤立的语码转换词项（即词汇层面，详见第二章论述），本研究拟重点关注其他三个层面：语音、形态（语素）和句子，在图 3-1 中以实线显示；而词汇层面不是关注的重点，则以点状线显示。

其次，语言水平层面主要指英语语言能力水平。语言水平层面主要涉及两组受试：中级水平组和高级水平组，受试语言水平以自我评定和牛津快速测试为参照。在图 3-1 中均以实线形式显示。

最后，如前所述，时间进程层面指的是语言加工不同阶段的表现。主要涉及语码转换的早期加工阶段和晚期加工阶段。其中，早期加工阶段主要参照眼动阅读任务的早期指标（如首次注视时间、凝视时间和回视时间），以及晚期指标（总注视时间）等。在图 3-1 中以实线形式标示。

概言之，本研究拟开展三项眼动阅读任务，重点关注语言学层面（语音、语素和句子）、语言水平层面（中级和高级）及时间进程层面（早期和晚期阶段）在中英语码转换中的具体表现。

三　研究问题

本研究拟以语码转换代价为转换效应指标，提出以下总体研究问题：

问题一：中英语码转换在形态层面是否存在转换代价？如果存在，其表现是怎样的？

问题二：中英语码转换在语音层面是否存在转换代价？如果存在，其表现是怎样的？

问题三：中英语码转换在句子层面是否存在转换代价？如果存

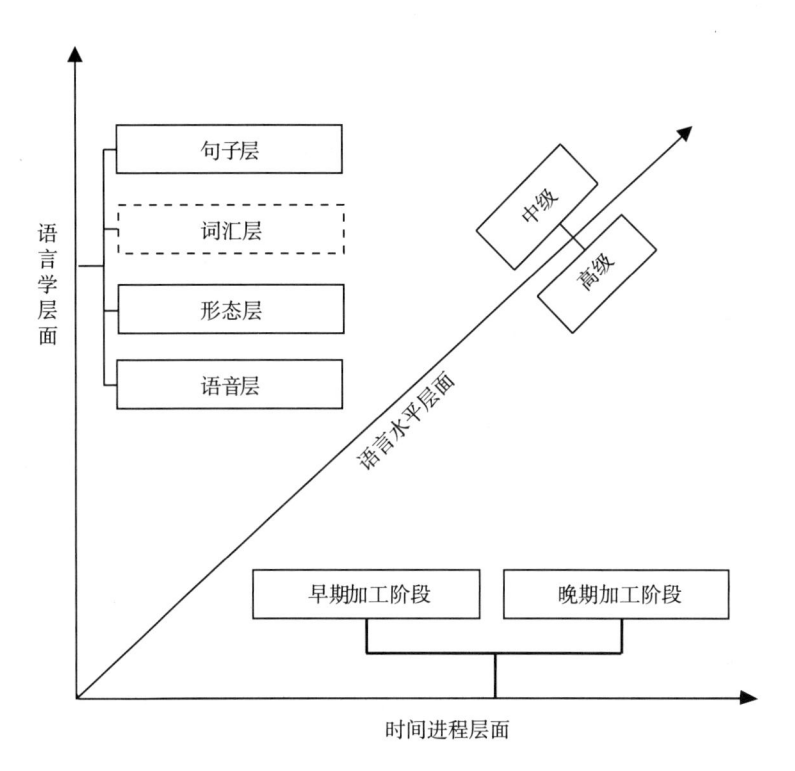

图 3-1　本研究的技术路线示意图

在，其表现是怎样的？

结合开展的三项心理语言学实验，上述三项总体研究问题又可分解为以下九项具体问题（Q1—Q9），具体为：

实验一主要解决如下三个问题：

Q1：是否存在可观测的语码转换代价？如果存在，不同语码转换条件下的具体表现是怎样的？

Q2：语码转换的时间进程有怎样的表现？早期加工阶段与晚期加工阶段表现有何异同？

Q3：语言水平对不同语码转换条件的转换代价是否具有调节作用？

实验二主要解决如下三个问题：

Q4：是否存在可观测的语码转换代价？如果存在，不同语码转换条件下的具体表现是怎样的？

Q5：语码转换的时间进程有怎样的表现？早期加工阶段与晚期加工阶段表现有何异同？

Q6：语言水平对不同语码转换条件的转换代价是否具有调节作用？

实验三主要解决如下三个问题：

Q7：是否存在可观测的语码转换代价？如果存在，不同语码转换条件下的具体表现是怎样的？

Q8：语码转换的时间进程有怎样的表现？早期加工阶段与晚期加工阶段表现有何异同？

Q9：语言水平对不同语码转换条件的转换代价是否具有调节作用？

第三节　本章小结

本章主要介绍了研究方法，主要包括：受试遴选标准、研究原理和研究问题。其中，受试遴选标准涉及语言水平测试、实验材料评定及语码转换态度测量。研究原理部分主要从文献梳理的视角，引出本研究拟建构中英语码转换研究框架。最后，研究提出三项总体研究问题，分别针对实验一（第四章）、实验二（第五章）和实验三（第六章）的研究目的。因此，第四到第六章主要汇报中英语码转换三个语言学层面的实验结果。

第 四 章

中英语码转换语素层面的认知机制研究

第一节 前言

功能语类（functional category）在西英双语研究较早受到学者关注（Lance，1969），随后，功能语类在语码转换中的重要地位日益彰显。以至于有人称其为"功能性成分效应"（functional element effect）（Dussias，2001）；甚至将其视为"检测语码转换语法句法规则的关键"（Ong & Zhang，2010：245）。

受此启发，大量研究立足限定词短语结构，旨在考察功能性成分在语码转换中的作用，进而有助于探明语码转换的句法学理论视角："制约观"对阵"非制约观"（MacSwan，2005a，b）。这些研究既包括相同正字法系统之间的语码转换研究（如 Dussias，2001；Fairchild & van Hell，2017；Gollan & Goldrick，2016；Herring et al.，2010；Souag & Kherbache，2014；van Gelderen & MacSwan，2008；Wyngaerd，2017），亦涉及不同正字法系统之间的语码转换研究（如 Bartlett & González-Vilbazo，2013；Chan，2015a，b；Ong & Zhang，2010）。

就语码转换句法学视角而言，两大理论派别存在"制约观"和"非制约观"之争，争论聚焦于语码转换特异性规则的存无问题。例如，有学者从"制约观"视角出发，提出语码转换特异的功能中心语原则，该理论强调"功能中心语特征选取其补足语的语言特征，因此补足语的语言特征必须与功能中心语保持一致"（Belazi et al.，1994：228）。另有学者从"非制约观"视角出发，提出语码转换的最简方案理论，该理论认为并不存在语码转换特异性的句法规则。换言之，"语码转换除了受双语各自语法限制外，不受其他任何规则制约"（MacSwan，2005a：5；MacSwan，2005b：277）。近期，学者开始采用比较研究视角，对比上述两大理论视角的阐释力（Fairchild & van Hell，2017；Herring et al.，2010；Wyngaerd，2017）。

鉴于此，本研究亦以功能语类为考察目标，开展比较研究。通过比较限定词短语的中英语码转换结构，以证实或证伪上述两大理论视角的理论预设。

一 功能中心语原则

功能中心语原则强调，功能语类决定语码转换补足语的语言类别。该理论有两层含义：一方面，语码转换无法发生在功能语类作为中心语的补足语位置。例如，在西英语码转换"los *books*"和"the *libros*"中，由于中心语对其补足语的语言类别具有限定性，故上例无法进行语码转换（Belazi et al.，1994）。另一方面，功能中心语原则对以非功能语类为中心语的语码转换不作任何限定，故西英语码转换"read *libros*"合乎语法。

学者们虽就功能中心语原则的理论合理性与否开展了大量研究（Dussias，1997；Mahootian & Santorini，1996；Toribio，2001a，b），却并未形成统一看法。其中，有的学者采用语法判断任务（Toribio，2001b）或计算机建模（Li & Fung，2014a，b），验证了功能中心语原则的理论预设；另有学者基于心理语言学实验，推翻了该原则的理论预设（Dussias，1997，2003；Guzzardo Tamargo et al.，2016；MacSwan，2014；Mahootian & Santorini，1996）。目前为止，尚未有中英语码转换实证研究，系统地探讨功能中心语原则的理论合理性问题。

二 最简方案

狭义上，最简方案是指基于生成语法的语码转换理论，强调功能语类对特定语码转换词项的功能性投射作用，尤其关注功能中心语对语码转换补足语的特征核查，因此不可解的句法特征在逻辑式拼出前需要被核查并予以删除。既往研究多以限定词短语结构为例，考察限定词短语的语法属性对于补足语的限定作用（如 Bartlett & González‐Vilbazo, 2013; Dussias, 2001; Fairchild & van Hell, 2017）。例如，为了验证最简方案理论对于语码转换的阐释力，有学者认为，"由于限定词短语中心语的性和数的功能性投射"，西英语码转换限定词短语呈现出非对称性特征（Quintanilla, 2014：221）。例如：

4（1）El*employer* ve y conoce qué persona es.

"The employer sees and knows what person is."

4（2）Los*employers* toman la persona.

"The employers take the person."

（Quintanilla, 2014：218）

4（3）*I see the*casa*.

"I see the house."

4（4）*I gave it to the*vecina*.

"I gave it to the neighbor."

（Quintanilla, 2014：220）

不难看出，句4（1）—4（4）均为限定词短语结构语码转换，且例句中的西英语码转换合法性呈现非对称性特点。具体地，句4（1）和4（2）的中心语为西班牙语，补足语为英语；而句4（3）和4（4）的中心语为英语，补足语为西班牙语。根据乔姆斯基

(Chomsky，1998) 的观点，φ-特征集（φ-feature set）具有可解特征，其充当句法探针（probe）的作用，寻求能够匹配目标（goal）的不可解特征，以实现一致性操作（参见 Quintanilla，2014：223）。也就是说，句法一致性操作需要探针的可解特征与目标的不可解特征形成匹配，并立即（one-fell-swoop）删除不可解特征，方可拼出成功。在上述例句中，西英语码转换限定词结构"$Det_{Spanish}+N_{English}$"（El *employer* 和 Los *employers*）合乎语法，而"$Det_{English}+N_{Spanish}$"（the *casa* 和 the *vecina*）不合法，究其原因是由西班牙语与英语名词的 φ-特征集参数差异导致的：西班牙语名词具有两个可解特征（$N_{Spanish}$ =［+Gender, +Number］），而英语名词只具有一个可解特征（$N_{English}$ =［+Number］），而限定词也只具有一个不可解特征（$Det_{Spanish/English}$ =［uNumber］）。在此情形下，名词充当探针作用，寻求限定词为目标，以完成一致性操作。不难理解，在西英语码转换限定词"$Det_{Spanish}+N_{English}$"（El *employer* 和 Los *employers*）结构中，由于探针（$N_{English}$ =［+Number］）和目标（$Det_{Spanish}$ =［uNumber］）均只有一个特征，二者能够形成一致性操作，故拼出成功，该语码转换结构合乎语法。另一方面，在"$Det_{English} + N_{Spanish}$"（the *casa* 和 the *vecina*）结构中，由于探针（$N_{Spanish}$ =［+Gender, +Number］）具有两个可解特征，而目标（$Det_{English}$ =［uNumber］）只有一个特征，二者未能形成一致性操作，故拼出失败，该语码转换结构不合法。

除了西英限定词短语结构语码转换非对称的理论探讨外，也有学者从实证的角度，考察西英限定词短语语码转换结构（los *books*，the *books*，the *libros* 和 los *libros*）的在线加工机制。研究发现，"$Det_{English}+N_{Spanish}$"（los *libros*）比"$Det_{Spanish}+N_{English}$"（los *books*）产生更明显的转换代价，验证了西英限定词短语结构语码转换的非对称，表明双语者在语言层面的认知加工受到双语语法规则的制约（Heredia et al., 2016：171）。上述研究仅基于相同正字法系统之间的语码转换，对于不同正字法系统间语码转换是否具有类似的发现，尚不可知。因此有必要基于中英限定词短语语码转换结构开展实证研究。

三　当前研究

为了比较功能中心语原则和最简方案理论的阐释力，本研究拟开展中英限定词短语语码转换结构的眼动阅读任务。按照功能中心语原则预期，"$Det_{Chinese} + N_{English}$"（两个 apples）和"$Det_{English} + N_{Chinese}$"（two 苹果）结构均违反了中心语与其补足语语言类型一致的要求。故上述两种结构之间应不存在转换代价差异。

根据最简方案理论预期，英语名词和中文名词存在明显的参数差异：所有的中文名词均为不可数名词（Cheng & Sybesma，1998：1）；而英文具体名词为可数名词（参见表4-1）。在中英语码转换限定词"$Det_{Chinese} + N_{English}$"（两个 apples）结构中，由于探针（$N_{English}$ = [+Number]）和目标（$D_{Chinese}$ = [uNumber]）均只有一个特征，二者能够形成一致操作，故拼出成功，该语码转换结构合乎语法。在"$Det_{English} + N_{Chinese}$"（two 苹果）结构中，由于探针不具有可解的[+Number]特征，而目标（$Det_{English}$ = [uNumber]）却有一个不可解特征，二者未能形成一致性操作，故拼出失败，该语码转换结构不合法，故"$Det_{English} + N_{Chinese}$"（two 苹果）比"$Det_{Chinese} + N_{English}$"（两个 apples）产生更明显的转换代价。

表4-1　　　　　　　　中英限定词短语不可解的数特征

语言	类型	限定词	名词
中文	数	null	null
英语	数	不可解	可解

就形式语言学视域下的二语习得而言，学者们在能否最终习得不可解特征上存在分歧：有的学者认为，外语学习者在成年后便无法习得不可解的特征，据此提出"失败的功能特征假设"（Aldwayan et al.，2009；Hawkins，2005；Ohba，2003；Tsimpli & Dimitrakopoulou，2007）；另有学者认为，"二语习得者在二语习得初期便习得了基于一语特征的二语语法规则"，故提出"全迁移全通达假设"（Foucart & Frenck-Mestre，2012：227）。本研究中的受试为中级和高级水平英语学习者，其眼动阅读结果可反哺上述二语习得理论。

（一）研究问题

基于上述分析，拟提出以下三个研究问题（Q1—Q3）：

Q1：是否存在可观测的语码转换代价？如果存在，不同语码转换条件下的具体表现是怎样的？

Q2：语码转换的时间进程有怎样的表现？早期加工阶段与晚期加工阶段表现有何异同？

Q3：语言水平对不同语码转换条件的转换代价是否具有调节作用？

（二）研究假设

在上述研究问题基础上，拟提出如下三个研究假设（H1—H3）：

H1：根据功能中心语原则的预期，"$Det_{Chinese}+N_{English}$"（两个 apples）和 "$Det_{English}+N_{Chinese}$"（two 苹果）结构均违反了中心语与其补足语语言类型一致的要求，故这两种结构之间应不存在转换代价差异。

H2：就语码转换加工时间进程而言，早期加工阶段和晚期加工阶段应存在差异，故这两个阶段的语码转换效应应存在显著差异。

H3：就语言水平调节作用而言，中级和高级水平在眼动阅读任务中应存在显著差异。

第二节 研究方法

一 受试

根据预实验的牛津快速测试结果，遴选了两组受试。其中，高级水平组（简称"高级"）有 31 人（年龄均值：23.310±0.994），中级水平组（简称"中级"）有 32 人（年龄均值：23.420±0.835），所有受试均来自江苏省重点院校。高级水平组为英语（如翻译硕士、外国语言学及应用语言学和英语语言文学等）专业一年级硕士生，而中级水平为非英语（如国际经济与贸易、物理学及电气与自动化等）专业一年级硕士生。统计结果表明，两组年龄不存在显著差异（$ps > 0.05$）。所有受试均为右利手，且视力（或矫正）正常。所有受试均自愿参与并签署知情书（附录四），实验结束后将获得 15 元人民币补偿。

实验完毕后，受试还需要填写语码转换相关量表，主要包括：习得年龄、英语水平自测、牛津快速测试、语言使用频度、语码转换频度及语码转换态度等（参见附录五）。其中，英语水平自测、语言使用频度、语码转换频度及语码转换态度为李克特七级量表形式，牛津快速测试为测试题，满分 100 分。描述统计结果如表 4-2 所示。

表 4-2　　　　　　　　　　实验一受试信息

项目		高级		中级	
		M	SD	M	SD
习得年龄		9.85	1.50	10.10	2.00
英语水平自测	听	5.00	0.65	4.24	1.04
	说	4.90	0.79	3.62	1.20
	读	5.30	0.80	4.48	0.75
	写	4.80	1.00	3.43	0.87
牛津快速测试		81.60	3.82	70.10	7.63
语言使用频度	英语	3.60	1.35	3.05	1.36
	中文	6.60	0.60	6.86	0.48
语码转换频度	中到英	3.30	0.98	3.05	1.32
	英到中	3.70	1.08	3.95	1.80
	总体	3.15	0.93	2.90	1.14

续表

项目		高级		中级	
		M	SD	M	SD
语码转换态度	日常使用	3.05	1.00	2.90	1.34
	课堂使用	5.35	1.63	5.76	1.64
	中到英	4.75	1.21	4.95	1.56
	英到中	4.60	1.76	4.86	1.56
	总体	5.20	1.36	5.43	1.25

拟对语言学习历程问卷、语言水平测试及语码转换态度问卷结果汇报如下：

语言学习历程问卷：该问卷包括习得年龄、语言使用频度、语码转换频度及语码转换态度等内容。统计结果显示，两组习得年龄无显著差异（$t=0.799$，$p=0.429$）；就语言使用频度而言，中文显著高于英文（$t_1=-8.816$，$p_1=0.000$；$t_2=-13.152$，$p_2=0.000$）；此外，两组受试在英语（$t=1.303$，$p=0.200$）和中文（$t=-1.524$，$p=0.136$）使用上亦不存在显著差异，可见本研究所招募的受试为非平衡双语者[①]（Rosselli et al.，2016）。中级水平组（$t=-2.076$，$p=0.051$）和高级水平组（$t=-1.252$，$p=0.226$）在语码转换方向，以及日常语码转换使用（$t_1=-4.418$，$p_1=0.000$；$t_2=-4.418$，$p_2=0.000$）均不存在显著差异。

语言水平测试：有学者建议，语言水平测试应囊括主观测试（语言水平自测）和客观测试（语言水平测试题）（Heredia et al.，2016）。鉴于此，本研究结合了英语水平自测与牛津快速测试，以综合测试受试的语言水平（Roohani & Asiabani，2015；Tsang，

[①] 根据语言主导和语言水平，双语者有两种划分：平衡双语者和非平衡双语者。其中，平衡双语者是指双语水平均衡且语言主导均衡（Rosselli et al.，2016）；而不平衡双语者指的是，双语水平不均衡且语言主导亦不均衡。因此，本研究中的受试为非平衡双语者。

2016)。结果显示，高级水平组自测水平显著高于中级组（$t = 2.789$，$p_{听} = 0.008$；$t = 4.011$，$p_{说} = 0.000$；$t = 3.401$，$p_{读} = 0.002$ 和 $t = 4.678$，$p_{写} = 0.000$），这个结果得到牛津快速测试的验证（$t = 6.059$，$p = 0.000$）。故两组受试在主观和客观语言水平测试中均存在显著差异。

语码转换态度问卷：鉴于"双语者语码转换态度对研究数据质量产生重要影响"（MacSwan & McAlister，2010：529），本研究拟囊括语码转换态度。结果显示，总体上，两组受试对于语码转换态度表现积极（$M_1 = 5.20$，$SD_1 = 1.36$；$M_2 = 5.43$，$SD_2 = 1.25$），进一步与李克特量表中间阈值"4"相比较，结果呈显著差异（$t_1 = 3.943$，$p_1 = 0.001$；$t_2 = 5.246$，$p_2 = 0.000$）。此外，受试对于课堂中的语码转换使用亦反应积极（$M_1 = 5.35$，$SD_1 = 1.63$；$M_2 = 5.76$，$SD_2 = 1.64$）。据此，本研究的受试为非平衡双语者，其语码转换态度表现积极，但限于有限的语码转换使用场景，其使用频度不高，主要囿于英语课堂情景。

二 研究材料与设计

研究采用2（语言水平：中级 vs. 高级）× 4（条件：$Det_{Chinese} + N_{Chinese}$、$Det_{Chinese} + N_{English}$、$Det_{English} + N_{English}$ 和 $Det_{English} + N_{Chinese}$）混合方差设计。其中，语言水平为组间变量，条件为组内变量，参见表4-3。

表4-3　　　　　　　　　实验一研究设计

说明	条件	示例
$Det_{Chinese} + N_{Chinese}$	a	两个苹果
$Det_{Chinese} + N_{English}$	b	两个 apples
$Det_{English} + N_{English}$	c	two apples
$Det_{English} + N_{Chinese}$	d	two 苹果

与其他语言相比，中文最显著的特征之一便是量词的使用，主

要有两类：一类是统称量词"个"。如：一个苹果；另外一类是具体量词，受到所修饰的名词影响。如：一架飞机或两辆汽车等（详见 Wang，2013：42）。在实验设计中，拟采用统称量词"个"，主要基于对具体量词不统一而引起系统性误差的考量。表 4-3 显示，实验材料涉及四种条件：条件 a、条件 b、条件 c 和条件 d，分别对应 $Det_{Chinese}+N_{Chinese}$、$Det_{Chinese}+N_{English}$、$Det_{English}+N_{English}$ 和 $Det_{English}+N_{Chinese}$。其中，条件 a 和条件 c 分别是条件 b 和条件 d 的基线。为了控制实验材料的具体性，选取三类名词：动物类、水果类和蔬菜类，这些词具有很高的心理现实性（Paivio，1991），且多居于 MRC 心理语言学数据库的 300—700 具体性范围（Wilson，1988）。每个类别下选取 16 个常见物品，一共形成 16×3=48 个物品，从而构成 48 组（每组四个条件）实验刺激材料。

在材料制备方面，由于限定词短语为"限定词+名词"结构，如果所有试次均为这种结构，可能会诱发受试的猜词策略，即阅读过程中，受试仅聚焦于名词，对于限定词缺乏同等关注。鉴于此，研究拟采纳前人的建议，采用实验试次与填充词（filler）构成"1：2"的比例（Jegerski & VanPatten，2014；Li et al.，2017）。具体为：首先，填充词采用与实验试次一致的"四字结构"。例如，实验试次（两个苹果）vs. 填充词（人生赢家）。其次，填充词采用"名词$_1$+名词$_2$/动词$_1$"的结构。例如，"名词$_1$+名词$_2$"结构：人生赢家；或"名词$_1$+动词$_1$"结构：中国制造。这种结构与限定词结构形成鲜明反差，可以一定程度上避免受试启用猜词策略。最后，阅读任务设置在填充词上，且读后问题与"名词$_1$"有关。例如，在"中国制造"中，读后问题设置为：你刚刚读到了什么？A. 中国 B. 美国，这种设置亦可进一步规避受试启用的猜词策略。此外，为了防止生僻字的干扰，实验结束后，受试要求对所有实验刺激目标词（物品）词汇的熟悉情况进行再确认，在后续分析中应将受试不熟悉的目标词作剔除处理。

在刺激材料呈现方面，具体做法如下：首先，采用伪随机技术

(pseudo-randomized technique),确保同一区组(block)的相邻目标词不重复出现。按照拉丁方设计,形成四个目标词呈现序列(presentation list)。其次,研究拟遵照前人的做法,将拉丁方后的序列以区组设计方式呈现,故形成四套随机区组序列,每套有48个目标刺激,共计4个区组(Fairchild & van Hell,2017)。此外,研究还对限定词短语中双语名词的熟悉度进行李克特五级量表评定①,结果显示,中文名词和英文名词均具有很高的熟悉度($M_{中文} \pm SD$ = 4.56 ± 0.783;$M_{英文} \pm SD$ = 4.35 ± 0.756),且二者不存在显著差异(p = 0.456),这表明不同条件下语码转换代价的差异与中文和英文名词的熟悉度无关。

在实验材料接受度评定方面,招募受试(n = 63,平均年龄:22.51±0.943;英语专业八级平均分数:63.56±0.745)参与四个拉丁方版本实验材料(见表4-4)的李克特五级量表评定,这些受试主要为安徽省重点高校英语专业高年级学生,且不参与后续的眼动阅读实验。基于上述研究设计,实验一所有试次材料可参见附录一。表4-4显示,由于实验材料采用区组设计的随机化方式,转换和不转换条件之间并不存在相互干扰。

表4-4　　　　　　　　　实验一实验试次示例

条件	项目	接受度评定					说明:1=不接受;5=接受
不转换	红酒养胃	1	2	3	4	5	填充词/区组1
	热茶烫嘴	1	2	3	4	5	填充词/区组1
	两个苹果	1	2	3	4	5	目标词/区组1

---

① 需要指出的是,参与评定与参与眼动阅读实验并非同一批受试。另外,采用熟悉度评定基于两方面考虑:一方面,由于既往研究考察相同正字法系统之间的语码转换,故可倚重双语名词词频(Fairchild & van Hell,2017)。对于不同正字法系统之间的语码转换而言,词频参照的方式并不现实。另一方面,既往研究以词频进行变量操纵,然而这种做法不无问题。因为双语语料库基准(benchmark)本就不同,如果将来源于两个不同基准语料库的词频进行比较,可操作性值得商榷。故本研究拟采用熟悉度评定方式,可一定程度上规避前人方法学上的缺憾(Fairchild & van Hell,2017)。

续表

条件	项目	接受度评定					说明：1=不接受；5=接受
转换	two 橘子	1	2	3	4	5	目标词/区组 2
	research 范式	1	2	3	4	5	填充词/区组 2
	job 经历	1	2	3	4	5	填充词/区组 2

三 研究过程

在开始实验前，受试需要填写实验知情书（附录四），填写完毕后，眼动阅读实验正式开始。在实验过程中，受试要求端坐在距离 20 寸显示器（分辨率为 1280×1024）60 厘米远的座位上，其眼动信息通过位于显示器底部的头托式 Eyelink 2000 眼动仪（SR Research Ltd., Mississauga, Ontario, Canada）记录，采样率为 1000 赫兹。实验首先需要对受试进行眼动校准，待校准完毕后，受试将进行 5 个试次的练习，旨在帮助其熟悉实验操作环境。然后呈现注视点"+"及目标词短语。目标词短语为 14 号新罗马字体。实验中，受试以自定步速形式按键确定实验材料的阅读速度。在某些实验材料后，受试还需通过按键（F 和 J 键，分别对应 A 和 B 选项，且这种对应关系并作相应平衡）形式回答读后问题，以确保其专注于实验的整个过程。

如图 4-1 所示，实验流程主要有：第一，指导语 1。具体为"在实验过程中，你将会读到一些短语，当完成该短语的阅读后，请按空格键继续。有些短语后需要回答读后问题，如果你认为 A 为正确答案，请按 F 键；如果 B 为正确答案，请按 J 键。请按任意键开始练习。如果在实验过程中存在疑问，请立即与主试联系"。第二，镜头校准。待指导语 1 呈现完毕，受试需要进行九点校准，确保镜头捕捉到受试的眼动数据。第三，指导语 2。同指导语 1。第四，区组。每两个区组结束后，受试会受到建议休息提示"请休息几分钟，或按任意键继续"。第五，结束。上述整个实验流程持续约 15 分钟。

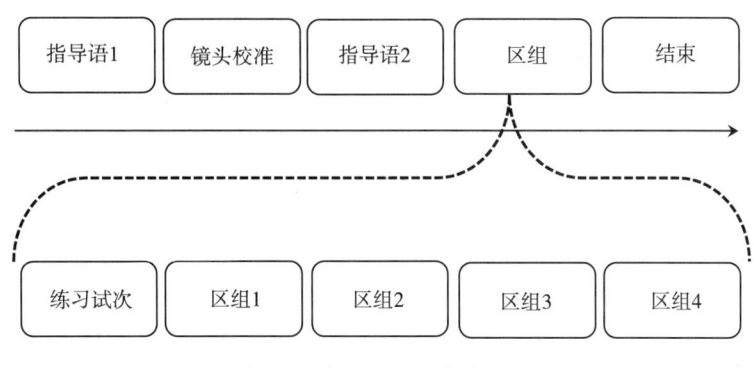

第四章 中英语码转换语素层面的认知机制研究

图 4-1 实验一的技术路线图

图 4-2 为单个实验试次流程。具体步骤如下：第一，漂移校准。要求受试按空格键进入，该步骤旨在确保受试注视目标刺激且保持眼动记录无漂移；第二，注视点"+"作为刺激提示，持续 200 毫秒；第三，目标刺激（如两个 apples）呈现，受试需按键反应；第四，空屏 100 毫秒后呈现读后问题。不难看出，整个过程为受试自定步速。眼动仪记录受试阅读限定词短语四种句式的首次注视时间和总注视时间。

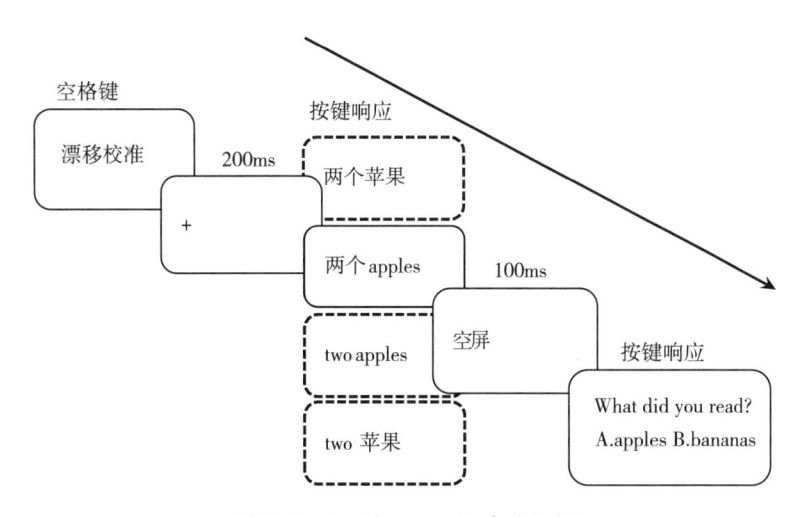

图 4-2 "两个 apples"实验示例

四 数据分析

本节首先汇报五级量表的接受任务结果；然后对主要兴趣区的眼动指标数据进行方差分析。兴趣区的划分方式如下（见图4-3）：一方面，分别以限定词（两个）和名词（苹果）为单位单独划分［图4-3（a）］。另一方面，以限定词短语（两个苹果）为单位整体划分［图4-3（b）］。待兴趣区划分完毕，分别导出限定词、名词和限定词短语的首次注视时间和总注视时间，以备后续统计分析之用。

（a）限定词短语单独绘制　（b）限定词短语整体绘制

图4-3　实验一"两个苹果"兴趣区的绘制

第三节　结果

高级水平组受试的正确率为96.370%，中级水平组受试的正确率为93.743%，这说明两组受试在实验过程中积极配合。将导出的数据进行预处理，限定词损失19.705%数据量，名词损失12.697%数据量，而限定词短语损失0.813%数据量。眼动指标在3个标准差以外的数据视为奇异值（outlier），并予以剔除（Felser & Cunnings, 2012；Li et al., 2017）。

每个兴趣区的眼动阅读数据进行2（语言水平）×4（条件）混合方差分析。其中，语言水平为组间变量，条件为组内变量。结果如下：

一 接受任务结果

高级水平受试接受性任务描述统计如表 4-5 所示。其中,四个条件的五级量表接受性任务结果分别为:4.925、3.988、4.841 和 2.350。不难看出,这个结果大致可以理解为,条件 a 最可以接受,条件 c 次之,第三接受为条件 b,最后为条件 d。

表 4-5　　　　　　　　实验一四个条件的接受性任务结果

条件	说明	示例	M	SD
a	$Det_{Chinese}+N_{Chinese}$	两个苹果	4.925	0.231
b	$Det_{Chinese}+N_{English}$	两个 apples	3.988	0.441
c	$Det_{English}+N_{English}$	two apples	4.841	0.292
d	$Det_{English}+N_{Chinese}$	two 苹果	2.350	0.654

进一步对上述描述统计结果进行重复测量,结果为:条件的主效应显著,$F(3, 186) = 501.563$,$p = 0.000$,$\eta_p^2 = 0.890$。随后的 LSD 法多重比较结果表明,条件 a 接受度显著高于条件 c,$M_a - M_c = 0.084$,$p = 0.005$;条件 c 接受度显著高于条件 b,$M_c - M_b = 0.853$,$p = 0.000$;条件 b 接受度显著高于条件 d,$M_b - M_d = 1.638$,$p = 0.000$。综上,高级水平中英双语者对于四种条件的接受度存在一定差异:语码转换条件的接受度均小于非语码转换条件;"$Det_{English}+N_{Chinese}$"限定词短语结构的接受度最低。表明高级水平中英双语者倾向于拒绝"$Det_{English}+N_{Chinese}$"限定词短语结构的语码转换。

二 眼动阅读任务及转换代价结果

与先前兴趣区划分一致,语码转换限定词短语进行两种分析步骤:一是限定词短语整体分析。这种分析下,只能提取首次注视时间和总注视时间两个眼动指标①。二是限定词和名词单个分析，这与限定词短语整体分析相互印证。具体地，对于限定词而言，提取首次注视时间和总注视时间两个眼动指标；对于名词而言，首次注视时间、凝视时间和总注视时间三个眼动指标。此外，依托上述眼动指标数据计算转换代价，视作语码转换效应指标。

（一）限定词短语及转换代价结果

为了考察语码转换条件和语言水平的效应，拟进行 2（语言水平）× 4（条件）混合，描述统计结果参见表 4-6。其中，首次注视时间和总注视时间分析结果如下：

首次注视时间："语言水平"主效应显著，F_1（1，61）= 1211.415，$p = 0.000$，$\eta_p^2 = 0.952$；F_2（1，1944）= 15.181，$p = 0.000$，$\eta_p^2 = 0.008$②，表明高级水平受试（$M = 429.994$，$SE = 6.238$）阅读时间显著比中级水平受试（$M = 460.060$，$SE = 6.033$）短。"条件"主效应亦显著，F_1（3，183）= 3.120，$p = 0.030$，$\eta_p^2 = 0.04$；F_2（3，1944）= 1.045，$p = 0.372$，$\eta_p^2 = 0.002$。"条件"的成对比较结果显示，条件 a 阅读时间显著短于条件 c（$M_c - M_a > 0$，$p = 0.016$）和条件 d（$M_d - M_a > 0$，$p = 0.038$）；条件 b 阅读时间短于条件 c（$M_c - M_b > 0$，$p = 0.018$），这说明受试阅读中文限定词短语快于英语限定词短语；语码转换"$Det_{Chinese} + N_{English}$"结构阅读时间亦显著快于英语限定词短语。此外，"语言水平"和"条件"交互效应边缘显著，F_1（3，183）= 3.086，$p = 0.031$，$\eta_p^2 = 0.048$；F_2（3，1944）= 2.314，$p = 0.074$，$\eta_p^2 = 0.004$。简单效应分析结果显示，不论高级水平受试［F（3，1945）= 1.56，$p = 0.196$］，还是中级水平

---

① 由于将限定词短语作整体分析，凝视时间和回视时间与其他指标存在重叠，无法导出分析。因此，研究拟以首次注视时间和总注视时间作为反映早期和晚期加工阶段的指标。本节中的限定词眼动数据分析亦遵照上述步骤，不再另行说明。

② 基于受试（by participant）分析汇报 F_1 指标；基于项目（by item）分析汇报 F_2 指标。不再另行说明。

受试 [$F(3, 1945) = 1.56$, $p = 0.196$],均未发现显著的阅读时间差异。

总注视时间:"语言水平"主效应显著,$F_1 < 1$;$F_2(1, 1944) = 10.097$,$p = 0.002$,$\eta_p^2 = 0.005$,表明高级水平受试($M = 1237.823$,$SE = 46.978$)阅读时间显著比中级水平受试($M = 1270.516$,$SE = 46.238$)短。"条件"主效应亦显著,$F_1(3, 183) = 47.501$,$p = 0.000$,$\eta_p^2 = 0.438$;$F_2(3, 1944) = 10.097$,$p = 0.002$,$\eta_p^2 = 0.005$。"条件"的成对比较结果显示,条件 d 阅读时间显著长于条件 a($M_d - M_a > 0$,$p = 0.000$)、条件 b($M_d - M_b > 0$,$p = 0.038$)和条件 c($M_d - M_c > 0$,$p = 0.038$),条件 a 与条件 b 不存在阅读时间差异($p = 0.084$)。这说明受试倾向于接受语码转换"$\text{Det}_{\text{Chinese}} + \text{N}_{\text{English}}$"结构,而非"$\text{Det}_{\text{English}} + \text{N}_{\text{Chinese}}$"结构。此外,"语言水平"和"条件"交互效应不显著,$F_1 < 1$;$F_2 < 1$,表明两组在四个条件的阅读时间不存在差异。

表 4-6 实验一两组受试的限定词短语首次注视时间和总注视时间结果

	首次注视时间	总注视时间
$\text{Det}_{\text{Chinese}} + \text{N}_{\text{Chinese}}$(=条件 a)		
AG	396.040±229.238	1161.240±502.518
IG	468.340±234.854	1189.890±447.143
$\text{Det}_{\text{Chinese}} + \text{N}_{\text{English}}$(=条件 b)		
AG	413.770±205.095	1177.770±524.774
IG	447.900±222.778	1258.880±523.371
$\text{Det}_{\text{English}} + \text{N}_{\text{English}}$(=条件 c)		
AG	447.440±224.025	1166.380±541.873
IG	466.660±224.269	1184.300±419.898
$\text{Det}_{\text{English}} + \text{N}_{\text{Chinese}}$(=条件 d)		
AG	462.730±240.673	1456.780±584.249
IG	457.330±244.940	1480.570±500.461
限定词短语转换代价		

续表

		首次注视时间	总注视时间
AG	条件（b-a）	22.774±98.773	17.645±238.418
	条件（d-c）	6.194±117.920	287.258±260.848
	t（30）	-0.573	5.084**
IG	条件（b-a）	-15.219±129.964	78.094±193.093
	条件（d-c）	-7.406±120.023	304.469±200.240
	t（31）	0.249	4.498**

注：*$p<0.05$，**$p<0.01$；AG 为高级水平受试；IG 为中级水平受试。

转换代价：两个语码转换条件（$Det_{Chinese}+N_{English}$ 和 $Det_{English}+N_{Chinese}$）的转换代价分别简写成 SC_b 和 SC_d，描述统计结果参见表 4-6。对首次注视时间和总注视时间进行配对样本 t 检验，结果如下：

1）首次注视时间：SC_b 和 SC_d 在高级水平受试 [t（30）= -0.573，$p=0.571$]，以及中级水平受试 [t（31）= 0.249，$p=0.800$] 均未发现显著差异，说明两组受试在语码转换早期阶段可能上述两种条件未作区分对待。

2）总注视时间：不论高级水平受试 [$M_{SCb}-M_{SCd}>0$，t（30）= 5.084，$p=0.000$]，还是中级水平受试 [$M_{SCb}-M_{SCd}>0$，t（31）= 4.498，$p=0.000$]，SC_b 显著大于 SC_d，表明两组受试在语码转换晚期阶段倾向于接受"$Det_{Chinese}+N_{English}$"结构，而非"$Det_{English}+N_{Chinese}$"结构。

对于限定词短语整体分析结果总结如下：

1）语言水平：两组受试在阅读语码转换条件的首次注视时间和总注视时间上并未发现显著的组间差异。

2）条件：两组受试倾向于接受"$Det_{Chinese}+N_{English}$"语码转换结构，而非"$Det_{English}+N_{Chinese}$"结构。

3）时间进程：两组受试在早期加工阶段和晚期加工阶段表现各异，稳定的语码转换效应仅见于晚期加工阶段。

（二）限定词及转换代价结果

为了考察语码转换条件和语言水平的效应，拟进行 2（语言水

平)×4(条件)混合,描述统计结果参见表4-7。其中,首次注视时间和总注视时间分析结果如下:

首次注视时间:"语言水平"主效应显著,F_1 (1, 61) < 1;F_2 (1,2773) = 12.003,$p = 0.001$,$\eta_p^2 = 0.004$,表明高级水平受试($M = 429.994$,$SE = 6.238$)阅读时间显著比中级水平受试($M = 460.060$,$SE = 6.033$)短。"条件"主效应亦显著,F_1 (3, 183) = 3.120,$p = 0.030$,$\eta_p^2 = 0.049$;F_2 (3, 2773) = 3.258,$p = 0.001$,$\eta_p^2 = 0.004$。"条件"的成对比较结果显示,条件a阅读时间显著短于条件c($M_c - M_a > 0$,$p = 0.043$)和条件d($M_d - M_a > 0$,$p = 0.023$);条件b阅读时间短于条件c($M_c - M_b > 0$,$p = 0.033$),这说明受试阅读中文限定词短语快于英语限定词短语;语码转换"$Det_{Chinese} + N_{English}$"结构阅读时间亦显著快于英语限定词短语。此外,"语言水平"和"条件"交互效应边缘显著,F_1 (3, 183) = 3.086,$p = 0.031$,$\eta_p^2 = 0.048$;F_2 (3, 2773) = 3.523,$p = 0.014$,$\eta_p^2 = 0.004$。简单效应分析结果显示,高级水平受试[F (3, 2774) = 5.93,$p = 0.000$]在四种条件下效应显著,而中级水平受试($F < 1$)效应不显著,可能表明高级水平受试比中级水平受试的语法判断更为敏感。

总注视时间:"语言水平"主效应显著,$F_1 < 1$;F_2 (1, 2773) = 3.876,$p = 0.049$,$\eta_p^2 = 0.001$,表明高级水平受试($M = 1240.542$,$SE = 13.828$)阅读时间显著比中级水平受试($M = 1278.411$,$SE = 13.372$)短。"条件"主效应亦显著,F_1 (3, 183) = 47.501,$p = 0.000$,$\eta_p^2 = 0.438$;F_2 (3, 2773) = 53.931,$p = 0.000$,$\eta_p^2 = 0.055$。"条件"的成对比较结果显示,条件d阅读时间显著长于条件a($M_d - M_a > 0$,$p = 0.000$)、条件b($M_d - M_b > 0$,$p = 0.000$)和条件c($M_d - M_c > 0$,$p = 0.000$)。这说明受试倾向于接受语码转换"$Det_{Chinese} + N_{English}$"结构,而非"$Det_{English} + N_{Chinese}$"结构。此外,"语言水平"和"条件"交互效应不显著,$F_1 < 1$;$F_2 < 1$,表明两组在四个条件的阅读

时间不存在差异。

表 4-7　实验一两组受试的限定词首次注视时间和总注视时间结果

		首次注视时间	总注视时间
$Det_{Chinese}+N_{Chinese}$（=条件 a）			
	AG	399.580±239.233	1147.940±508.128
	IG	485.810±240.398	1210.180±438.230
$Det_{Chinese}+N_{English}$（=条件 b）			
	AG	410.200±204.462	1174.210±536.449
	IG	440.060±224.685	1262.840±557.823
$Det_{English}+N_{English}$（=条件 c）			
	AG	447.44±224.025	1138.980±550.913
	IG	466.66±224.269	1195.450±429.594
$Det_{English}+N_{Chinese}$（=条件 d）			
	AG	434.080±218.246	1426.370±585.856
	IG	461.460±229.693	1517.000±519.526
限定词转换代价			
AG	条件（b-a）	22.774±98.774	17.645±238.418
	条件（d-c）	6.194±117.920	287.258±260.848
	t（30）	-0.573	5.084**
IG	条件（b-a）	-15.219±129.964	78.094±193.093
	条件（d-c）	-7.406±120.023	304.469±200.240
	t（31）	0.249	4.498**

注：$*p<0.05$，$**p<0.01$；AG 为高级水平受试；IG 为中级水平受试。

转换代价：两个语码转换条件（$Det_{Chinese}+N_{English}$ 和 $Det_{English}+N_{Chinese}$）的转换代价分别简写成 SC_b 和 SC_d，描述统计结果参见表 4-7。对首次注视时间和总注视时间进行配对样本 t 检验，结果如下：

1）首次注视时间：SC_b 和 SC_d 在高级水平受试 [t（30）= -0.573，$p=0.545$]，以及中级水平受试 [t（31）= 0.249，$p=0.805$] 均未发现显著差异，说明两组受试在语码转换早期阶段可能上述两种条件未作区分对待。

2）总注视时间：不论高级水平受试 [$M_{SCb}-M_{SCd}>0$，t（30）=

5.084，$p=0.000$］，还是中级水平受试［$M_{SCb} - M_{SCd} > 0$，$t(31) = 4.498$，$p=0.000$］，SC_b显著大于SC_d，表明两组受试在语码转换晚期阶段倾向于接受"$Det_{Chinese} + N_{English}$"结构，而非"$Det_{English} + N_{Chinese}$"结构。

对于限定词单个分析结果总结如下：

1）语言水平：两组受试在阅读语码转换条件的首次注视时间和总注视时间上并未发现显著的组间差异。

2）条件：两组受试倾向于接受"$Det_{Chinese} + N_{English}$"语码转换结构，而非"$Det_{English} + N_{Chinese}$"结构。

3）时间进程：两组受试在早期加工阶段和晚期加工阶段表现各异，稳定的语码转换效应仅见于晚期加工阶段。

(三) 名词及转换代价结果

为了考察语码转换条件和语言水平的效应，拟进行2（语言水平）×4（条件）混合，描述统计结果参见表4-8。其中，首次注视时间、凝视时间和总注视时间分析结果如下：

首次注视时间："语言水平"主效应显著，$F_1(1, 61) = 1.802$，$p=0.184$，$\eta_p^2 = 0.029$；$F_2(1, 2708) = 12.051$，$p=0.001$，$\eta_p^2 = 0.004$，表明高级水平受试（$M=338.634$，$SE=6.496$）阅读时间显著比中级水平受试（$M=370.394$，$SE=6.442$）短。"条件"主效应亦显著，$F_1(3, 183) = 11.715$，$p=0.000$，$\eta_p^2 = 0.161$；$F_2(3, 2708) = 22.566$，$p=0.000$，$\eta_p^2 = 0.000$。"条件"的成对比较结果显示，条件a阅读时间显著短于条件c（$M_c - M_a > 0$，$p=0.000$）和条件d（$M_d - M_a > 0$，$p=0.000$）；条件b阅读时间短于条件c（$M_c - M_b > 0$，$p=0.000$），这说明受试阅读中文限定词短语快于英语限定词短语；语码转换"$Det_{Chinese} + N_{English}$"结构阅读时间亦显著快于英语限定词短语。此外，"语言水平"和"条件"交互效应不显著，$F_1 < 1$；$F_2 < 1$，表明高级水平与中级水平受试在四种条件下表现并无显著差异。

凝视时间："语言水平"主效应显著，F_1（1，61）= 1.591，p = 0.212，η_p^2 = 0.025；F_2（1，2708）= 14.928，p = 0.000，η_p^2 = 0.005，表明高级水平受试（M = 695.021，SE = 11.370）阅读时间显著比中级水平受试（M = 756.887，SE = 11.275）短。"条件"主效应亦显著，F_1（3，183）= 85.099，p = 0.000，η_p^2 = 0.582；F_2（3，2708）= 2.146，p = 0.092，η_p^2 = 0.002。"条件"的成对比较结果显示，条件 a 阅读时间显著短于条件 c（$M_c - M_a > 0$，p = 0.000）和条件 d（$M_d - M_a > 0$，p = 0.000）；条件 b 阅读时间短于条件 c（$M_c - M_b > 0$，p = 0.000），这说明受试阅读中文限定词短语快于英语限定词短语；语码转换"$\text{Det}_{\text{Chinese}} + \text{N}_{\text{English}}$"结构阅读时间亦显著快于英语限定词短语。此外，"语言水平"和"条件"交互效应不显著，F_1（3，183）= 1.553，p = 0.206，η_p^2 = 0.025；F_2（3，2773）= 2.146，p = 0.092，η_p^2 = 0.002，表明高级水平与中级水平受试在四种条件下表现并无显著差异。

总注视时间："语言水平"主效应显著，$F_1 < 1$；F_2（1，2708）= 8.487，p = 0.004，η_p^2 = 0.003，表明高级水平受试（M = 785.265，SE = 11.651）阅读时间显著比中级水平受试（M = 833.069，SE = 11.554）短。"条件"主效应亦显著，F_1（3，183）= 84.447，p = 0.000，η_p^2 = 0.581；F_2（3，2708）= 99.077，p = 0.000，η_p^2 = 0.099。"条件"的成对比较结果显示，条件 d 阅读时间显著长于条件 a（$M_d - M_a > 0$，p = 0.000）、条件 b（$M_d - M_b > 0$，p = 0.000）和条件 c（$M_d - M_c > 0$，p = 0.038），条件 a 与条件 b 不存在阅读时间差异（p = 0.084）。这说明受试倾向于接受语码转换"$\text{Det}_{\text{Chinese}} + \text{N}_{\text{English}}$"结构，而非"$\text{Det}_{\text{English}} + \text{N}_{\text{Chinese}}$"结构。此外，"语言水平"和"条件"交互效应不显著，F_1（3，183）= 1.679，p = 0.176，η_p^2 = 0.027；F_2（3，2708）= 1.634，p = 0.179，η_p^2 = 0.002，表明两组在四个条件的阅读时间不存在差异。

表 4-8　　实验一两组受试的名词首次注视时间、
凝视时间和总注视时间结果

	首次注视时间	凝视时间	总注视时间
$Det_{Chinese}+N_{Chinese}$（＝条件 a）			
AG	378.450±274.635	591.650±365.440	674.080±386.416
IG	424.380±286.435	663.890±388.705	727.930±384.685
$Det_{Chinese}+N_{English}$（＝条件 b）			
AG	287.120±175.982	728.530±385.003	773.190±412.876
IG	305.650±213.514	835.580±491.314	876.470±494.773
$Det_{English}+N_{English}$（＝条件 c）			
AG	342.100±208.486	542.700±332.406	670.660±410.924
IG	368.490±244.351	612.490±425.298	687.190±417.874
$Det_{English}+N_{Chinese}$（＝条件 d）			
AG	346.86±224.089	917.190±462.575	1023.13±475.537
IG	383.06±266.378	915.600±435.536	1040.69±399.246
名词转换代价			
AG　条件（b-a）	−86.290±134.795	162.710±182.662	108.419±206.624
AG　条件（d-c）	0.968±128.038	353.097±221.667	345.677±199.707
t（30）	3.299**	3.883**	4.888**
IG　条件（b-a）	−111.563±123.898	210.344±208.495	190.688±192.906
IG　条件（d-c）	20.031±130.043	322.906±245.197	375.063±259.703
t（31）	4.111**	1.883†	3.281**

注：†$p<0.1$，*$p<0.05$，**$p<0.01$；AG 为高级水平受试；IG 为中级水平受试。

转换代价：两个语码转换条件（$Det_{Chinese}+N_{English}$ 和 $Det_{English}+N_{Chinese}$）的转换代价分别简写成 SC_b 和 SC_d，描述统计结果参见表 4-8。对首次注视时间和总注视时间进行配对样本 t 检验，结果如下：

1) 首次注视时间：SC_b 和 SC_d 在高级水平受试 [t（30）= 3.299，$p=0.003$]，以及中级水平受试 [t（31）= 4.111，$p=0.000$] 均存在显著差异，说明两组受试在早期阶段倾向于接受"$Det_{Chinese}+N_{English}$"语码转换结构，而非"$Det_{English}+N_{Chinese}$"结构。

2) 凝视时间：SC_b 和 SC_d 在高级水平受试 [$M_{SCb}-M_{SCd}>0$，t

(30) = 3.883，p = 0.000]，以及中级水平受试（M_{SCb} - M_{SCd} > 0，t (31) = 1.883，p = 0.069<0.1）均存在显著差异，说明两组受试在早期阶段倾向于接受"$Det_{Chinese}$ + $N_{English}$"语码转换结构，而非"$Det_{English}$ + $N_{Chinese}$"结构。

3）总注视时间：不论高级水平受试 [M_{SCb} - M_{SCd} > 0，t (30) = 4.888，p = 0.000]，还是中级水平受试 [M_{SCb} - M_{SCd} > 0，t (31) = 3.281，p = 0.003]，SC_b 显著大于 SC_d，表明两组受试在语码转换晚期阶段倾向于接受"$Det_{Chinese}$ + $N_{English}$"结构，而非"$Det_{English}$ + $N_{Chinese}$"结构。

对于限定词名词单个分析结果总结如下：

1）语言水平：两组受试在阅读语码转换条件的首次注视时间、凝视时间和总注视时间上并未发现显著的组间差异。

2）条件：两组受试倾向于接受"$Det_{Chinese}$ + $N_{English}$"语码转换结构，而非"$Det_{English}$ + $N_{Chinese}$"结构。

3）时间进程：与上述限定词短语和限定词结果不同的是，两组受试在早期加工阶段和晚期加工阶段均表现稳定，体现了语码转换早期加工阶段和晚期加工阶段的连续统。

第四节 讨论

实验招募两组不同英语水平受试参与限定词短语眼动阅读实验，通过考察功能语类在语码转换中的作用，旨在确定语码转换语素层面的认知加工机制。研究发现：第一，两组受试在阅读语码转换条件的主要眼动指标上并未发现显著的组间差异，可见本研究中语言水平调节作用有限。与中级水平受试相比较，研究仅发现高级水平受试在限定词、名词和限定词短语阅读时间更短，这与既往研究一致（Cunnings et al.，2010），说明高级水平比中级水平受试反应更为敏捷。这一发现也得到了"语言水平"与"条件"交互效应不显著的支持，表明两组受试在四种条件的阅读模式并不存在显著差异。第二，两组受试倾向于接受"$\text{Det}_{\text{Chinese}}+\text{N}_{\text{English}}$"语码转换结构，而非"$\text{Det}_{\text{English}}+\text{N}_{\text{Chinese}}$"结构。第三，除了限定词短语和限定语的早期加工阶段未发现转换代价外，两组受试在名词早期加工阶段和晚期加工阶段均表现稳定，体现了语码转换早期加工阶段和晚期加工阶段的连续统。下文将对上述发现展开详细讨论。

一 功能中心语原则对阵最简方案

为了回应梅耶·斯格腾（Myers-Scotton，2006b）的"自然状态下语码转换研究理应叩开实验室之门"倡议，本章通过开展限定词短语语码转换眼动阅读实验，旨在开展对功能中心语原则和最简方案理论预设的比较研究。具体地，实验设置了四种条件："$\text{Det}_{\text{Chinese}}+\text{N}_{\text{Chinese}}$"（条件 a）、"$\text{Det}_{\text{Chinese}}+\text{N}_{\text{English}}$"（条件 b）、"$\text{Det}_{\text{English}}+\text{N}_{\text{English}}$"（条件 c）和"$\text{Det}_{\text{English}}+\text{N}_{\text{Chinese}}$"（条件 d）。其中，条件 a 和条件 c 分别是条件 b 和条件 d 的基线。为了捕捉两组受试的眼动阅读数据，进一步对限定词、名词及限定词短语进行兴趣区划分。结果显示，两组受试倾向于接受"$\text{Det}_{\text{Chinese}}+\text{N}_{\text{English}}$"语码转换结构，而非"$\text{Det}_{\text{English}}+\text{N}_{\text{Chinese}}$"结构。研究拟结合双语正字法差异、功能中心语原则及最简方案理论对这一发现展开探讨。

首先，先前研究表明词汇数量和语法性（VanPatten & Jegerski，2010）、词序（Chan，2008）及词性（Ng et al.，2014）等词汇因素影响双语者的语码转换行为。其中，作为重要词汇因素之一，正字法加工反映了语码转换早期加工过程（Maurer et al.，2008；Rayner，1998；Rayner et al.，2000）。如果按此推论，本研究中的语码转换效应在限定词、名词和限定词短语的早期指标（首次注视时间）应当稳定且一致。然而研究结果却表明，仅名词的早期指标与晚期指标的眼动结果一致；限定词和限定词短语的早期指标与晚期指标并不一致。另外，与早期指标不同的是，限定词、名词和限定词短语的晚期指标结果一致，晚期指标与正字法加工无法反映语义和句法的整合过程。可见正字法差异并不是导致上述结果的影响因素，故该发现无法通过中英正字法差异性进行解读。

其次，功能中心语原则强调，补足语与功能中心语共享相同的语言特征时，才能发生语码转换（Belazi et al.，1994）。例如：

4（5）* [$_{\text{English}}$ The students *had*] [$_{\text{Spanish}}$ *visto* la pelicula italiana].

the students had seen the movie Italian.

"The students had seen the Italian movie."

"学生已经看过了意大利语电影。"

（Belazi et al.，1994：225）

根据贝纳泽等（Belazi et al.，1994）的解释，句4（5）之所以不合法，是因为功能语类（had）的语言类型是英语，而补足语（visto）的语言类型却是西班牙语，由于功能语类功能性选取补足语，二者语言类型必须保持一致；否则语码转换不合法。由此，本研究中的语码转换"Det$_{\text{Chinese}}$+N$_{\text{English}}$"结构和"Det$_{\text{English}}$+N$_{\text{Chinese}}$"结构均违反了功能中心语原则的理论预期，故理应不存在转换代价上的差异。然而两组受试倾向于接受"Det$_{\text{Chinese}}$+N$_{\text{English}}$"语码转换结构，而非"Det$_{\text{English}}$+N$_{\text{Chinese}}$"结构，这个结果显然不符合功能中心语原则的预设，与既往的相同正字法语码转换研究结论亦不一致（如Li & Fung，2014a，b；Toribio，2001a，b），原因可能有三：

第一，功能中心语原则本身的理论不足。尽管该原则在语码转换研究中应用广泛（Belazi et al.，1994；Bhatt，1997；Bhatt，2016；Dussias，1997，2003；Giancaspro，2013，2015；Guzzardo Tamargo et al.，2016；Mahootian & Santorini，1996；Mesthrie，2002；Toribio，2001a，b），随着人们（Mahootian & Santorini，1996；MacSwan，2014a）对语码转换研究的深入，其理论立场日益受到挑战：语言特征应该是有限的、二元的（binary）（Adger，2003），而作为语言特

征的"语言标识"的数量却是不确定的,比如:[+Chinese][+English][+Spanish]等,这显然不符合理论的简约之美。此外,功能中心语原则亦受到系列心理语言学研究的驳斥(Dussias, 1997, 2001, 2003; Guzzardo Tamargo & Dussias, 2013; Guzzardo Tamargo et al., 2016)。

第二,先前研究之间方法各异,这可能影响研究结论的统一性(González-Vilbazo et al., 2013; Gullberg et al., 2009)。其中,支持语码转换功能中心语原则的研究主要使用阅读任务、写作任务(Toribio, 2001a)及接受度判断任务(Toribio, 2001b)等离线任务;而反对该原则的研究主要使用心理语言学等在线任务(Dussias, 2001, 2003; Guzzardo Tamargo & Dussias, 2013; Guzzardo Tamargo et al., 2016)。

第三,先前研究之间受试人口学特征各异,这亦可能影响研究结论的统一性(Toribio, 2001a, b)。为了遴选实验所需的受试,本研究调查了他们的外语习得年龄、主观语言水平评定、牛津快速测试、语言使用频度、语码转换频度及态度等。尽管研究采用较为严格的遴选标准,然而这些受试为非平衡双语者,这与既往研究招募的平衡双语者存在本质差异(Toribio, 2001a, b)。

有鉴于此,本研究尝试借助最简方案理论阐释上述发现。最简方案理论强调,"除了受双语各自语法规则制约,语码转换不受任何第三语法制约"(MacSwan, 1999: 146; 2000: 43; 2005a: 5; 2005b: 277)。故语码转换的语法性可由两个层级句法部件的合并操作予以解释。在本研究中,受试倾向于接受"$Det_{Chinese}+N_{English}$"语码转换结构,而非"$Det_{English}+N_{Chinese}$"结构,可能是由中英名词参数差异所致:中文名词均为不可数名词,且不因数和格而发生改变(Wang, 2013: 42);而英文具体名词则为可数名词(Cheng & Sybesma, 1998, 1999; Jing, 2006)。鉴于此,本研究发现的句法示例如图4-4所示:

具体地,如图4-4(a)所示,限定词短语的中心语(限定词)

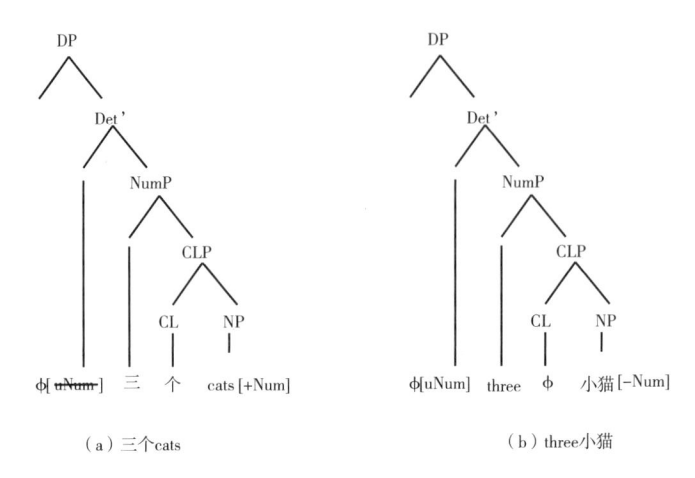

```
                DP                                    DP
               /  \                                  /  \
             Det'                                  Det'
             /  \                                  /  \
          NumP                                   NumP
          /  \                                   /  \
         CLP                                    CLP
         /  \                                   /  \
        CL   NP                                CL   NP
ϕ[uNum]  三   个   cats [+Num]        ϕ[uNum] three  ϕ   小猫 [-Num]
        (a) 三个cats                           (b) three小猫
```

图 4-4　两种条件的树形图

具有不可解的 [uNum] 特征，而该短语的补足语（cats）具有可解的 [+Num] 特征，根据最简方案理论预期，二者可以形成特征核查（Adger，2003），因此"Det$_{Chinese}$+N$_{English}$"语码转换结构拼出成功。在图 4-4（b）中，由于中文名词不可数，不具有可解的 [+Num] 特征，标记为 [-Num]，无法实现与限定词短语的中心语（限定词）形成特征核查，故"Det$_{English}$+N$_{Chinese}$"语码转换结构拼出失败。结果表现为受试倾向于接受"Det$_{Chinese}$+N$_{English}$"语码转换结构，而非"Det$_{English}$+N$_{Chinese}$"结构。

不难看出，本研究借助心理语言学眼动实验技术，以中英语码转换为研究内容，尝试性地开展了功能中心语原则和最简方案理论的比较研究。研究发现契合了最简方案理论预期，与功能中心语原则不相符，故为语码转换"制约观"和"非制约观"之争提供支撑。研究表明，语码转换可能并不存在独立于双语语法系统的语码转换特异性规则，故"非制约观"比"制约观"更具理论阐释力。

二　语码转换的时间进程

语言加工时间进程指的是语言理解或产出过程中不同加工阶段的具体表现，"对于语言加工进程的考察，有助于揭示语言加工的内在过程"（Jr. Clifton，2007：349）。多数研究依托心理语言学实验设备（如眼动仪和事件相关电位等），方可揭示语言加工的内在认知机制。学者们对于语码转换的时间进程关注不多（Bullock & Toribio，2009；Gardner-Chloros，2009；Isurin et al.，2009）。近期有学者采用事件相关电位考察语码转换的时间进程，主要参考三个脑电指标：N2、N400和LPC。研究指出，"神经电生理方法对于语码转换的时间进程非常敏感"，有助于探明语码转换认知加工的内在过程（Gullberg et al.，2009：26）。

除了事件相关电位技术外，早期文献表明，眼动阅读任务亦用于探究"花园小径句"（garden-path sentence）加工的时间进程研究（Franzier & Rayner，1982），以及对此的评论性研究（Rayner & Frazier，1987）。可见，参考不同的眼动指标，可类比本研究语码转换不同阶段的加工时间进程（Rayner，1998，2000；Jr. Clifton，2007：348）。便于获取丰富的眼动数据，本研究划分了三个兴趣区：限定词、名词及限定词短语。研究结果显示，稳定的语码转换效应①仅见于名词，在限定词和限定词短语上并未发现一致的语码转换效应。对于这个发现，可从如下两方面进行解读：

一方面，语码转换句法因素可能是语码转换不同加工阶段互动的结果，反映了语码转换从早期加工阶段一直延续到晚期加工阶段的连续统。就语义透明度②而言，由于填充词和名词语义不确定性等原因，名词较限定词和限定词短语的语义透明度低，因而能够剥离语义预期性的干扰，可以反映语码转换的真实加工进程。研究表明，语码转换效应从早期阶段业已开始，一直持续到晚期阶段。

另一方面，稳定的语码转换效应出现在晚期加工阶段。既往研

---

① 稳定的语码转换效应是指，语码转换早期和晚期阶段均可获取的显著的语码转换代价，体现为转换代价在不同加工阶段的一致性。

② 语义透明度指的是，语言使用者能够直接判断出语言材料语义预期性信息的程度。换言之，语义透明度越高，语言使用者越能识别出语义信息；反之亦然。

究多将总注视时间这一晚期指标视为句法加工标志（Conklin & Pellicer-Sanchez, 2016; Jr. Clifton & Staub, 2011; Jr. Clifton et al., 2007）。例如，有学者对句法加工影响因素（如歧义效应、花园小径句、记忆效应、句法预期性、复杂性及违例等）进行系统性综述后发现，句法加工难度可以在眼动实验的晚期指标中予以反映（Conklin & Pellicer-Sanchez, 2016: 455-456）。此外，本研究的发现与既往研究有关"总注视时间是稳定的句法指标"推论一致（Keating, 2009）。

诚然，本研究采用的眼动阅读任务，参考不同的眼动指标，可以反映语码转换大致的加工时间进程。未来研究应借助更为精密的神经认知工具（如事件相关电位或功能核磁共振等），探明语码转换在线加工时间进程的神经认知机制。

三　语言水平

学界对于语言水平在语码转换中的调节作用关注较早，不过尚未形成定论（Bullock & Toribio, 2009; Gardner-Chloros, 2009; Isurin et al., 2009）。先前研究主要涉足语言水平对转换代价非对称性的影响（Bultena et al., 2014, 2015; Costa & Santesteban, 2004; Costa et al., 2006; Gullifer et al., 2013; Meuter & Allport, 1999; van Hell et al., 2015），表明平衡双语者在双语中的转换代价呈对称性分布（Costa & Santesteban, 2004; Costa et al., 2006; Meuter & Allport, 1999）。

与上述研究不同的是，本研究并非考察语言水平与转换代价对称性的关系，而是关注语言水平与语码转换句法因素的关系。研究显示，双语者对于不同的语码转换限定词短语均有不同的表现。即两组受试均倾向于接受"$Det_{Chinese}+N_{English}$"语码转换结构，而非"$Det_{English}+N_{Chinese}$"结构。研究拟结合句法学二语习得理论"失败的功能特征假设"（Aldwayan et al., 2009; Hawkins, 2005; Ohba, 2003; Tsimpli & Dimitrakopoulou, 2007）及"全迁移全通达模型"

（Foucart & Frenck-Mestre，2012）对此进行具体分析。

一方面，"失败的功能特征假设"强调二语习得者无法对一语中未示例的不可解特征进行参数重设（Tsimpli & Dimitrakopoulou，2007），故二语者无法习得完整的二语语法系统。表现为"$Det_{Chinese}+N_{English}$"与"$Det_{English}+N_{Chinese}$"语码转换结构无显著差异，显然这与本研究的"两组受试均倾向于接受'$Det_{Chinese}+N_{English}$'语码转换结构，而非'$Det_{English}+N_{Chinese}$'结构"的发现不一致。可见，本研究无法支持"失败的功能特征假设"的理论预期。

另一方面，"全迁移全通达模型"认为"在二语习得最初阶段，二语者便能以一语为基础通达其语法特征的表征"（Foucart & Frenck-Mestre，2012：227），故二语者能够成功设置参数。本研究的接受任务及眼动阅读任务均表明，两组受试习得了不可解的[uNum]特征，这与学者们探讨不可解[uwh]特征（Aldwayan，2010；Ohba，2003）及语法属性[umasc]特征（Foucart & Frenck-Mestre，2012）习得的研究发现一致。甚至，还有学者基于三项事件相关电位研究，考察二语习得中不可解特征习得与在线加工神经认知机制（Foucart & Frenck-Mestre，2012：244-245）。他们的研究发现，即使晚期习得第二语言的学习者，其仍可习得不可解的语法特征，为本研究提供了互相印证的神经语言学证据。

鉴于此，本研究支持了"全迁移全通达假设"的理论预期。这个发现为句法学视角的二语习得理论提供了崭新的研究视角。

第五节 本章小结

本研究以中英语码转换限定词短语为案例，借助生态效度较高的眼动阅读任务，通过开展实证研究，比较了功能中心语原则和最简方案对于语码转换的理论预期，旨在考察语码转换语素层面的认知加工机制，进而为厘清语码转换"制约观"和"非制约观"之争提供实证支持。研究结论如下：

首先，研究支持了以最简方案理论为代表的"非制约观"，有力地驳斥了以功能中心语原则为代表的"制约观"，为探究语码转换"制约观"和"非制约观"之争的后续研究提供了可资参考的实证解决思路和方案。

其次，语码转换句法因素可能是语码转换不同加工阶段互动的结果，反映了语码转换从早期加工阶段一直延续到晚期加工阶段的连续统。此外，稳定的语码转换效应出现在晚期加工阶段，故后续语码转换研究可以晚期加工指标为参考。

最后，语言水平对语码转换调节作用有限，两组受试均习得了不可解的句法特征，支持了"全迁移全通达假设"的理论预期。因此，本研究可为句法学视角的二语习得理论提供崭新的研究视角。

然而，研究尚存一定不足：一方面，研究仅以限定词短语为研究单元，考察中英语码转换语素层面的认知加工机制。后续研究可将研究单元拓展到句子层面（见第六章），考察句内语码转换认知加工机制。另一方面，本研究以眼动实验的不同指标为参考，描摹语码转换加工的时间进程。然而，眼动实验本质上属于行为实验，其理论基础是"眼脑假设"，学界对此尚存一定争议，焦点为：人类眼睛究竟能够多大程度上反映思维或神经认知加工过程？鉴于此，后续研究可借助神经语言学工具（如事件相关电位、脑磁图和功能核磁共振），辅以更为精密的研究设计，借此深度揭露语码转换的神经认知基础。

第五章

中英语码转换语音层面的认知机制研究

第一节 前言

双语加工研究认为,双语者是以非选择性方式提取双语心理词汇。近期研究还表明,双语者在使用语言时,其双语语法系统是以非选择性方式同步激活的,表现为"语法规则与梯度心理表征的整合过程"(Goldrick et al.,2016a:857)。受此启发,学者们将双语非选择性激活拓展到语码转换研究领域,提出了语码转换特异性的触发理论(Broersma,2009;Broersma & de Bot,2006;Broersma et al.,2009;Bultena et al.,2014,2015;Clyne,2003;Kootstra et al.,2012;Pfaff,1979;Zheng,1997)。该理论强调,双语词项处于同步激活状态,语码转换时非目标语对目标语产生触发作用,主要包括词汇触发、声调触发及句法触发。

在语码转换理论研究方面,学者们业已在"语码转换系统论、规则论"达成一致,然而在受何种规则的认识上尚存争议。即语码转换是否存在独立于双语句法系统的转换特异的"第三语法",由此引发了句法学视角的语码转换的"制约观"和"非制约观"之争。为了厘清上述理论争议,近期,少数学者开始借助实证研究方法,开展"制约观"和"非制约观"的比较研究,考察相同正字法体系之间的语码转换,并取得了初步的研究发现(Fairchild & van Hell, 2017; Herring et al., 2010; Wyngaerd, 2017)。目前为止,尚无研究以不同正字法体系之间的语码转换为对象,开展"制约观"和"非制约观"的比较研究。

有鉴于此,本研究拟开展"制约观"和"非制约观"的比较研究。具体地,研究选取代表"制约观"的触发理论,以及代表"非制约观"的最简方案理论,旨在比较触发理论和最简方案理论对于中英语码转换研究的阐释力,借此为探明语码转换的"制约观"和"非制约观"之争提供实证支撑。

一 触发理论

语码转换的触发理论主要围绕触发理论的实证探讨和触发因素的实证探索两个方面展开(如表5-1所示)。其中,在触发理论的实证探讨方面,早期触发理论研究主要依托语料库开展,研究发现双语之间的同源词、普通名词及同音词等可充当触发词(trigger),促进语码转换由一种语言转换到另一种语言(Clyne, 1967)。随后,学者们借助多种研究方法予以推进,主要有:语料库(Broersma, 2000, 2009; Broersma & de Bot, 2006; Broersma et al., 2009; Clyne, 2003)、同盟脚本(Kootstra, 2012)、图片命名(Broersma, 2011)及自定步速(Bultena et al., 2014)等。此外,在触发因素的实证探索方面,学者们发现语言学因素(如触发词词性,Bultena et al., 2015)及宏观语境因素(如社会语境,van Hell et al., in preparation; van Hell et al., 2015)均可以诱发语码转换。

表5-1　　　　　　　　　　触发理论实证研究梳理

编号	研究	方法	语言类型	支持与否
1	Broersma (2000)	语料库	荷兰语—英语	是
2	Borersma (2009)	语料库	荷兰语—英语	是
3	Broersma (2011)	图片命名	荷兰语—英语	是

续表

编号	研究	方法	语言类型	支持与否
4	Broersma & de Bot（2006）	语料库	摩洛哥阿拉伯语—荷兰语	是
5	Broersma et al.（2009）	语料库	荷兰语—英语/俄语—英语	是
6	Bultena et al.（2014）	自定步速阅读	荷兰语—英语	否
7	Bultena et al.（2015）	影子练习	荷兰语—英语	否
8	Clyne（2003）	语料库	匈牙利语—德语—英语/意大利语—西班牙语—英语	是
9	Kootstra（2012）	同盟脚本	荷兰语—英语	否
10	van Hell et al.（in preparation）	自定步速阅读	西班牙语—英语	否
11	Zheng（1997）	语料库	中文—英语	是

从表5-1中不难看出，多数触发理论实证研究主要考察相同正字法体系之间的语码转换。如荷兰语—英语、摩洛哥阿拉伯语—荷兰语及意大利语—西班牙语—英语等之间的语码转换。其中，仅有少数学者关注不同正字法体系间的语码转换（Zheng，1997）。与相同正字法体系之间语码转换稍有不同的是，中英语码转换的触发方式主要通过音节或声调的重叠实现。其中，柯林（Clyne，2003）对此有专门的论述：

  触发原则二：声调语言中音高和重音在非声调语言中相同（或相似）的词项可能会促进语码转换。通常这些词在双语声调上具有相同的调值（Clyne，2003：175）。
  与其他语言学层面比较，双语在音节层面的区别不甚明显。因此，在音节层面双语发音上联系紧密的词汇更容易发生语码转换（Clyne，2003：96）。

另有研究表明，中文词汇层面的初次加工为音节激活，而非声调或正字法等（Chen et al.，2016；Chen et al.，2002；张清芳，

2005)。例如，张清芳（2008）在对既往研究（Chen et al.，2002）批判的基础上，开展了五项内隐启动实验，考察中文单音节和多音节词汇产生中的音韵编码过程。其中，实验一和实验二研究单音节字产生过程中的音韵编码，研究发现音素或韵母+声调并不是词汇产生中的音韵编码单元；实验三到实验五考察更大的音韵单元。如音节（实验三）、声调（实验四）和音节+声调（实验五）。研究发现，声调并未出现显著的启动效应，而音节+声调（43毫秒）启动效应显著大于音节（16毫秒），表明音节为中文词汇层面的编码单元。

结合上述研究，中英语码转换触发与否与中英双语的音节重叠情况关联较大，这一观点得到了离线的语料库研究的支持（Zheng, 1997）。然而，这种音节触发效应是否得到在线任务的支持？鉴于此，本研究以中英限定词短语语码转换为研究内容，借助眼动阅读实验，开展依托触发理论和最简方案理论的比较研究。

二 理论视角的比较研究

虽然学者们业已开展语码转换"制约观"和"非制约观"的比较研究（Fairchild & van Hell, 2017；Herring et al., 2010；Wyngaerd, 2017），然而相关研究仍有较大挖掘空间，具体如下：

首先，既往语码转换"制约观"和"非制约观"的比较研究多囿于基础语框架和最简方案理论，对于上述两个派别的其他代表性理论（如功能中心语原则或触发理论）缺乏必要的关注。其中，自从首篇基础语框架和最简方案理论比较研究开始（Herring et al., 2010），其他学者采用不同的研究范式对此进行深入考察（Fairchild & van Hell, 2017；Wyngaerd, 2017）。为了厘清"制约观"和"非制约观"之争，仅选取有限的代表性理论进行比较是远远不够的，后续研究应权衡上述派别代表性理论的典型性和普适性，为语码转换理论提供汇流性研究证据链。

其次，既往研究未将不同正字法体系语码转换纳入考察范畴。

不难发现，既往研究多限于相同正字法体系之间的语码转换，如威尔士语—英语语码转换（Herring et al., 2010）、西班牙语—英语语码转换（Fairchild & van Hell, 2017）及法语—荷兰语语码转换（Wyngaerd, 2017），对于不同正字法体系之间的语码转换关注不足。

最后，既往研究多用语料库（Herring et al., 2010）、图片命名（Fairchild & van Hell, 2017）及语法判断（Wyngaerd, 2017）等任务，鲜有考察语码转换加工的时间进程（Kamide et al., 2003）。对于语码转换时间进程的研究"可以揭示双语语码转换的认知过程"（Isurin et al., 2009：xii），并且"可以展示语码转换早期和晚期加工阶段的不同表现"（Cunnings et al., 2010：91）。

鉴于既往的比较研究在代表性理论、语码转换对象及语码转换加工进程等方面的不足，有必要开展基于中英限定词短语语码转换结构实证研究。

三 当前研究

为了比较触发理论和最简方案理论的阐释力，本研究拟开展中英限定词短语语码转换结构的眼动阅读实验，操纵了音节重叠和转换条件两个主要实验材料变量，以及语言水平这一受试人口学变量。具体地，本研究选取中英两个数量词作为音节重叠的实验材料：音节重叠（七个 vs. seven，二者均为双音节）和音节不重叠（八个 vs. eight，前者为双音节，后者为单音节），且英语"seven"和"eight"字母数亦一致。如果按照触发理论的预期，音节重叠条件的转换代价理应比音节不重叠条件低（Clyne, 2003）。此外，本研究沿用实验一（第四章）的研究设计，设置了限定词短语"$Det_{Chinese}+N_{English}$"（七个 apples）和"$Det_{English}+N_{Chinese}$"（seven 苹果）结构语码转换，如果按照最简方案理论的预期，"$Det_{Chinese}+N_{English}$"结构的转换代价理应比"$Det_{English}+N_{Chinese}$"结构低（MacSwan, 2014a）。最后，研究招募两组不同水平的英语学习者，旨在考察不同语言水平对于语码转换的调节作用。因此，研究目的有三：第一，通过设计眼动阅读实验，开展"制约观"代表性理论（触发理论）及"非制约观"代表性理论（最简方案）的比较研究。第二，作为实验一的延伸，进一步探明语码转换时间进程中不同加工阶段的具体表现。第三，进一步考察语言水平对语码转换的调节作用，进而明确"失败的功能特征假设"（Aldwayan et al.，2009；Hawkins，2005；Ohba，2003；Tsimpli & Dimitrakopoulou，2007）和"全迁移全通达假设"（Foucart & Frenck-Mestre，2012）理论阐释力，冀为推动二语习得理论提供一定启示（Leal Mendez & Slabakova，2014；Tsimpli & Dimitrakopoulou，2007）。

（一）研究问题

基于上述分析，拟提出以下三个研究问题（Q1—Q3）：

Q1：是否存在可观测的语码转换代价？如果存在，不同语码转换条件下的具体表现是怎样的？

Q2：语码转换的时间进程有怎样的表现？早期加工阶段与晚期加工阶段表现有何异同？

Q3：语言水平对不同语码转换条件的转换代价是否具有调节作用？

（二）研究假设

在上述研究问题基础上，拟提出如下三个研究假设（H1—H3）：

H1：根据触发理论的预期，音节重叠条件的转换代价理应比音节不重叠条件低。

H2：就语码转换加工时间进程而言，早期加工阶段和晚期加工阶段应存在差异，故这两个阶段的语码转换效应应存在显著差异。

H3：就语言水平调节作用而言，中级和高级水平在眼动阅读任务中应存在显著差异。

第二节 研究方法

一 受试

根据预实验的牛津快速测试结果,遴选了两组受试。其中,高级水平组(简称"高级")有 28 人(年龄均值:22.786 ± 1.424),中级水平组(简称"中级")有 29 人(年龄均值:22.793 ± 2.059),所有受试均来自江苏省重点院校。高级水平组为英语专业一年级硕士生,而中级水平组为非英语专业一年级硕士生。统计结果表明,两组年龄不存在显著差异(ps >0.05)。所有受试均为右利手,且视力(或矫正)正常。所有受试均自愿参与并签署知情书(附录四),实验结束后将获得 15 元人民币补偿。

实验完毕后,受试还需要填写语码转换相关的量表,主要包括:习得年龄、英语水平自测、牛津快速测试、语言使用频度、语码转换频度及语码转换态度等(参见附录五)。其中,英语水平自测、语言使用频度、语码转换频度及语码转换态度为李克特七级量表,牛津快速测试为测试题,满分 100 分。上述量表描述统计结果如表 5-2 所示:

表 5-2　　　　　　　　实验二受试信息

项目		高级		中级	
		M	SD	M	SD
习得年龄		9.640	1.471	10.240	2.081
英语水平自测	听	5.110	0.629	4.310	0.967
	说	5.110	0.832	3.690	1.105
	读	5.320	0.723	4.590	0.733
	写	4.680	0.983	3.480	0.829
牛津快速测试		81.929	3.943	70.621	8.265

续表

项目		高级		中级	
		M	SD	M	SD
语言使用频度	英语	3.430	1.289	3.410	1.593
	中文	6.570	0.634	6.860	0.441
语码转换频度	中到英	3.210	0.917	3.000	1.069
	英到中	3.890	0.994	2.970	1.267
	总体	3.360	0.911	4.070	1.791
语码转换态度	日常使用	3.110	0.916	2.900	1.263
	课堂使用	5.640	1.569	5.930	1.438
	中到英	5.000	1.217	5.030	1.401
	英到中	4.570	1.854	4.930	1.462
	总体	5.360	1.339	5.550	1.121

拟对语言学习历程问卷、语言水平测试及语码转换态度问卷结果汇报如下:

语言学习历程问卷:该问卷包括习得年龄、语言使用频度、语码转换频度及语码转换态度等内容。统计结果显示,两组受试学习外语年龄较晚(平均九岁以后),且习得年龄无显著差异,$t(55) = -1.250, p = 0.217$。就语言使用频度而言,中文显著高于英文($t_1 = -11.210, p_1 = 0.000; t_2 = -11.487, p_2 = 0.000$);此外,两组受试在英语[$t(55) = 0.038, p = 0.969$]和中文[$t(55) = -2.002, p = 0.051$]使用上亦不存在显著差异,可见本研究所招募的受试为非平衡双语者。就语码转换频度而言,两组受试均较少使用,$t_{(27,高级)} = -3.732, p = 0.000; t_{(28,中级)} = -5.037, p = 0.000$。就语码转换方向而言,两组受试倾向于中文转换到英文,$t_{(27,高级)} = -4.533, p = 0.000; t_{(28,中级)} = -4.396, p = 0.000$,而非英文转换到中文,$t_{(27,高级)} = -0.570, p = 0.573; t_{(28,中级)} = 0.207, p = 0.837$,说明两组受试在中文语境中很少进行语码转换;如果进行转换,他们倾向于从中文转换到英文。

语言水平测试:有学者建议,语言水平测试应囊括主观测试

（语言水平自测）和客观测试（语言水平测试题）（Heredia et al., 2016）。鉴于此，本研究采用英语水平自测与学界公认的牛津快速测试相结合的方式，来测试受试的语言水平（Roohani & Asiabani, 2015；Tsang, 2016）。研究结果显示，高级组自测水平显著高于中级组 [$t(55) = 3.672$, $p_{听} = 0.001$；$t(55) = 5.456$, $p_{说} = 0.000$；$t(55) = 3.812$, $p_{读} = 0.002$ 和 $t(55) = 4.971$, $p_{写} = 0.000$]，这个结果得到牛津快速测试的验证 [$t(55) = 6.554$, $p = 0.000$]。故两组受试在主观和客观语言水平测试中均存在显著差异。

语码转换态度问卷：鉴于"双语者语码转换态度对研究数据质量产生重要影响"（MacSwan & McAlister, 2010：529），本研究拟囊括语码转换态度问卷。结果显示，总体上，两组受试对于课堂中的语码转换态度表现积极（$M_1 = 5.640$, $SD_1 = 1.569$；$M_2 = 5.930$, $SD_2 = 1.438$）。此外，受试对于总体语码转换使用亦反应积极（$M_1 = 5.360$, $SD_1 = 1.339$；$M_2 = 5.550$, $SD_2 = 1.121$）。据此，本研究的受试为非平衡双语者，其语码转换态度表现积极，但限于有限的语码转换使用场景，其使用频度不高，主要囿于课堂情景。

二 研究材料与设计

研究采用 2（语言水平：中级 vs. 高级）× 2（音节重叠：重叠 vs. 不重叠）× 4（条件：$Det_{Chinese} + N_{Chinese}$、$Det_{Chinese} + N_{English}$、$Det_{English} + N_{English}$ 和 $Det_{English} + N_{Chinese}$）混合方差设计。其中，语言水平为组间变量，音节重叠和条件为组内变量，参见表 5-3。

表 5-3　　　　　　　　　实验二研究设计

说明	条件	音节重叠	
		重叠	不重叠
$Det_{Chinese} + N_{Chinese}$	a	七个苹果	八个苹果
$Det_{Chinese} + N_{English}$	b	七个 apples	八个 apples

续表

说明	条件	音节重叠	
		重叠	不重叠
$Det_{English}+N_{English}$	c	seven apples	eight apples
$Det_{English}+N_{Chinese}$	d	seven 苹果	eight 苹果

表5-3显示，实验材料涉及四种条件：条件a、条件b、条件c和条件d，分别对应$Det_{Chinese}+N_{Chinese}$、$Det_{Chinese}+N_{English}$、$Det_{English}+N_{English}$和$Det_{English}+N_{Chinese}$。其中，条件a和条件c分别是条件b和条件d的基线。此外，研究还增加了音节重叠：重叠和不重叠。为了控制实验材料的具体性，选取三类名词：动物类、水果类和蔬菜类，这些词具有很高的心理现实性（Paivio，1991），且多居于MRC心理语言学数据库的300—700具体性范围（Wilson，1988）。每个类别下选取16个常见物品，一共形成16×3=48个物品，从而构成48组（每组四个条件）音节重叠和音节不重叠实验刺激材料。五级量表结果显示，英文（4.35±0.756）和中文（4.56±0.783）名词熟悉度均较高，且二者不存在显著差异（$p=0.456$）。

在刺激材料呈现方面，具体做法如下：首先，采用伪随机技术，确保同一区组的相邻目标词不重复出现。按照拉丁方设计，形成四个目标词呈现序列。其次，研究拟遵照前人的做法（Fairchild & van Hell，2017），将拉丁方后的序列以区组设计方式呈现，故形成四套随机区组序列，每套有48个目标刺激，分为音节重叠和音节不重叠各为4个区组。最后，按照受试分布，将音节重叠和音节不重叠实验刺激材料对冲平衡（counterbalance），确保音节重叠条件与音节不重叠的刺激材料无法同时呈现给某个受试。实验二所有材料见于附录二。

在实验材料接受度评定方面，招募受试（n=58，平均年龄：20.466±1.454；英语专业四级平均分数：75.414±4.573）参与八个拉丁方版本实验材料（见表5-4）的李克特五级量表评定，这些受试主要为安徽省重点高校英语专业高年级学生，且不参与后续的眼动阅读实验。由于实验包含两个时段（session），故将受试分为两组（组一30人，组二28人），每组仅负责对该组分配到随机化的实验材料（关键刺激和填充材料，参见表5-4）接受度进行李克特五级量表评定（Li et al.，2017）。

表5-4　　　　　　实验二接受任务的音节重叠词项部分说明

条件	项目	接受度评定					说明：1=不接受；5=接受
不转换	红酒养胃	1	2	3	4	5	填充词/区组1
	热茶烫嘴	1	2	3	4	5	填充词/区组1
	七个苹果	1	2	3	4	5	目标词/区组1
转换	research 范式	1	2	3	4	5	填充词/区组2
	seven 橘子	1	2	3	4	5	目标词/区组2
	job 经历	1	2	3	4	5	填充词/区组2

三　研究过程

为了避免音节重叠与音节不重叠之间的相互干扰，两个实验阶段间隔两个月，并且两个阶段辅以不同的填充材料，这样做"可以有效避免先前相似的实验材料对第二阶段受试表现的启动效应"（Felser & Cunnings，2012：589），每个实验阶段持续15分钟左右，每位受试需要参加两次实验，共计30分钟，每个实验阶段支付15元劳务报酬。

在开始实验前，受试需要填写实验知情书（附录四），填写完毕后，眼动阅读实验正式开始。在实验过程中，受试要求端坐在距离20寸显示器（分辨率为1280×1024）60厘米远的座位上，其眼动信息通过位于显示器底部的头托式 Eyelink 2000 眼动仪（SR Research Ltd., Mississauga, Ontario, Canada）记录，采样率为1000赫兹。实验首先需要对受试进行眼动校准，待校准完毕后，受试将进行5个试次的练习，旨在帮助其熟悉实验操作环境。然后呈现注视点"+"及目标词短语。目标词短语为14号新罗马字体。实验中，受试以自定步速形式按键确定实验材料的阅读速度。在某些填充材料后，受试还需通过按键（F 和 J 键，分别对应 A 和 B 选项，且这种对应关系并作相应平衡）形式回答读后问题，旨在确保其专注于实验的整个过程。

四 数据分析

本节首先汇报五级量表的接受任务结果，然后对主要兴趣区的眼动指标数据进行方差分析。兴趣区的划分方式如下（见图5-1）：一方面，分别以限定词（七个）和名词（苹果）为单位单独划分［图5-1 (a)］。另一方面，以限定词短语（七个苹果）为单位整体划分［图5-1 (b)］。待兴趣区划分完毕，分别导出限定词、名词和限定词短语的首次注视时间和总注视时间，以备后续统计分析之用。

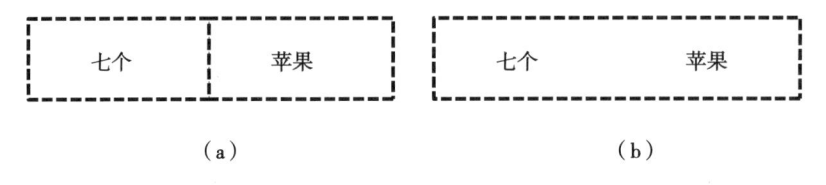

七个	苹果		七个	苹果
(a)			(b)	

（a）限定词短语单独绘制　（b）限定词短语整体绘制

图 5-1　实验二"七个苹果"兴趣区绘制

第三节　结果

高级水平组受试的正确率为 97.430%，中级水平组受试的正确率为 94.544%，这说明两组受试在实验过程中积极配合。将导出的数据进行预处理，限定词损失 23.367% 数据量，名词损失 9.949% 数据量，而限定词短语损失 0.765% 数据量。眼动指标在 3 个标准差以外的数据视为奇异值，并予以剔除（Felser & Cunnings, 2012；Li et al., 2017）。

每个兴趣区的眼动阅读数据进行 2（语言水平）×2（音节重叠）×4（条件）混合方差分析①。其中，语言水平为组间变量，音节重叠和条件为组内变量。结果如下：

一 接受性任务结果

高级水平受试接受性任务描述统计如图 5-2 所示。其中，音节重叠四个条件的五级量表接受性任务结果分别为：4.914、4.517、4.862 和 2.172；音节不重叠的四个条件结果分别为：4.862、4.560、4.802 和 2.121。

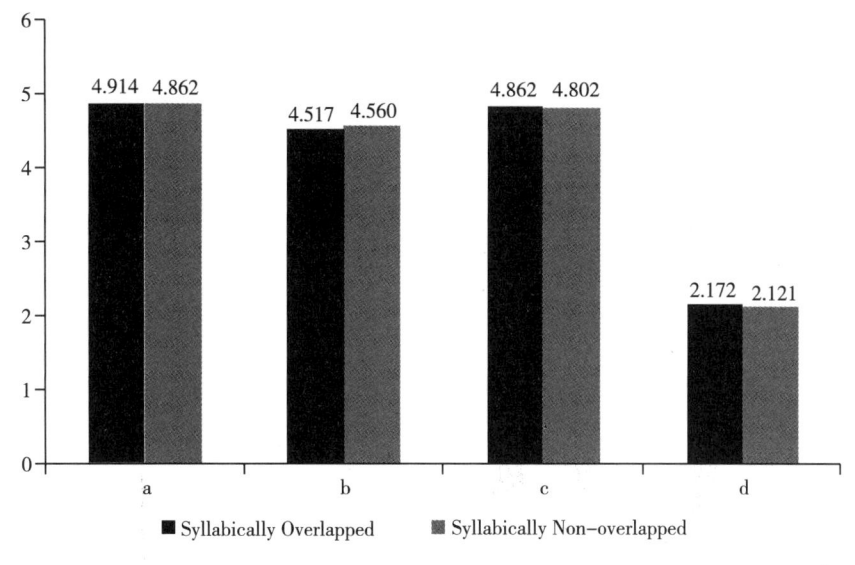

图 5-2 实验二四种条件接受性任务描述统计结果

采用 2×4 的重复测量方差设计分析音节重叠和条件效应，结果为：条件的主效应显著，$F(3, 171) = 310.154$，$p = 0.000$，$\eta_p^2 = 0.845$；音节重叠主效应不显著，$F(1, 171) = 2.389$，$p = 0.128$，

---

① 一般来说，方差分析需要同时汇报 F_1（按受试分析）和 F_2（按项目分析），由于本研究中音节重叠变量的两个实验阶段数据损失比例不同，故只汇报按受试分析的 F_1 结果，标记为 F。

$\eta_p^2=0.040$；二者的交互效应亦不显著，F（3，171）= 1.233，p = 0.299，$\eta_p^2=0.021$，表明音节重叠对于语码转换影响有限。随后的 LSD 法多重比较结果表明，条件 a 接受度显著高于条件 b，$M_a - M_b$ = 0.349，$p=0.000$，以及条件 d，$M_a - M_d = 2.741$，$p=0.000$；条件 a 与条件 c 差异不明显，$p=0.056$；条件 c 接受度显著高于条件 b，$M_c - M_b = 0.293$，$p=0.000$；条件 b 接受度显著高于条件 d，$M_b - M_d = 2.392$，$p=0.000$。综上，高级水平中英双语者对于四种条件的接受度存在一定差异：语码转换条件的接受度均小于非语码转换条件；"$Det_{English} + N_{Chinese}$"限定词短语结构的接受度最低。表明高级水平中英双语者倾向于拒绝"$Det_{English} + N_{Chinese}$"限定词短语结构的语码转换，证实了实验一的发现。

二 眼动阅读任务及转换代价结果

与先前兴趣区划分一致，语码转换限定词短语进行两种分析步骤：一是限定词短语整体分析；二是限定词和名词单个分析，这与限定词短语整体分析相互印证。提取兴趣区的首次注视时间和总注视时间，用于表示语码转换早期和晚期加工阶段。此外，依托上述眼动指标数据计算转换代价，视作语码转换效应指标。

（一）限定词短语及转换代价结果

为了考察语码转换条件和语言水平的效应，拟进行 2（语言水平）× 2（音节重叠）× 4（条件）混合方差分析，描述统计结果参见表 5-5。其中，首次注视时间和总注视时间分析结果如下：

首次注视时间："语言水平"主效应不显著，F（1，55）<1，表明两组受试阅读时间上并未发现显著差异。"条件"主效应显著，F（3，165）= 14.076，$p=0.000$，$\eta_p^2=0.204$，说明四种条件上的阅读时间存在显著差异；对"条件"进行成对比较，结果显示条件 d 阅读时间显著长于条件 b（$M_d - M_b > 0$，$p=0.002$）、条件 c（$M_d - M_c > 0$，$p=0.000$）和条件 a（$M_d - M_a > 0$，$p=0.000$）；条件 b 阅读时间长于条件 a（$M_b - M_a > 0$，$p=0.000$），条件 b 与条件 c 未发现显著差异（$p=0.775$），这说明受试阅读中文限定词短语快于英语限定词短语；语码转换"$Det_{Chinese} + N_{English}$"结构阅读时间亦显著快于"$Det_{English} + N_{Chinese}$"结构。"音节重叠"主效应亦不显著，$F(1, 55) < 1$，说明音节重叠与音节不重叠并未产生显著的阅读时间差异。"语言水平"和"音节重叠"交互效应不显著，$F(1, 55) = 1.814$，$p = 0.184$，$\eta_p^2 = 0.032$。此外，"音节重叠"和"条件"交互效应不显著，$F(3, 165) = 1.184$，$p = 0.314$，$\eta_p^2 = 0.021$；"语言水平"和"条件"交互效应亦不显著，$F(1, 165) = 1.814$，$p = 0.184$，$\eta_p^2 = 0.032$；此外，三重交互效应显著，$F(1, 165) = 6.152$，$p = 0.002$，$\eta_p^2 = 0.101$，进一步的简单效应显示，仅能在中级水平受试中发现"条件"和"音节重叠"的显著效应，$F(1, 81) = 6.401$，$p = 0.002$，$\eta_p^2 = 0.192$，说明语码转换不同条件的效应不仅发生于音节重叠，还发生于音节不重叠的情况下。

总注视时间："语言水平"主效应不显著，$F(1, 55) = 3.169$，$p = 0.081$，$\eta_p^2 = 0.054$，说明两组受试阅读时间上并未发现显著差异。"条件"主效应显著，$F(3, 165) = 59.883$，$p = 0.000$，$\eta_p^2 = 0.521$，说明四种条件上的阅读时间存在显著差异；对"条件"进行成对比较，结果显示条件 d 阅读时间显著长于条件 b（$M_d - M_b > 0$，$p = 0.002$）、条件 c（$M_d - M_c > 0$，$p = 0.000$）和条件 a（$M_d - M_a > 0$，$p = 0.000$）；条件 b 阅读时间长于条件 a（$M_b - M_a > 0$，$p = 0.000$），条件 b 与条件 c 未发现显著差异（$p = 0.821$），这说明受试阅读中文限定词短语快于英语限定词短语；语码转换"$Det_{Chinese} + N_{English}$"结构阅读时间亦显著快于"$Det_{English} + N_{Chinese}$"结构。"音节重叠"主效应亦不显著，$F(1, 55) = 2.629$，$p = 0.111$，$\eta_p^2 = 0.046$，说明音节重叠与音节不重叠并未产生显著的阅读时间差异。"语言水平"和"音节重叠"交互效应显著，$F(1, 55) = 6.465$，$p = 0.014$，$\eta_p^2 = 0.105$；简单效应分析结果显示，中级水平受试中发

现了音节重叠效应，$F(3, 27) = 10.521$，$p = 0.003$，$\eta_p^2 = 0.273$。此外，"音节重叠"和"条件"交互效应不显著，$F(3, 165) = 827$，$p = 0.472$，$\eta_p^2 = 0.015$；"语言水平"和"条件"交互效应亦不显著，$F(1, 165) < 1$；此外，三重交互效应显著，$F(1, 165) = 3.009$，$p = 0.036$，$\eta_p^2 = 0.052$，进一步的简单简单效应显示，仅能在中级水平受试中发现"条件"和"音节重叠"的显著效应，$F(1, 84) = 10.521$，$p = 0.003$，$\eta_p^2 = 0.273$，说明语码转换不同条件的效应不仅发生于音节重叠，还发生于音节不重叠的情况下。

表5-5 实验二两组受试的限定词短语首次注视时间和总注视时间结果

	首次注视时间		总注视时间	
	重叠	不重叠	重叠	不重叠
$Det_{Chinese} + N_{Chinese}$（=条件a）				
AG	404.510±113.721	389.161±85.293	852.325±229.264	824.650±181.238
IG	400.367±125.251	392.459±118.828	935.961±231.739	852.296±175.995
$Det_{Chinese} + N_{English}$（=条件b）				
AG	425.226±115.739	410.898±86.391	842.201±309.279	829.912±189.166
IG	451.963±122.052	451.526±86.990	941.839±260.566	864.837±236.126
$Det_{English} + N_{English}$（=条件c）				
AG	441.856±182.362	419.463±125.241	829.930±194.583	890.831±201.594
IG	460.715±162.064	433.968±152.883	1021.116±263.136	860.160±206.745
$Det_{English} + N_{Chinese}$（=条件d）				
AG	455.323±187.854	550.087±309.778	1016.066±268.233	1085.937±263.851
IG	573.946±304.287	514.321±247.898	1216.473±226.502	1127.659±222.594

转换代价：两个语码转换条件（$Det_{Chinese} + N_{English}$ 和 $Det_{English} + N_{Chinese}$）和音节重叠两个水平的转换代价分别简写成 OC_1（音节重叠+条件"b-a"）、OC_2（音节重叠+条件"d-c"）、NC_1（音节不重叠+条件"b-a"）和 NC_2（音节不重叠+条件"d-c"）。其中，"O"表示音节重叠，"N"表示音节不重叠；条件"b-a"表示"$Det_{Chinese} + N_{English}$（=条件b）"的阅读时间减去"$Det_{Chinese} + N_{Chinese}$（=条件

a)"，条件"d-c"表示"$Det_{English}+N_{Chinese}$（=条件 d）"的阅读时间减去"$Det_{English}+N_{English}$（=条件 c）"。进行 2（语言水平：中级 vs. 高级）×2（音节重叠：重叠 vs. 不重叠）×2（转换条件：条件"b-a" vs. 条件"d-c"）混合方差分析，其中，语言水平为组间变量，音节重叠和转换条件为组内变量。首次注视时间和总注视时间的描述统计结果分别参见图 5-3 和图 5-4。

1) 首次注视时间："转换条件"效应边缘显著，$F(1, 55) = 3.094$，$p = 0.084$，$\eta_p^2 = 0.053$，说明两组受试阅读"条件'b-a'"（$M \pm SD = 38.279 \pm 8.768$）显著快于"条件'd-c'"（$M \pm SD = 84.419 \pm 21.772$），可见两组受试均倾向于接受语码转换"$Det_{Chinese}+N_{English}$"结构，而非"$Det_{English}+N_{Chinese}$"结构。"语言水平"主效应不显著，$F(1, 55) = 2.093$，$p = 0.154$，$\eta_p^2 = 0.037$；"音节重叠"主效应不显著，$F(1, 55) = 2.455$，$p = 0.123$，$\eta_p^2 = 0.043$；"语言水平"和"转换条件"交互效应不显著，$F < 1$；"音节重叠"和"转换条件"交互效应亦不显著，$F(1, 55) = 1.232$，$p = 0.272$，$\eta_p^2 = 0.022$；但三重交互效应显著，$F(1, 55) = 5.254$，$p = 0.026$，$\eta_p^2 = 0.087$，简单效应结果显示，显著的"音节重叠"和"转换条件"仅见于高级水平受试，$F(1, 27) = 6.864$，$p = 0.014$，$\eta_p^2 = 0.203$。

2) 总注视时间："转换条件"效应边缘显著，$F(1, 55) = 52.677$，$p = 0.000$，$\eta_p^2 = 0.489$，说明两组受试阅读"条件'b-a'"（$M \pm SD = 3.389 \pm 14.922$）显著快于"条件'd-c'"（$M \pm SD = 211.024 \pm 21.161$），可见两组受试均倾向于接受语码转换"$Det_{Chinese}+N_{English}$"结构，而非"$Det_{English}+N_{Chinese}$"结构。"语言水平"主效应不显著，$F(1, 55) = 1.316$，$p = 0.256$，$\eta_p^2 = 0.023$；"音节重叠"主效应不显著，$F(1, 55) = 1.061$，$p = 0.308$，$\eta_p^2 = 0.019$；"语言水平"和"转换条件"交互效应不显著，$F(1, 55) < 1$；"音节重叠"和"转换条件"交互效应不显著，$F(1, 55) < 1$；但三重交互效应亦不显著，$F(1, 55) < 1$。

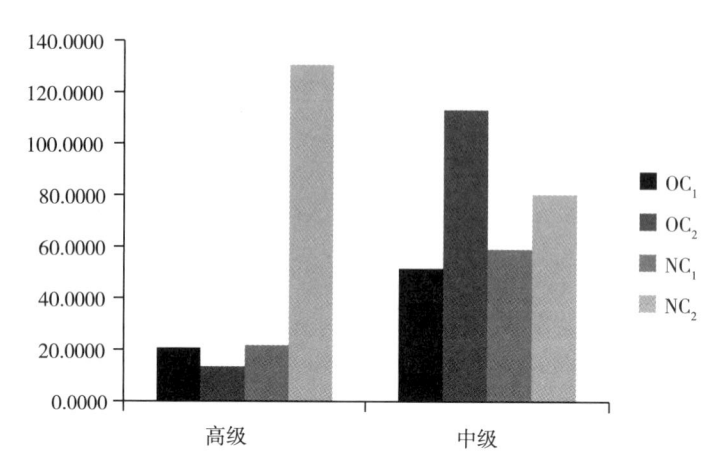

**图 5-3 实验二限定词短语中两组受试音节重叠和转换
条件的首次注视时间描述统计**

对于限定词短语整体分析结果总结如下：

1）语言水平：两组受试在阅读语码转换条件的首次注视时间和总注视时间上并未发现显著的组间差异。

2）条件：两组受试倾向于接受"$Det_{Chinese}+N_{English}$"语码转换结构，而非"$Det_{English}+N_{Chinese}$"结构；两组受试对于音节重叠与音节不重叠表现并无差异，可能说明音节重叠与否并不是影响语码转换的原因。

3）时间进程：两组受试在早期加工阶段和晚期加工阶段表现一致，体现了语码转换早期加工阶段一直延续到晚期加工阶段的连续统。

（二）限定词及转换代价结果

为了考察语码转换条件和语言水平的效应，拟进行 2（语言水平）× 2（音节重叠）× 4（条件）混合方差分析，描述统计结果参见表 5-6。其中，首次注视时间和总注视时间分析结果如下：

首次注视时间："语言水平"主效应不显著，$F(1, 55) < 1$，表明两组受试阅读时间上并未发现显著差异。"条件"主效应显著，$F(3, 165) = 10.071$，$p = 0.000$，$\eta_p^2 = 0.155$，说明四种条件上的阅

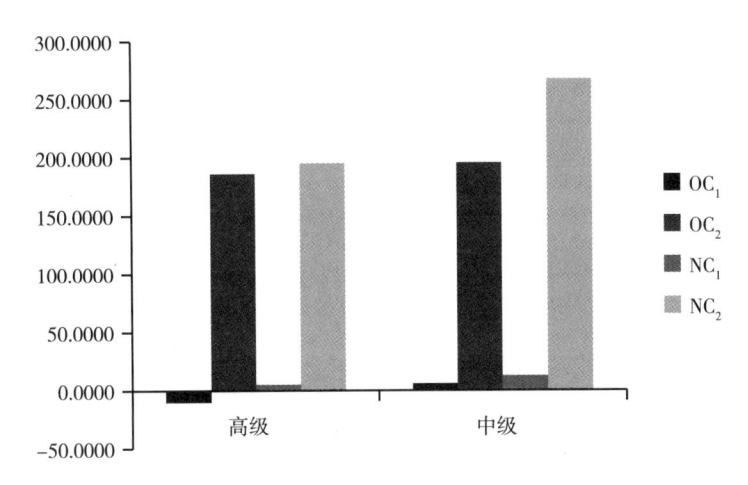

**图 5-4　实验二限定词短语中两组受试音节重叠和转换
条件的总注视时间描述统计**

读时间存在显著差异；对"条件"进行成对比较，结果显示条件 d 阅读时间显著长于条件 c（$M_d - M_c > 0$，$p = 0.000$）和条件 a（$M_d - M_a > 0$，$p = 0.002$），与条件 b 无显著差异（$p = 0.224$）；条件 b 显著长于条件 a（$M_b - M_a > 0$，$p = 0.015$）和条件 c（$M_b - M_c > 0$，$p = 0.000$），这说明受试阅读中文限定词短语快于英语限定词短语。"音节重叠"主效应亦不显著，$F(1, 55) < 1$，说明音节重叠与音节不重叠并未产生显著的阅读时间差异。"语言水平"和"音节重叠"交互效应不显著，$F(1, 165) < 1$。此外，"音节重叠"和"条件"交互效应不显著，$F(3, 165) = 2.189$，$p = 0.104$，$\eta_p^2 = 0.038$；"语言水平"和"条件"交互效应不显著，$F(1, 165) < 1$；三重交互效应亦不显著，$F(1, 165) < 1$。

总注视时间："语言水平"主效应不显著，$F(1, 55) = 2.313$，$p = 0.134$，$\eta_p^2 = 0.040$，说明两组受试阅读时间上并未发现显著差异。"条件"主效应显著，$F(3, 165) = 12.205$，$p = 0.000$，$\eta_p^2 = 0.182$，说明四种条件上的阅读时间存在显著差异；对"条件"进行成对比较，结果显示条件 d 阅读时间显著长于条件 a（$M_d - M_a > 0$，$p = 0.000$）、条件 c（$M_d - M_c > 0$，$p = 0.000$），与条件 b 无显著差异（$p=0.132$），这说明受试阅读中文限定词短语快于英语限定词短语。"音节重叠"主效应亦不显著，$F(1, 55) = 2.492$，$p=0.120$，$\eta_p^2=0.043$，说明音节重叠与音节不重叠并未产生显著的阅读时间差异。"语言水平"和"音节重叠"交互效应显著，$F(1, 55) = 7.501$，$p=0.008$，$\eta_p^2=0.120$；简单效应分析结果显示，中级水平受试中发现了音节重叠效应，$F(3, 27) = 8.259$，$p=0.008$，$\eta_p^2=0.235$。此外，"音节重叠"和"条件"交互效应不显著，$F(3, 165) < 1$；"语言水平"和"条件"交互效应不显著，$F(1, 165) < 1$；此外，三重交互效应亦不显著，$F(1, 165) = 1.988$，$p=0.128$，$\eta_p^2=0.035$。

表5-6 实验二两组受试的限定词首次注视时间和总注视时间结果

	首次注视时间		总注视时间	
	重叠	不重叠	重叠	不重叠
$Det_{Chinese}+N_{Chinese}$（=条件 a）				
AG	439.868±160.386	476.957±147.725	984.472±215.919	948.934±164.477
IG	465.298±141.164	450.817±128.982	990.296±141.050	957.370±203.560
$Det_{Chinese}+N_{English}$（=条件 b）				
AG	493.015±140.262	544.808±153.959	1017.312±236.391	997.280±101.232
IG	483.109±137.525	511.673±160.337	1030.287±150.102	1043.343±124.215
$Det_{English}+N_{English}$（=条件 c）				
AG	433.966±146.823	412.203±164.343	995.883±167.557	883.458±95.884
IG	470.412±146.124	398.610±133.940	943.189±86.895	987.201±112.544
$Det_{English}+N_{Chinese}$（=条件 d）				
AG	546.003±218.791	502.710±152.998	1077.024±198.376	982.033±124.189
IG	556.340±225.586	537.282±154.932	1055.222±113.941	1101.752±125.509

转换代价：两个语码转换条件（$Det_{Chinese}+N_{English}$ 和 $Det_{English}+N_{Chinese}$）和音节重叠两个水平的转换代价分别简写成 OC_1（音节重叠+条件"b-a"）、OC_2（音节重叠+条件"d-c"）、NC_1（音节不重叠+条件"b-a"）和 NC_2（音节不重叠+条件"d-c"）。其中，

"O"表示音节重叠,"N"表示音节不重叠;条件"b-a"表示"$Det_{Chinese}+N_{English}$(=条件 b)"的阅读时间减去"$Det_{Chinese}+N_{Chinese}$(=条件 a)",条件"d-c"表示"$Det_{English}+N_{Chinese}$(=条件 d)"的阅读时间减去"$Det_{English}+N_{English}$(=条件 c)"。进行 2(语言水平:中级 vs. 高级)× 2(音节重叠:重叠 vs. 不重叠)× 2(转换条件:条件"b-a" vs. 条件"d-c")混合方差分析,其中,语言水平为组间变量,音节重叠和转换条件为组内变量。首次注视时间和总注视时间的描述统计结果分别参见图 5-5 和图 5-6。

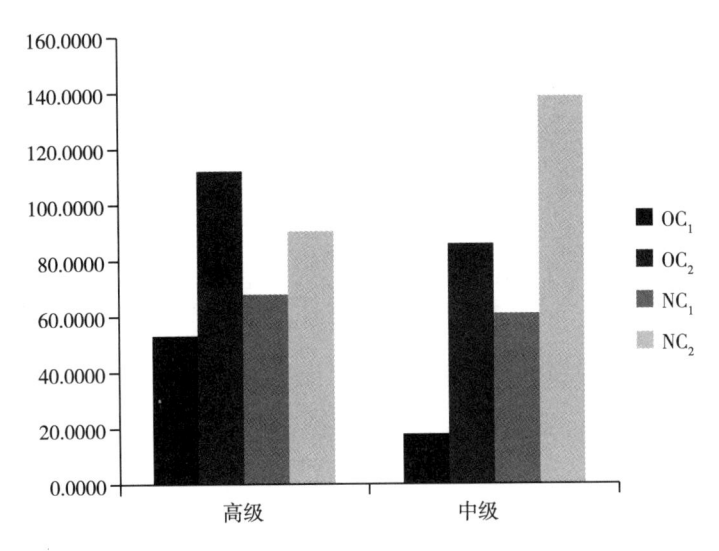

图 5-5 实验二限定词中两组受试音节重叠和转换
条件的首次注视时间描述统计

1) 首次注视时间:"转换条件"效应边缘显著,$F(1, 55) = 7.385$,$p=0.009$,$\eta_p^2 = 0.118$,说明两组受试阅读"条件'b-a'"($M \pm SD = 35.492 \pm 25.716$)显著快于"条件'd-c'"($M \pm SD = 114.719 \pm 28.336$),可见两组受试均倾向于接受语码转换"$Det_{Chinese}+N_{English}$"结构,而非"$Det_{English}+N_{Chinese}$"结构。"语言水平"主效应不显著,$F(1, 55) = 1.613$,$p = 0.209$,$\eta_p^2 = 0.028$;"音节重叠"主效应不显著,$F(1, 55) < 1$;"语言水平"和"转

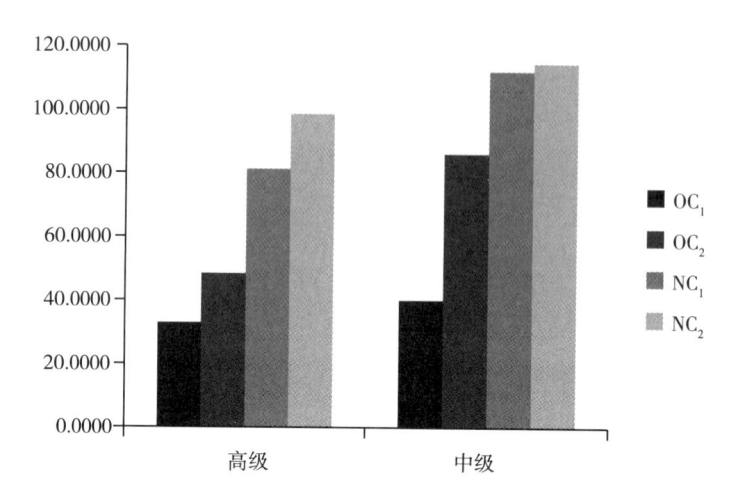

图 5-6 实验二限定词中两组受试音节重叠和转换条件的总注视时间描述统计

换条件"交互效应不显著，$F(1, 55) < 1$；"音节重叠"和"转换条件"交互效应不显著，$F(1, 55) < 1$；但三重交互效应亦不显著，$F(1, 55) < 1$。

2）总注视时间："转换条件"效应边缘显著，$F(1, 55) = 8.522$，$p = 0.005$，$\eta_p^2 = 0.134$，说明两组受试阅读"条件'b-a'"（$M \pm SD = 18.765 \pm 19.374$）显著快于"条件'd-c'"（$M \pm SD = 86.316 \pm 13.204$），可见两组受试均倾向于接受语码转换"$Det_{Chinese} + N_{English}$"结构，而非"$Det_{English} + N_{Chinese}$"结构。"语言水平"主效应不显著，$F(1, 55) < 1$；"音节重叠"主效应不显著，$F(1, 55) < 1$；"语言水平"和"转换条件"交互效应不显著，$F(1, 55) < 1$；"音节重叠"和"转换条件"交互效应不显著，$F(1, 55) < 1$；但三重交互效应亦不显著，$F(1, 55) < 1$。

对于限定词短语整体分析结果总结如下：

1）语言水平：两组受试在阅读语码转换条件的首次注视时间和总注视时间上并未发现显著的组间差异。

2）条件：两组受试倾向于接受"$Det_{Chinese} + N_{English}$"语码转换结构，而非"$Det_{English} + N_{Chinese}$"结构；两组受试对于音节重叠与音节不重叠表现并无差异，可能说明音节重叠与否并不是影响语码转换的原因。

3) 时间进程：两组受试在早期加工阶段和晚期加工阶段表现一致，体现了语码转换早期加工阶段一直延续到晚期加工阶段的连续统。

(三) 名词及转换代价结果

为了考察语码转换条件和语言水平的效应，拟进行 2（语言水平）× 2（音节重叠）× 4（条件）混合方差分析，描述统计结果参见表 5-7。其中，首次注视时间和总注视时间分析结果如下：

首次注视时间："语言水平"主效应不显著，$F(1, 55) < 1$，表明两组受试阅读时间上并未发现显著差异。"条件"主效应显著，$F(3, 165) = 8.342$，$p = 0.000$，$\eta_p^2 = 0.132$，说明四种条件上的阅读时间存在显著差异；对"条件"进行成对比较，结果显示条件 d 阅读时间显著长于条件 a（$M_d - M_a > 0$，$p = 0.001$）、条件 b（$M_d - M_b > 0$，$p = 0.004$）和条件 c（$M_d - M_c > 0$，$p = 0.000$）条件 b 与条件 a（$p = 0.173$）、条件 c（$p = 0.104$）均未发现显著差异。条件 c 均未发现显著差异（$p = 0.104$），这说明受试阅读中文限定词短语快于英语限定词短语。"音节重叠"主效应亦不显著，$F(1, 55) < 1$，说明音节重叠与音节不重叠并未产生显著的阅读时间差异。"语言水平"和"音节重叠"交互效应不显著，$F(1, 55) = 1.814$，$p = 0.184$，$\eta_p^2 = 0.032$。此外，"音节重叠"和"条件"交互效应不显著，$F(1, 55) < 1$；"语言水平"和"条件"交互效应不显著，$F(1, 165) = 1.240$，$p = 0.296$，$\eta_p^2 = 0.022$；此外，三重交互效应亦不显著，$F(1, 165) = 1.489$，$p = 0.220$，$\eta_p^2 = 0.026$。

总注视时间："语言水平"主效应不显著，$F(1, 55) < 1$，说明两组受试阅读时间上并未发现显著差异。"条件"主效应显著，$F(3, 165) = 9.227$，$p = 0.000$，$\eta_p^2 = 0.144$，说明四种条件上的阅读时间存在显著差异；对"条件"进行成对比较，结果显示条件 d 阅读时间显著长于条件 c（$M_d - M_c > 0$，$p = 0.000$）和条件 a（$M_d - M_a >$

0，$p=0.001$）；条件 b 与条件 a 无显著差异（$p=0.337$），这说明受试阅读中文限定词短语快于英语限定词短语。"音节重叠"主效应不显著，$F(1,55)<1$，说明音节重叠与音节不重叠并未产生显著的阅读时间差异。"语言水平"和"音节重叠"交互效应不显著，$F(1,55)=1.042$，$p=0.312$，$\eta_p^2=0.019$。此外，"音节重叠"和"条件"交互效应不显著，$F(3,165)<1$；"语言水平"和"条件"交互效应不显著，$F(1,165)<1$；此外，三重交互效应亦不显著，$F(1,165)<1$。

表5-7　实验二两组受试的名词首次注视时间和总注视时间结果

	首次注视时间		总注视时间	
	重叠	不重叠	重叠	不重叠
$Det_{Chinese}+N_{Chinese}$（=条件 a）				
AG	459.041±179.673	422.010±136.922	833.114±75.993	856.021±197.619
IG	429.442±137.030	439.168±192.150	841.676±102.126	857.112±145.799
$Det_{Chinese}+N_{English}$（=条件 b）				
AG	500.330±233.466	429.003±267.493	865.729±74.030	879.386±252.088
IG	472.829±241.662	489.467±331.368	847.679±62.598	870.190±186.819
$Det_{English}+N_{English}$（=条件 c）				
AG	420.848±116.345	492.596±232.671	831.229±82.113	768.704±130.987
IG	391.564±136.895	407.847±209.693	825.618±73.990	825.671±170.199
$Det_{English}+N_{Chinese}$（=条件 d）				
AG	507.284±219.917	542.484±199.442	921.788±142.888	856.507±120.464
IG	552.614±260.119	569.348±299.994	914.169±107.828	904.021±105.931

转换代价：两个语码转换条件（$Det_{Chinese}+N_{English}$ 和 $Det_{English}+N_{Chinese}$）和音节重叠两个水平的转换代价分别简写成 OC_1（音节重叠+条件"b-a"）、OC_2（音节重叠+条件"d-c"）、NC_1（音节不重叠+条件"b-a"）和 NC_2（音节不重叠+条件"d-c"）。其中，"O"表示音节重叠，"N"表示音节不重叠；条件"b-a"表示"$Det_{Chinese}+N_{English}$（=条件 b）"的阅读时间减去"$Det_{Chinese}+N_{Chinese}$

(=条件a)",条件"d-c"表示"$Det_{English}+N_{Chinese}$(=条件d)"的阅读时间减去"$Det_{English}+N_{English}$(=条件c)"。进行2(语言水平:中级 vs. 高级)×2(音节重叠:重叠 vs. 不重叠)×2(转换条件:条件"b-a" vs. 条件"d-c")混合方差分析,其中,语言水平为组间变量,音节重叠和转换条件为组内变量。首次注视时间和总注视时间的描述统计结果分别参见图5-7和图5-8。

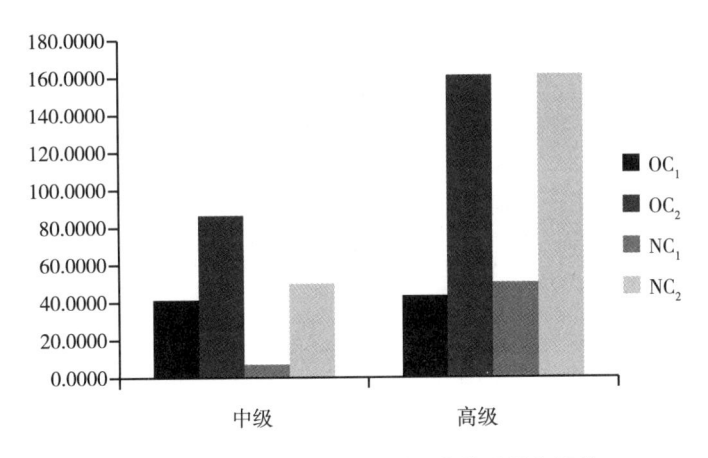

图5-7 实验二名词中两组受试音节重叠和转换条件的首次注视时间描述统计

1)首次注视时间:"转换条件"效应边缘显著,$F(1, 55) = 3.920$,$p=0.053$,$\eta_p^2=0.067$,说明两组受试阅读"条件'b-a'"($M \pm SD = 49.916 \pm 19.952$)显著快于"条件'd-c'"($M \pm SD = 106.786 \pm 24.422$),可见两组受试均倾向于接受语码转换"$Det_{Chinese}+N_{English}$"结构,而非"$Det_{English}+N_{Chinese}$"结构。"语言水平"主效应不显著,$F(1, 55) < 1$;"音节重叠"主效应不显著,$F(1, 55) = 2.455$,$p=0.123$,$\eta_p^2=0.043$;"语言水平"和"转换条件"交互效应不显著,$F(1, 55) < 1$;"音节重叠"和"转换条件"交互效应不显著,$F(1, 55) < 1$;但三重交互效应亦不显著,$F(1, 55) < 1$。

2)总注视时间:"转换条件"效应边缘显著,$F(1, 55) = $

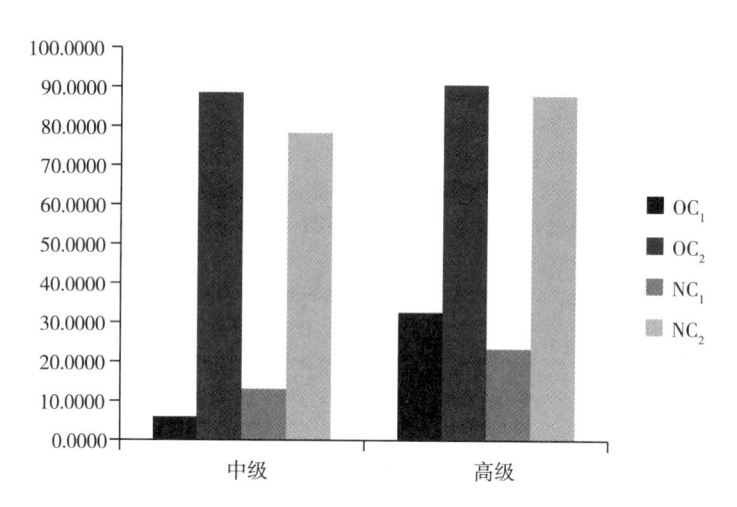

图 5-8 实验二名词中两组受试音节重叠和转换
条件的总注视时间描述统计

3.938，$p=0.052$，$\eta_p^2=0.067$，说明两组受试阅读"条件'b-a'"（$M \pm SD = 51.788 \pm 19.483$）显著快于"条件'd-c'"（$M \pm SD = 101.575 \pm 15.024$），可见两组受试均倾向于接受语码转换"$\text{Det}_{\text{Chinese}}+\text{N}_{\text{English}}$"结构，而非"$\text{Det}_{\text{English}}+\text{N}_{\text{Chinese}}$"结构。"语言水平"主效应不显著，$F(1,55)=1.316$，$p=0.256$，$\eta_p^2=0.023$；"音节重叠"主效应不显著，$F(1,55)<1$；"语言水平"和"转换条件"交互效应不显著，$F(1,55)<1$；"音节重叠"和"转换条件"交互效应不显著，$F(1,55)<1$；但三重交互效应亦不显著，$F(1,55)<1$。

对于限定词短语整体分析结果总结如下：

1）语言水平：两组受试在阅读语码转换条件的首次注视时间和总注视时间上并未发现显著的组间差异。

2）条件：两组受试倾向于接受"$\text{Det}_{\text{Chinese}}+\text{N}_{\text{English}}$"语码转换结构，而非"$\text{Det}_{\text{English}}+\text{N}_{\text{Chinese}}$"结构；两组受试对于音节重叠与音节不重叠表现并无差异，可能说明音节重叠与否并不是影响语码转换的原因。

3）时间进程：两组受试在早期加工阶段和晚期加工阶段表现一致，体现了语码转换早期加工阶段一直延续到晚期加工阶段的连续统。

第四节 讨论

本章主要探讨与语码转换句法加工有关的问题，为此实验招募两组不同英语水平受试参与限定词短语眼动阅读实验，通过考察音节重叠在语码转换中的作用，旨在确定语码转换语音层面的认知加工机制。研究发现如下：第一，两组受试倾向于接受"$Det_{Chinese}+N_{English}$"语码转换结构，而非"$Det_{English}+N_{Chinese}$"结构，这与"非制约观"的代表理论最简方案理论预期一致（MacSwan，2005a，b）。此外，研究还发现音节重叠与否并不影响语码转换代价，这与"制约观"的代表理论触发理论预期不一致（Clyne，2003）。第二，不论在限定词短语、限定词，还是名词上，两组受试在名词早期加工阶段和晚期加工阶段均表现一致，体现了语码转换早期加工阶段和晚期加工阶段的连续统。第三，除了高级水平受试在阅读限定词、名词和限定词短语较中级水平快以外，两组受试在阅读语码转换条件的主要眼动指标上并未发现显著的组间差异，可见本研究中语言水平调节作用有限（Cunnings et al.，2010）。下文将对上述发现展开详细讨论。

一 触发理论对阵最简方案

为了考察触发理论的预设，研究操纵了音节重叠因素：音节重叠（七个 vs. seven）和音节不重叠（八个 vs. eight）。在实验一的基础上，研究还操纵了四种条件："$Det_{Chinese}+N_{Chinese}$"（条件 a）、"$Det_{Chinese}+N_{English}$"（条件 b）、"$Det_{English}+N_{English}$"（条件 c）和"$Det_{English}+N_{Chinese}$"（条件 d）。其中，条件 a 和条件 c 分别是条件 b 和条件 d 的基线，进

一步探究最简方案的理论预期。

如前所述，作为"制约观"的代表性理论，触发理论认为，双语主要涉及声调、词汇、语义、句法及语境触发等（Clyne，2003；Kootstra et al.，2009：136-142）。为了形象地描述触发理论，甚至有人运用动态系统理论，将其比喻为"即将崩塌的沙丘"（de Bot et al.，2009：85）。即语码转换处于"一触即发"的自组织中心化状态（self-organized criticality）。围绕语码转换触发理论，学者们开始开展实证探索，不过所得的发现多因方法的不同而有所不同。例如，有些学者（如 Broersma，2000，2009；Broersma & de Bot，2006；Broersma et al.，2009；Clyne，2003）采用语料库，研究支持了触发理论；另有学者采用心理语言学研究方法，却得到不相一致的发现，如同盟脚本技术（Kootstra，2012）、图片命名技术（Broersma，2011）及自定步速阅读等（Bultena et al.，2014）。

鉴于此，本研究采用生态效度更好的眼动阅读任务，记录了限定词、名词和限定词短语三个主要兴趣区，结果发现，无论在早期加工阶段，还是晚期加工阶段，音节重叠均未对转换代价起到调节作用，说明两组受试均未能在语码转换中有效区分音节重叠和音节不重叠情况，这与多数心理语言学研究的发现一致（Broersma，2011；Bultena et al.，2014；Bultena et al.，2015；Kootstra，2012；van Hell et al.，in preparation）。例如，有学者招募两组不同水平的荷兰语—英语双语者，运用自定步速阅读任务考察其语码转换句子阅读表现（Bultena et al.，2014）。结果表明语码转换代价仅受语言水平影响，而同源词触发与否对转换代价并未产生显著影响，因而无法支持触发理论的预期。对于使用心理语言学方法未发现触发效应结果可能的解释是，触发词本身可能并不是触发或导致语码转换加工的基本机制（van Hell et al.，2015），因此，以触发理论为代表的"制约观"可能存在理论阐释力上的不足。

研究表明，两组受试倾向于接受"$Det_{Chinese}+N_{English}$"语码转换结构，而非"$Det_{English}+N_{Chinese}$"结构，这与最简方案理论预期一致，该理论认为,"除了受双语各自语法规则制约,语码转换不受任何第三语法制约"(MacSwan,1999:146;2000:43;2005a:5;2005b:277)。具体地,该理论强调,语码转换的语法性可由两个层级句法部件的合并操作予以解释,在拼出前,不可解特征必须在逻辑式中予以删除,否则推导失败(Chomsky,1995;MacSwan,2014a,b)。

本研究拟结合最简方案理论探讨受试倾向于接受"$Det_{Chinese}+N_{English}$"语码转换结构,而非"$Det_{English}+N_{Chinese}$"结构的诱因。具体地,根据既往研究(Cheng & Sybesma,1998,1999;Jing,2006),中英名词存在如下参数差异:中文名词均为不可数名词,且不因数和格而发生改变(Wang,2013:42);而英文具体名词则为可数名词(Cheng & Sybesma,1998,1999;Jing,2006)。其中,限定词短语的中心语(限定词)具有不可解的[uNum]特征,而该短语的补足语具有可解的[+Num]特征,根据最简方案理论预期,二者可以形成特征核查(Adger,2003),因此"$Det_{Chinese}+N_{English}$"语码转换结构拼出成功[句5(1a)];而中文名词不具有[+Num]特征,无法实现与限定词的不可解[uNum]形成特征核查,因此拼出失败[句5(1b)]。

5(1) a. 七个/八个[~~uNum~~] apples[+Num]. →条件 b
*b. Seven/eight[uNum] 苹果[-Num]. →条件 d

由此可见,本研究通过对中英语码转换语音层面的实验考察,发现与"非制约观"的代表性理论最简方案预期一致,却未得到"制约观"代表性理论触发理论的支持,说明语码转换中可能并不存在独立于双语语法以外的语码转换特异的"第三语法"(Lipsky,1985;Pfaff,1979;Sankoff & Poplack,1981),因而有力地支持了语码转换"非制约观"的理论价值。

二 语码转换的时间进程

先前研究较少关注语码转换加工的时间进程,可能由于先进研究工具的缺乏所致。例如，事件相关电位或眼动仪等。对于语码转换加工进程的考察，有助于揭示语码转换加工的内在认知过程（Jr.Clifton，2007），因而对于探明语码转换早期和晚期加工阶段的具体表现意义颇大。

就事件相关电位研究而言，近期有学者采用事件相关电位考察语码转换的时间进程，主要参考三个脑电指标：N2、N400 和 LPC。研究指出，"神经电生理方法对于语码转换的时间进程非常敏感"（Gullberg et al.，2009：26），有助于探明语码转换认知加工的内在过程。此外，还有学者借助事件相关电位技术考察句内语码转换加工的时间进程（Elston-Güttler et al.，2005；Moreno et al.，2002；Ng et al.，2014；Proverbio et al.，2004；Ruigendijk et al.，2015；Van der Meij et al.，2011）。

除了事件相关电位技术外，有些学者参考不同的眼动指标，用以表示语言加工不同阶段的时间进程（Frazier & Rayner，1982；Jr.Clifton et al.，2007：348；Rayner，1998；Rayner & Frazier，1987；Rayner et al.，2000）。基于此，本研究对眼动阅读材料划分了三个兴趣区：限定词、名词及限定词短语。结果显示，早期加工阶段和晚期加工阶段均出现了稳定的语码转换代价，说明语码转换句法因素可能是语码转换不同加工阶段互动的结果，反映了语码转换从早期加工阶段一直延续到晚期加工阶段的连续统。

三 语言水平

学者们对于语言水平在语码转换中的调节作用关注较早（Bullock & Toribio，2009；Gardner-Chloros，2009；Isurin et al.，2009），然而相关研究尚未形成定论。先前研究主要涉及语言水平对转换代价非对称性的影响（Bultena et al.，2014，2015；Costa & Santesteban，2004；Costa et al.，2006；Gullifer et al.，2013；Meuter & Allport，1999；van Hell et al.，2015），表明平衡双语者在双语中的转换代价呈对称性分布（Costa & Santesteban，2004；Costa et al.，2006；Meuter & Allport，

1999);还有研究考察语码转换代价的来源及与一般性认知任务的关联等(Green,1998)。

与之不同的是,本研究并非致力于考察语码转换代价的非对称性或来源问题,而是关注语言水平与语码转换句法因素的关系,进而为反哺句法学视角的二语习得理论:"失败的功能特征假设"(Aldwayan et al.,2009;Hawkins,2005;Ohba,2003;Tsimpli & Dimitrakopoulou,2007)及"全迁移全通达模型"(Foucart & Frenck-Mestre,2012)。其中,前者认为,二语习得者无法对一语中未示例的不可解特征进行参数重设(Tsimpli & Dimitrakopoulou,2007),故二语者无法习得完整的二语语法系统;后者却认为,"在二语习得最初阶段,二语者便能以一语为基础通达其语法特征的表征"(Foucart & Frenck-Mestre,2012:227),故二语者能够成功设置参数。

本研究的结果显示,两组受试均能够习得限定词的不可解[uNum]特征,且均顺利完成特征核查,表现为:两组受试均倾向于接受"$Det_{Chinese}+N_{English}$"语码转换结构,而非"$Det_{English}+N_{Chinese}$"结构。可见,本研究与其他学者的二语者可以习得不可解[uwh]特征(Aldwayan,2010;Ohba,2003)及语法属性[umasc]特征(Foucart & Frenck-Mestre,2012)的发现一致。甚至还有学者基于三项事件相关电位研究,考察二语习得中不可解特征习得与在线加工神经认知机制(Foucart & Frenck-Mestre,2012:244-245)。他们的研究发现,即使晚期习得第二语言的学习者,其仍可习得不可解的语法特征,为本研究提供了互相印证的神经语言学证据。

第五节 本章小结

作为实验一的拓展,本研究仍以中英语码转换限定词短语为案例,借助生态效度较高的眼动阅读任务,比较了触发理论和最简方案对于中英语码转换的理论预期,旨在考察语码转换语音层面的认知加工机制，进而为厘清语码转换"制约观"和"非制约观"之争提供实证支持。研究结论如下：

第一，两组受试对于音节重叠与音节不重叠表现并无差异，说明音节重叠在语码转换中并未发挥作用，故与"制约观"的代表理论触发理论预期不符（Clyne，2003）。此外，两组受试倾向于接受"$Det_{Chinese}+N_{English}$"语码转换结构，而非"$Det_{English}+N_{Chinese}$"结构，这与"非制约观"的代表理论最简方案理论预期一致（MacSwan，2005a，b），可见，本研究发现得到"非制约观"的支持。

第二，就时间进程而言，不论在限定词短语、限定词，还是名词上，两组受试在名词早期加工阶段和晚期加工阶段均表现一致，体现了语码转换早期加工阶段到晚期加工阶段的连续统。

第三，就语言水平对语码转换的调节作用而言，除了高级水平受试在阅读限定词、名词和限定词短语较中级水平快以外，两组受试在阅读语码转换条件的主要眼动指标上并未发现显著的组间差异，可见本研究中语言水平调节作用有限。此外，本研究还发现，不论是中级水平受试，还是高级水平受试，二者均习得了不可解的句法特征，这与句法学视角的二语习得"全迁移全通达假设"理论预期一致。可见本研究还可以反哺二语习得理论。

然而，研究尚存一定不足：第一，研究仅以限定词短语为研究单元，考察中英语码转换语音层面的认知加工机制。后续研究可将研究单元拓展到句子层面（见第六章），考察句内语码转换认知加工机制。第二，本研究并未发现语言水平的调节作用，可能由于两组受试英语水平均较高所致，未来可选取语言水平差异较大的两组受试，进一步考察语言水平在语码转换中的调节效应。第三，本研究的眼动实验本质上属于行为实验，可能难以揭示语码转换加工的神经认知基础。鉴于此，后续研究可借助神经语言学研究工具（事件相关电位、脑磁图和功能核磁共振），并辅以更为精密的研究设计，以期进一步探明语码转换的神经认知机制。

第 六 章

中英语码转换句子层面的认知机制研究

第一节 前言

前文考察了中英限定词短语语码转换，比较"制约观"和"非制约观"的理论阐释力。总体上，研究支持了最简方案理论为代表的"非制约观"，而非强调语码转换特异性规则（如功能中心语原则和触发理论）的"制约观"，从句法操作角度看，实验一和实验二均涉及合并操作。本章将考察语码转换中的移位句法操作，为句法学视角下的语码转换研究提供新的研究思路。从理论上看，为了实现句法诠释的需要，以及特征核查的驱使（Adger, 2003），句法移位主要包括如下两类：通过语音形式体现的强特征驱动的显性移位；无外显形式的内隐移位。需要注意的是，不同语言特征的强弱或因语言间参数差异而有所差异。不同语言词序区别与语言间特征强弱有关，例如，中英在 wh-疑问词特征上存在参数差异：中文为弱 wh-特征，或称为非 wh-移位语言（wh-in-situ）；而英文具有强 wh-特征，或称为 wh-移位语言，故英文出现可见的显性移位，而中文却滞留原位。因此，句法学视角的二语习得研究开始基于wh-移位习得情况，考察二语习得中的母语性特征习得（native-like attainment）争议问题（Aldwayan et al., 2010; Bolotin, 1996; Ebert,

2014; Hawkin & Chan, 1997; Hawkins & Hattori, 2006; Radford, 1997; Ohba, 2003)。

近期,学者们还依托 wh-疑问词,考察语码转换中的句法理论问题。例如,有学者采用接受任务,探究西班牙—英语语码转换中的 wh-疑问词句法属性,研究涉及两个问题:怎样的中心语或短语决定 wh-疑问词的最终词序?标句词中心语、时态中心语和 wh-短语是否影响语码转换?研究发现,语码转换受双语的 wh-疑问词强特征影响(Ebert, 2014:x)。不难看出,西班牙语和英语均具有相同的正字法系统,均具有明示的 wh-移位特征;而中英双语存在截然迥异的 wh-疑问词差别,故尚且不知中英语码转换是否受到双语的 wh-特征差异影响。鉴于此,本研究拟采用眼动阅读实验这一在线任务,可考察中英语码转换中的 wh-疑问词的作用。本章内容安排如下:首先,介绍相关背景,涉及英语 wh-疑问词、语码转换的最简方案视角及研究问题和假设;其次,介绍研究方法及研究结果;最后,结合研究发现,对中英语码转换中的 wh-疑问词展开讨论,并提出研究启示及未来展望。

一 中英 wh-疑问词

根据学者们的观点,英语的 wh-疑问词句法移位主要涉及中心语移位(head movement)及算子移位(operator movement)(Chomsky, 1995; Radford, 1997:267-282)。参见下例:

6(1) *What* can I help you?(我能帮助你什么?)
6(2) *What* is Ray's full name?(锐的全名叫什么?)
6(3) *Who* is Xiaowang?(小王是谁?)
6(4) *Which one* is Xiaowang?(谁是小王?)

不难看出,上述例句均含有占据标句词短语位置的斜体的 wh-疑问词。实际上,句 6(1)—6(4)中的 wh-疑问词均充当动词的补足语，可以记作下例：

6（1'） I can help you *what*?（我能帮助你什么？）
6（2'） Ray's full name is *what*?（锐的全名叫什么？）
6（3'） Xiaowang is *who*?（小王是谁？）
6（4'） Xiaowang is *which one*?（谁是小王？）

试比较句6（1）—6（4）与句6（1'）—6（4'）。以句6（4）为例，上述两种移位可以标记为如下树形图：

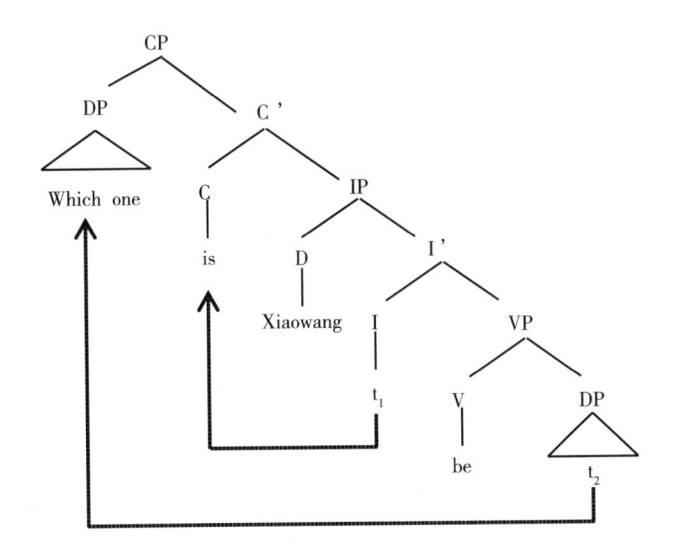

图 6-1 "Which one is Xiaowang" 推导过程示意图

在上图中，由于疑问词语素 Q 作用，"is"离开原位，留下语迹 t_1，故"I"移动到"C"的过程称为中心语移位；wh-疑问词为了核查标句词短语的强［uwh］特征，离开原位，留下语迹 t_2，称为算子移位。

试比较上述6（1）—6（4）的中文对等句。其中，wh-疑问词以斜体标识：

6（5） 我能帮助你*什么*？
6（6） 锐的全名叫*什么*？
6（7） 小王是*谁*？
6（8） *谁*是小王？

有趣的是，句6（7）和6（8）均语法上可以接受，含义却不同，区别在于信息焦点（focus）和话题（topic）。其中，句6（7）中的"小王"为焦点，充当新信息。当会话者询问"小王是谁？"其预设：会话者知道有个小王，并且想知道叫小王的这个人是谁。句6（8）中的"小王"仅充当话题角色，为旧信息，当询问"谁是小王？"，会话者预设：在一群人中无法立即识别一个叫作小王的人（方梅，1995：279）。可见，与英文wh-移位不同的是，中文wh-位置的移动与句法信息无关，其语义信息却发生改变。

二 语码转换的最简方案视角

按照麦克斯万（MacSwan，1999；2000；2005a，b，c；2009；2014a，b；2016）的论述，最简方案视角下的语码转换理论认为，除了受双语各自语法规则制约，语码转换不受任何第三语法制约。因此，语码转换的最简方案视角坚持词库论，即双语词库的参数差异仅受词库的异质性特征（idiosyncratic features）影响。

具体地，在最简方案框架下，选取（Select）操作从词库中提取词项，并将其引入此项列表（Lexical Array）中。在句法推导过程中，通过合并和移位（内部合并）操作对词项中的特征关系进行核查，并生成短语结构树。常见的受特征核查影响导致的移位方式有二：一是中心语移位并与另一个中心语毗邻；二是通过核查格和φ特征，最大投射移位到中心语标志语位置（MacSwan，2014a：19）。

为了说明最简方案对于语码转换的理论优势，麦克斯万（MacSwan，2014a：19-24）列举了几种语码转换实际运用的样例：限定词短语语码转换非对称（Quintanilla，2014）、主语动词词序（Mac-

Swan & Colina，2014）、限定词短语—内部词序（Cantone & MacSwan，2009）及代词和名词主语（Van Gelderen & MacSwan，2008）。目前为止，尚不清楚最简方案理论是否能够解释中英语码转换中的 wh-疑问词移位现象。

三　当前研究

本研究拟采用眼动阅读任务，考察中英句内语码转换的 wh-移位："谁的" vs. "whose"。一般而言，英语 wh-疑问词需要前置到标句词中心语位置方可实现特征核查，中文 wh-疑问词却无须前置。例如，下例语法上可以接受，含义却不同，区别在于信息焦点和话题。

6（9）　*谁*是小明的姐姐？

6（10）　小明的姐姐是*谁*？

其中，"谁"在句 6（9）和 6（10）均可以接受，然而，两句的焦点和话题却迥然不同：句 6（9）的信息焦点为"谁"，这句预设：会话者迫切想知道，在一群人中，哪一个才是小明的姐姐；句 6（10）的焦点为"小明"，这句则预设：会话者想知道，小明（不是小王或小红）的姐姐是谁（Li & Thompson，1976；刘丹青，2016；石毓智，2001）。为了控制信息焦点的干扰效应，本研究拟提供语境句，以限定 wh-疑问词的指称信息，具体如表 6-1 所示：

表 6-1　　　　　实验三一组实验材料示例

条件	样例	说明
a	王佳佳的女儿非常能干，最近被提为张总裁的秘书。 李女士问*谁的*女儿是张总裁的秘书？	语境句 目标句
b	王佳佳的女儿非常能干，最近被提为张总裁的秘书。 李女士问 *whose* 女儿是张总裁的秘书？	语境句 目标句
c	王佳佳的女儿非常能干，最近被提为张总裁的秘书。 李女士问张总裁的秘书是*谁的*女儿？	语境句 目标句

续表

条件	样例	说明
d	王佳佳的女儿非常能干,最近被提为张总裁的秘书。 李女士问张总裁的秘书是 whose 女儿?	语境句 目标句

实验三的材料编制基于如下考虑：第一，为了避免心理语言学上的"打包效应"和"溢出效应"，研究拟采用"谁的"和"whose"代替"谁"和"who"（Heredia et al., 2016；Li et al., 2017）。其中，"打包效应"是指，句尾词比句中词阅读速度慢的效应（Li et al., 2017）；而"溢出效应"指的是，前面刺激的特征和属性对后面刺激的影响（Heredia et al., 2016：5；Shvartsman et al., 2014）。在本实验中，目标词位置（whose vs. 谁的）及目标词后位置（女儿）均作为分析单元。第二，额外增加语境句，以限定 wh-疑问词的指称信息，进而消除新旧信息的干扰。具体地，如句6（11）和6（12）所示：

6（11）a. 王佳佳的女儿非常能干，最近被提为张总裁的秘书。（语境句）

b. 李女士问 *谁的* 女儿是张总裁的秘书？（目标句）

6（12）a. 王佳佳的女儿非常能干，最近被提为张总裁的秘书。（语境句）

b. 李女士问张总裁的秘书是 *谁的* 女儿？（目标句）

不难看出，6（11b）和6（12b）的"谁的"均一致地指向语境句中的"王佳佳的女儿"，故新旧信息对6（11b）和6（12b）中 wh-疑问词"谁的"解读应该不产生干扰。第三，本研究中语料均以中文方式呈现，仅将"谁的"替换为"whose"视为 wh-疑问词语码转换，并且将无语码转换的中文句作为基线。因既往的 wh-疑问词研究（Chomsky, 1995；Radford, 1997：267-282）表明，"whose"可以揭示算子移位效应。

(一) 研究问题

基于上述分析，拟提出以下三个研究问题（Q1—Q3）：

Q1：是否存在可观测的语码转换代价？如果存在，不同语码转换条件下的具体表现是怎样的？

Q2：语码转换的时间进程有怎样的表现？早期加工阶段与晚期加工阶段表现有何异同？

Q3：语言水平对不同语码转换条件的转换代价是否具有调节作用？

(二) 研究假设

在上述研究问题基础上，拟提出如下三个研究假设（H1—H3）：

H1：根据最简方案的预期，wh-疑问词在中英语码转换中发挥重要作用，体现在非前置语码转换阅读时间的增加上。

H2：就语码转换加工时间进程而言，早期加工阶段和晚期加工阶段应存在差异，故这两个阶段的语码转换效应应存在显著差异。

H3：就语言水平调节作用而言，中级和高级水平在眼动阅读任务中应存在显著差异。

第二节　研究方法

一　受试

鉴于实验二与实验三所用实验材料完全不同，故实验二中的受试在完成实验二的第一阶段实验后，又受邀参加本研究的实验，故本实验与实验二为同一批受试。具体地，根据预实验的牛津快速测试结果，遴选了两组受试。其中，高级水平组（简称"高级"）有28人（年龄均值：22.786 ± 1.424），中级水平组（简称"中级"）有29人（年龄均值：22.793 ± 2.059），所有受试均来自江苏省重点院校。高级水平组为英语专业一年级硕士生，而中级水平组为非英语专业一年级硕士生。统计结果表明，两组年龄不存在显著差异（$ps>0.05$）。所有受试均为右利手，且视力（或矫正）正常。所有受试均自愿参与并签署知情书（附录四），实验结束后将获得15元人民币补偿。

实验完毕后，受试还需要填写语码转换相关的量表，主要包括：习得年龄、英语水平自测、牛津快速测试、语言使用频度、语码转换频度及语码转换态度等（参见附录五）。其中，英语水平自测、语言使用频度、语码转换频度及语码转换态度为李克特七级量表，牛津快速测试为测试题，满分100分。上述量表描述统计结果如表6-2所示：

表6-2　　　　　　　　　实验三受试信息

项目		高级		中级	
		M	SD	M	SD
习得年龄		9.640	1.471	10.240	2.081
英语水平自测	听	5.110	0.629	4.310	0.967
	说	5.110	0.832	3.690	1.105
	读	5.320	0.723	4.590	0.733
	写	4.680	0.983	3.480	0.829
牛津快速测试		81.929	3.943	70.621	8.265
语言使用频度	英语	3.430	1.289	3.410	1.593
	中文	6.570	0.634	6.860	0.441
语码转换频度	中转英	3.210	0.917	3.000	1.069
	英转中	3.890	0.994	2.970	1.267
	总体	3.360	0.911	4.070	1.791
语码转换态度	日常使用	3.110	0.916	2.900	1.263
	课堂使用	5.640	1.569	5.930	1.438
	中转英	5.000	1.217	5.030	1.401
	英转中	4.570	1.854	4.930	1.462
	总体	5.360	1.339	5.550	1.121

拟对语言学习历程问卷、语言水平测试及语码转换态度问卷结果汇报如下：

语言学习历程问卷：该问卷包括习得年龄、语言使用频度、语码转换频度及语码转换态度等内容。统计结果显示，两组受试学习外语年龄较晚（平均九岁以后），且习得年龄无显著差异，$t(55) = -1.250$, $p = 0.217$。就语言使用频度而言，中文显著高于英文（$t_1 = -11.210$, $p_1 = 0.000$；$t_2 = -11.487$, $p_2 = 0.000$）；此外，两组受试在英语 [$t(55) = 0.038$, $p = 0.969$] 和中文 [$t(55) = -2.002$, $p = 0.051$] 使用上亦不存在显著差异，可见本研究所招募的受试为非平衡双语者。就语码转换频度而言，两组受试均较少使用，$t_{(27,高级)} = -3.732$, $p = 0.000$；$t_{(28,中级)} = -5.037$, $p = 0.000$。就语码转换方向而言，两组受试倾向于中文转换到英文，$t_{(27,高级)} = -4.533$, $p = 0.000$；$t_{(28,中级)} = -4.396$, $p = 0.000$，而非英文转换到中文，$t_{(27,高级)} = -0.570$, $p = 0.573$；$t_{(28,中级)} = 0.207$, $p = 0.837$，说明两组受试在中文语境中很少进行语码转换；如果进行转换，他们倾向于从中文转换到英文。

语言水平测试：有学者建议，语言水平测试应囊括主观测试（语言水平自测）和客观测试（语言水平测试题）（Heredia et al., 2016）。鉴于此，本研究采用英语水平自测与牛津快速测试相结合的方式，来测试受试的语言水平（Roohani & Asiabani, 2015；Tsang, 2016）。研究结果显示，高级水平组自测水平显著高于中级组 [$t(55) = 3.672$, $p_听 = 0.001$；$t(55) = 5.456$, $p_说 = 0.000$；$t(55) = 3.812$, $p_读 = 0.002$ 和 $t(55) = 4.971$, $p_写 = 0.000$]，这个结果得到牛津快速测试的验证 [$t(55) = 6.554$, $p = 0.000$]。故两组受试在主观和客观语言水平测试中存在显著差异。

语码转换态度问卷：鉴于"双语者语码转换态度对研究数据质量产生重要影响"（MacSwan & McAlister, 2010：529），本研究拟囊括语码转换态度。结果显示，总体上，两组受试对于课堂中的语码转换态度表现积极（$M_1 = 5.640$, $SD_1 = 1.569$；$M_2 = 5.930$, $SD_2 = 1.438$）。此外，受试对于总体语码转换使用亦反应积极（$M_1 =$

5.360，SD_1 = 1.339；M_2 = 5.550，SD_2 = 1.121）。据此，本研究的受试为非平衡双语者，其语码转换态度表现积极，但限于有限的语码转换使用场景，其使用频度不高，主要囿于课堂情景。

二 研究材料与设计

如前所述，通过增加额外的语境句，可以消除新旧信息的干扰，故本研究旨在确定语码转换中的［+wh］特征的作用。此外，需要指出的是，中文和英语在wh-疑问词方面存在参数差异：英语wh-疑问词需要前置到标句词中心语位置与句法上强的不可解［uwh］特征形成核查，而中文则无须前置（Yuan，2012，2015）。如表6-3所示，"条件b"和"条件d"为语码转换句，对应的基线为"条件a"和"条件c"。其中，目标词以斜体标识。

实验材料（附录三）为60组（每组四句）实验刺激及80个填充句（为动词结构，如：猜、想、说、请）与"问"形成参照。在实验材料呈现方面，将实验材料进行拉丁方随机化处理，形成4个实验序列（条件），每个序列包括15个实验句。此外，将随机化后的实验材料以区组设计方式继续重组，形成最终的实验刺激。因此，受试需要阅读四个序列中的一个版本（计：4×15=60句），加上80个填充句，共计需要阅读140句。本研究采用2（语言水平：中级vs.高级）×4（条件：a、b、c、d）混合方差设计。其中，语言水平为组间变量，条件为组内变量。

表6-3　　　　　　　　　　实验三研究设计

条件	例句
a	王佳佳的女儿非常能干，最近被提为张总裁的秘书。 李女士问 *谁的* 女儿是张总裁的秘书？
b	王佳佳的女儿非常能干，最近被提为张总裁的秘书。 李女士问 *whose* 女儿是张总裁的秘书？
c	王佳佳的女儿非常能干，最近被提为张总裁的秘书。 李女士问张总裁的秘书是 *谁的* 女儿？
d	王佳佳的女儿非常能干，最近被提为张总裁的秘书。 李女士问张总裁的秘书是 *whose* 女儿？

诚如前人所言，wh-移位所造成的词汇位置的变化可能会造成潜在的累积效应（Slavkov，2015：206），如："李女士问谁的"（条件a）vs."是谁的女儿"（条件c），本研究将位置变化和wh-移位统称为"前置（fronted）"（条件a）和"非前置"（条件c）。如表6-3所示，四个实验条件为：前置—无转换（条件a）、前置—转换（条件b）、非前置—无转换（条件c）和非前置—转换（条件d）。此外，实验材料呈现顺序也因受试作对冲平衡。

三 研究过程

本研究采用眼动阅读任务。在实验过程中，受试要求端坐在距离20寸显示器（分辨率为1280×1024）60厘米远的座位上，其眼动信息通过位于显示器底部的头托式Eyelink 2000眼动仪（SR Research Ltd., Mississauga, Ontario, Canada）记录，采样率为1000赫兹。实验首先需要对受试进行眼动校准，待校准完毕后，受试将进行5个试次的练习，旨在帮助其熟悉实验操作环境。然后呈现注视点"+"及目标词短语。目标词短语为14号新罗马字体。实验中，受试以自定步速形式按键确定实验材料的阅读速度。在某些填充材料后，受试还需通过按键（F和J键，分别对应A和B选项。这种对应关系并作相应平衡）形式回答读后问题（问题与填充材料比例为1:4，参见Heredia et al., 2016），旨在确保其专注于实验的整个过程。

四 数据分析

如表6-4所示，研究选取两个兴趣区用于后续数据分析：目标词位置（谁的 vs. whose）及目标词后位置（女儿 vs. 女儿），主要涉及的眼动指标有：首次注视时间、凝视时间、回视时间和总注视时间。

表 6-4　实验三目标词及目标词后区域的兴趣区划分说明

条件	例句	说明
a	王佳佳的女儿非常能干，最近被提为张总裁的秘书。 李女士问 谁的女儿 是张总裁的秘书？	语境句 目标句
b	王佳佳的女儿非常能干，最近被提为张总裁的秘书。 李女士问 whose 女儿 是张总裁的秘书？	语境句 目标句
c	王佳佳的女儿非常能干，最近被提为张总裁的秘书。 李女士问张总裁的秘书是 谁的女儿 ？	语境句 目标句
d	王佳佳的女儿非常能干，最近被提为张总裁的秘书。 李女士问张总裁的秘书是 whose 女儿 ？	语境句 目标句

第三节　结果

高级水平组受试的正确率为 93.410%，中级水平组受试的正确率为 91.479%，这说明两组受试在实验过程中积极配合。将导出的目标词和目标词后数据进行预处理，目标词损失 7.035% 数据量，目标词后损失 11.705% 数据量。眼动指标在 3 个标准差以外的数据视为奇异值，并予以剔除（Felser & Cunnings，2012；Li et al.，2017）。

每个兴趣区的眼动阅读数据进行 2（语言水平）×4（条件）混合方差分析。其中，语言水平为组间变量，条件为组内变量。结果如下：

一　目标词及转换代价结果

为了考察语码转换条件和语言水平的效应，拟进行 2（语言水平）×4（条件）混合方差分析，描述统计结果参见表 6-5。其中，首次注视时间、凝视时间、回视时间和总注视时间分析结果如下：

首次注视时间："语言水平"主效应显著，$F_1(1, 55) = 71.912$，$p = 0.000$，$\eta_p^2 = 0.567$；$F_2(1, 2976) = 226.812$，$p = 0.000$，$\eta_p^2 =$

0.071，表明高级水平受试（$M=207.438$，$SE=4.029$）的阅读时间显著快于中级水平受试（$M=255.336$，$SE=3.959$）。"条件"主效应显著，$F_1(3, 165)=108.731$，$p=0.000$，$\eta_p^2=0.664$；$F_2(3, 2976)=224.372$，$p=0.000$，$\eta_p^2=0.184$，多重比较结果显示，"条件 d"阅读时间显著大于"条件 a"（$M_d-M_a=93.403$，$p=0.000$）、"条件 b"（$M_d-M_b=93.568$，$p=0.000$）和"条件 c"（$M_d-M_c=93.728$，$p=0.000$）；"条件 a"与"条件 c"不存在显著差异（$M_a-M_c=0.165$，$p=0.971$），表明"非前置—转换"（条件 d）阅读时间最长，"前置—转换"（条件 b）次之，而"前置—无转换"（条件 a）与"非前置—无转换"（条件 c）之间无显著差异。"条件"和"语言水平"交互效应显著，$F_1(3, 165)=46.320$，$p=0.000$，$\eta_p^2=0.457$；$F_2(3, 2976)=102.287$，$p=0.000$，$\eta_p^2=0.093$，表明不同水平受试在四个条件下的阅读时间存在差异。简单效应分析表明，不论是高级水平受试，$F(3, 2976)=10.85$，$p=0.000$；还是中级水平受试，$F(3, 2976)=303.92$，$p=0.000$，在"条件"上均存在显著差异。

凝视时间："语言水平"主效应显著，$F_1(1, 55)=6.715$，$p=0.012$，$\eta_p^2=0.109$；$F_2(1, 2976)=16.476$，$p=0.000$，$\eta_p^2=0.006$，表明高级水平受试（$M=352.163$，$SE=11.922$）的阅读时间显著快于中级水平受试（$M=395.475$，$SE=11.714$）。"条件"主效应显著，$F_1(3, 165)=109.229$，$p=0.000$，$\eta_p^2=0.665$；$F_2(3, 2976)=264.533$，$p=0.000$，$\eta_p^2=0.211$，多重比较结果显示，"条件 d"阅读时间显著大于"条件 a"（$M_d-M_a=315.355$，$p=0.000$）、"条件 b"（$M_d-M_b=186.421$，$p=0.000$）和"条件 c"（$M_d-M_c=314.834$，$p=0.000$）；"条件 b"显著大于"条件 a"（$M_b-M_a=128.935$，$p=0.000$）；"条件 a"与"条件 c"不存在显著差异（$M_a-M_c=-0.522$，$p=0.954$），表明"非前置—转换"（条件 d）阅读时间最长，"前置—转换"（条件 b）次之，而"前置—无转换"（条件 a）与"非前置—无转换"（条件 c）之间无显著差异。

此外,"条件"和"语言水平"交互效应不显著,F_1(3,165)< 1;F_2(3,2976)< 1。

回视时间:"语言水平"主效应显著,F_1(1,55)= 4.613,p = 0.036,η_p^2 = 0.077;F_2(1,2976)= 7.918,p = 0.005,η_p^2 = 0.003,表明高级水平受试(M = 539.125,SE = 11.838)的阅读时间显著快于中级水平受试(M = 584.991,SE = 11.205)。"条件"主效应显著,F_1(3,165)= 42.534,p = 0.000,η_p^2 = 0.436;F_2(3,2976)= 104.945,p = 0.000,η_p^2 = 0.096,多重比较结果显示,"条件 d"阅读时间显著大于"条件 a"($M_d - M_a$ = 342.516,p = 0.000)、"条件 b"($M_d - M_b$ = 119.611,p = 0.000)和"条件 c"($M_d - M_c$ = 329.759,p = 0.000);"条件 b"显著大于"条件 a"($M_b - M_a$ = 222.905,p = 0.000);"条件 a"与"条件 c"不存在显著差异($M_a - M_c$ = -12.756,p = 0.605),表明"非前置—转换"(条件 d)阅读时间最长,"前置—转换"(条件 b)次之,而"前置—无转换"(条件 a)与"非前置—无转换"(条件 c)之间无显著差异。此外,"条件"和"语言水平"交互效应不显著,F_1(3,165)<1;F_2(3,2976)< 1。

总注视时间:"语言水平"主效应不显著,F_1(1,55)< 1;F_2(1,2976)< 1,高级水平受试(M = 1021.040,SE = 12.48)的阅读时间略短于中级水平受试(M = 1028.686,SE = 11.815)。"条件"主效应显著,F_1(3,165)= 12.701,p = 0.000,η_p^2 = 0.188;F_2(3,2976)= 26.536,p = 0.000,η_p^2 = 0.026,多重比较结果显示,"条件 d"阅读时间显著大于"条件 a"($M_d - M_a$ = 183.990,p = 0.000)、"条件 b"($M_d - M_b$ = 144.410,p = 0.000)和"条件 c"($M_d - M_c$ = 185.536,p = 0.000);"条件 a"与"条件 c"不存在显著差异($M_a - M_c$ = 1.546,p = 0.951),表明"非前置—转换"(条件 d)阅读时间最长,"前置—转换"(条件 b)次之,而"前置—无转换"(条件 a)与"非前置—无转换"(条件 c)之间无显著差异。此外,"条件"和

"语言水平"交互效应不显著，F_1 (3, 165) < 1；F_2 (3, 2976) < 1。

表 6-5　　实验三两组受试的目标词首次注视时间、
凝视时间、回视时间和总注视时间结果

		首次注视时间	凝视时间	回视时间	总注视时间
条件 a					
	AG	190.870±61.636	228.990±163.743	376.970±318.133	983.660±421.672
	IG	224.370±69.417	281.490±155.500	458.060±386.101	955.110±454.296
条件 b					
	AG	203.860±73.069	364.470±247.825	604.560±445.405	991.130±464.487
	IG	211.040±78.911	425.790±264.501	676.280±612.764	1026.790±502.597
条件 c					
	AG	202.450±76.262	253.280±171.289	427.460±394.514	956.280±477.534
	IG	212.140±79.495	266.820±179.356	433.080±474.685	979.390±461.557
条件 d					
	AG	230.750±106.206	568.790±294.228	747.510±441.967	1153.300±503.279
	IG	371.300±122.393	595.440±431.972	772.550±378.202	1153.450±446.343
目标词转换代价					
AG	b-a	11.465±26.346	119.464±145.423	216.813±235.671	10.538±220.013
	d-c	32.153±57.154	314.708±155.972	304.578±304.911	185.230±315.042
t (27)		1.629	6.603**	1.872†	3.684**
IG	b-a	-13.816±29.744	138.406±134.998	202.210±245.963	61.855±155.000
	d-c	156.108±57.621	314.960±221.096	310.526±314.793	136.306±290.721
t (28)		12.080**	5.215**	2.327*	1.442

注：†$p<0.1$，*$p<0.05$，**$p<0.01$。

转换代价：语码转换代价由转换与无转换条件相减求得，故转换条件有二：条件"b-a"和条件"d-c"。为了确定转换条件间是否存在显著差异，分别对中级水平和高级水平两组条件进行独立样本 t 检验。首次注视时间、凝视时间、回视时间和总注视时间的描述统计结果见表 6-5。

1) 首次注视时间：在高级水平受试中，未发现两个转换条件之间存在显著差异，$ps>0.05$；在中级水平受试中，条件"d-c"转换代价显著大于条件"b-a", $t(28) = 12.080$, $p = 0.000$, 表明中级水平受试倾向于接受"前置—转换"条件, 而非"无前置—转换"条件, $p = 0.000$。

2) 凝视时间: 两组受试均倾向于接受"前置—转换"条件, 而非"无前置—转换"条件。其中, 中级水平在两个转换条件存在显著差异, $t(27) = 6.603$, $p = 0.000$; 高级水平亦然, $t(28) = 5.215$, $p = 0.000$。

3) 回视时间: 两组受试均倾向于接受"前置—转换"条件, 而非"无前置—转换"条件。其中, 中级水平在两个转换条件存在显著差异, $t(27) = 1.872$, $p = 0.072$; 高级水平亦然, $t(28) = 2.327$, $p = 0.027$。

4) 总注视时间: 高级水平受试均倾向于接受"前置—转换"条件, 而非"无前置—转换"条件, $t(27) = 3.684$, $p = 0.001$; 中级水平受试却未发现显著的转换条件组间差异, $t(28) = 1.442$, $p = 0.160$。

对于目标词及转换代价结果总结如下:

1) 语言水平: 两组受试在语码转换表现一致, 研究仅发现高级水平受试的阅读时间显著快于中级水平受试。

2) 条件: "无前置—转换"条件阅读时间最长; 两组受试倾向于接受"前置—转换"条件, 而非"无前置—转换"条件。

3) 时间进程: 总体上, 两组受试在早期加工阶段和晚期加工阶段表现一致, 体现了语码转换早期加工阶段一直延续到晚期加工阶段的连续统。

二 目标词后及转换代价结果

参照前人有关将目标词后刺激纳入统计分析的建议 (Felser & Cunnings, 2012; Hara, 2010; Wang, 2015), 本研究亦将目标词后刺激纳入数据分析。为了考察语码转换条件和语言水平的效应, 拟进行 2 (语言水平) × 4 (条件) 混合方差分析, 描述统计结果参见表 6-6。其中, 首次注视时间、凝视时间、回视时间和总注视时间分析结果如下：

首次注视时间："语言水平"主效应显著，F_1（1，55）< 1；F_2（1,2976）< 1，说明语言水平调节效应有限。"条件"主效应显著，F_1（3，165）= 243.412，$p=0.000$，$\eta_p^2=0.816$；F_2（3，2976）= 359.525，$p=0.000$，$\eta_p^2=0.281$，说明四个条件存在显著差异。多重比较结果显示，"条件 d"阅读时间显著大于"条件 a"（$M_d - M_a =$ 142.604，$p=0.000$）、"条件 b"（$M_d - M_b = 138.144$，$p=0.000$）和"条件 c"（$M_d - M_c = 145.090$，$p=0.000$）；"条件 a"与"条件 c"不存在显著差异（$M_a - M_c = 2.486$，$p=0.685$），表明"非前置—转换"（条件 d）阅读时间最长，"前置—转换"（条件 b）次之，而"前置—无转换"（条件 a）与"非前置—无转换"（条件 c）之间无显著差异。"条件"和"语言水平"交互效应显著，F_1（3，165）= 5.297，$p = 0.001$，$\eta_p^2 = 0.006$；F_2（3，2976）= 5.048，$p = 0.002$，$\eta_p^2 = 0.005$，表明不同水平受试在四个条件下的阅读时间存在差异。简单效应分析表明，不论是高级水平受试，F（3，2759）= 201.000，$p=0.000$；还是中级水平受试，F（3，2759）= 160.850，$p=0.000$，在"条件"上均存在显著差异。

凝视时间："语言水平"主效应不显著，F_1（1，55）< 1；F_2（1，2976）< 1，说明语言水平调节效应有限。"条件"主效应显著，F_1（3，165）= 120.144，$p = 0.000$，$\eta_p^2 = 0.686$；F_2（3，2976）= 221.205，$p=0.000$，$\eta_p^2 = 0.194$，多重比较结果显示，"条件 d"阅读时间显著大于"条件 a"（$M_d - M_a = 217.119$，$p = 0.000$）、"条件 b"（$M_d - M_b = 189.996$，$p=0.000$）和"条件 c"（$M_d - M_c = 208.241$，$p=0.000$）；"条件 a"与"条件 c"不存在显著差异（$M_a - M_c = 2.406$，$p = 0.643$），表明"非前置—转换"（条件 d）阅读时间最长，"前置—转换"（条件 b）次之，而"前置—无转换"（条件 a）与"非前置—无转换"（条件 c）之间无显著差异。此外，"条件"和"语言水平"交互效应显著，F_1（3，165）=

4.151，$p=0.011$，$\eta_p^2=0.070$；$F_2(3, 2976)=8.106$，$p=0.000$，$\eta_p^2=0.009$，进一步的简单效应分析结果显示，不论在中级水平受试，$F(3, 2759)=126.110$，$p=0.000$；还是高级水平受试，$F(3, 2759)=103.800$，$p=0.000$，在"条件"上均存在显著差异。

回视时间："语言水平"主效应显著，$F_1(1, 55)=12.904$，$p=0.001$，$\eta_p^2=0.190$；$F_2(1, 2976)=51.899$，$p=0.000$，$\eta_p^2=0.018$，表明高级水平受试（$M=538.863$，$SE=9.878$）的阅读时间显著快于中级水平受试（$M=636.858$，$SE=9.352$）。"条件"主效应显著，$F_1(3, 165)=27.942$，$p=0.000$，$\eta_p^2=0.337$；$F_2(3, 2976)=49.651$，$p=0.000$，$\eta_p^2=0.051$，多重比较结果显示，"条件d"阅读时间显著大于"条件a"（$M_d-M_a=210.549$，$p=0.000$）、"条件b"（$M_d-M_b=125.221$，$p=0.000$）和"条件c"（$M_d-M_c=196.420$，$p=0.000$）；"条件b"显著大于"条件a"（$M_b-M_a=222.905$，$p=0.000$）；"条件b"显著大于"条件c"（$M_b-M_c=71.199$，$p=0.000$），而"条件a"与"条件c"无显著差异（$p=0.462$），表明"非前置—转换"（条件d）阅读时间最长，"前置—转换"（条件b）次之，而"前置—无转换"（条件a）与"非前置—无转换"（条件c）之间无显著差异。此外，"条件"和"语言水平"交互效应显著，$F_1(3, 165)=5.684$，$p=0.0012$，$\eta_p^2=0.094$；$F_2(3, 2976)=10.454$，$p=0.000$，$\eta_p^2=0.011$，进一步的简单效应分析结果显示，不论是中级水平受试，$F(3, 2759)=35.770$，$p=0.000$；还是高级水平受试，$F(3, 2759)=21.700$，$p=0.000$，在"条件"上均存在显著差异。

总注视时间："语言水平"主效应显著，$F_2(1, 2976)=11.110$，$p=0.001$，$\eta_p^2=0.004$，高级水平受试（$M=998.493$，$SE=10.946$）的阅读时间略短于中级水平受试（$M=1048.734$，$SE=10.362$）。"条件"主效应显著，$F_1(3, 165)=16.145$，$p=0.000$，$\eta_p^2=0.227$；$F_2(3, 2976)=12.600$，$p=0.000$，$\eta_p^2=0.014$，多重比较结果显示，"条件d"阅读时间显著大于"条件a"（$M_d-M_a=$

117.077，$p=0.000$)、"条件 b"（$M_d - M_b = 91.231$，$p=0.000$）和"条件 c"（$M_d - M_c = 107.745$，$p=0.000$）；"条件 a"与"条件 c"不存在显著差异（$M_a - M_c = -9.333$，$p=0.661$），表明"非前置—转换"（条件 d）阅读时间最长，"前置—转换"（条件 b）次之，而"前置—无转换"（条件 a）与"非前置—无转换"（条件 c）之间无显著差异。此外，"条件"和"语言水平"交互效应不显著，$F_1(3, 165) = 2.642$，$p=0.110$，$\eta_p^2 = 0.046$；$F_2(3, 2976) = 1.238$，$p=0.294$，$\eta_p^2 = 0.001$。

表 6-6　　实验三两组受试的目标词后首次注视时间、凝视时间、回视时间和总注视时间结果

		首次注视时间	凝视时间	回视时间	总注视时间
条件 a					
	AG	210.150±80.708	228.350±92.699	431.890±247.241	970.760±403.348
	IG	230.320±102.600	284.810±167.068	588.820±311.114	1000.340±410.232
条件 b					
	AG	228.340±74.179	295.680±142.298	501.040±241.474	998.070±383.257
	IG	218.860±83.414	271.730±134.153	690.340±367.372	1024.720±419.585
条件 c					
	AG	216.870±96.359	279.620±157.467	510.420±416.769	972.130±398.391
	IG	218.790±93.977	251.300±123.049	538.560±468.058	1017.630±397.265
条件 d					
	AG	369.990±112.324	466.570±174.063	712.100±346.399	1053.000±374.197
	IG	350.360±117.181	480.820±336.307	729.710±374.626	1152.250±374.591
目标词后转换代价					
AG	b-a	20.816±24.910	65.753±98.035	61.614±119.829	5.552±97.387
	d-c	157.582±51.354	200.144±104.886	218.020±192.713	67.709±168.788
	t (27)	17.289**	6.968**	3.470**	1.586
IG	b-a	-11.897±32.872	-17.216±89.766	95.007±193.288	31.289±104.095
	d-c	132.597±47.079	225.803±124.528	194.493±204.076	130.989±156.982
	t (28)	12.016**	9.168**	1.917†	2.965**

注：†$p<0.1$，*$p<0.05$，**$p<0.01$。

转换代价：语码转换代价由转换与无转换条件相减求得，故转换条件有二：条件"b-a"和条件"d-c"。为了确定转换条件间是否存在显著差异，分别对中级水平和高级水平两组条件进行独立样本t检验。首次注视时间、凝视时间、回视时间和总注视时间的描述统计结果见表6-6。

1）首次注视时间：不论是中级水平受试，$t(27) = 17.289$, $p = 0.000$；还是高级水平受试，$t(28) = 12.016$, $p = 0.000$，条件"d-c"转换代价显著大于条件"b-a"，表明中级水平受试倾向于接受"前置—转换"条件，而非"无前置—转换"条件。

2）凝视时间：两组受试均倾向于接受"前置—转换"条件，而非"无前置—转换"条件。其中，中级水平在两个转换条件存在显著差异，$t(27) = 6.968$, $p = 0.000$；高级水平亦然，$t(28) = 9.168$, $p = 0.000$。

3）回视时间：两组受试均倾向于接受"前置—转换"条件，而非"无前置—转换"条件。其中，中级水平在两个转换条件存在显著差异，$t(27) = 3.470$, $p = 0.002$；高级水平亦然，$t(28) = 1.917$, $p = 0.066$。

4）总注视时间：高级水平受试均倾向于接受"前置—转换"条件，而非"无前置—转换"条件，$t(27) = 1.568$, $p = 0.001$；中级水平受试却未发现显著的转换条件组间差异，$t(28) = 2.965$, $p = 0.160$。

对于目标词及转换代价结果总结如下：

1）语言水平：两组受试在语码转换表现一致，研究仅发现高级水平受试的阅读时间显著快于中级水平受试。

2）条件："无前置—转换"条件阅读时间最长；两组受试倾向于接受"前置—转换"条件，而非"无前置—转换"条件。

3）时间进程：总体上，两组受试在早期加工阶段和晚期加工阶段表现一致，体现了语码转换早期加工阶段一直延续到晚期加工阶段的连续统。

第四节 讨论

本章主要考察中英语码转换中的 wh-移位问题。为此实验招募两组不同英语水平受试参与限定词短语眼动阅读实验，通过考察中英 wh-疑问词在语码转换中的作用，旨在确定语码转换句子层面的认知加工机制。研究发现如下：第一，无前置—转换"条件阅读时间最长，表明两组受试倾向于接受"前置—转换"条件，而非"无前置—转换"条件，这与"非制约观"的代表理论最简方案理论预期一致（MacSwan，2005a，b）。第二，不论在目标词，还是目标词后，两组受试在名词早期加工阶段和晚期加工阶段均表现一致，体现了语码转换早期加工阶段和晚期加工阶段的连续统。第三，总体上，两组受试在阅读语码转换条件的主要眼动指标上并未发现显著的组间差异，可见本研究中语言水平调节作用有限（Cunnings et al.，2010）。下文将对上述发现展开详细讨论。

一 基于最简方案的语码转换中 wh-疑问词分析

如前所述，wh-移位主要有中心词移位和算子移位两种。近期，有学者对上述两种移位在语码转换中的表现展开实证考察（Finer，2014；Toribio & González-Vilbazo，2014）。受此启发，本研究亦可在最简方案框架下进行阐释：

研究表明，"条件 a"和"条件 c"阅读时间方面无显著差异，如句 6（13）所示：

6（13）王佳佳的女儿非常能干，最近被提为张总裁的秘书。（语境句）
  a. 李女士问**谁的女儿**是张总裁的秘书？（目标句$_1$）
  b. 李女士问张总裁的秘书是**谁的女儿**？（目标句$_2$）

理论上，由于中文属于非移位语言（Yuan，2012，2015），句6（13a）和6（13b）应语法上均可接受，差别仅在所强调的焦点信息不同：在句6（13a）中，"谁的女儿"是已知信息，充当主题的作用。当论及此句时，会话者预设人群中有一个女性，且这个女性的社会身份是张总裁的秘书；而在句6（13b）中，"张总裁的秘书"是已知信息，充当主题的作用，"谁的女儿"为新信息，充当焦点的作用（Li & Thompson，1976；刘丹青，2016；石毓智，2001）。原则上，两句的语义解读理应不同。然而，眼动实验表明，"条件a"和"条件c"阅读时间方面无显著差异。即两句的语义解读所耗费的认知资源差别不大，换言之，两句的语义解读并无差异。对此，研究认为，语境句提供了足够的信息（两句中"谁的女儿"均一致地指向"王佳佳的女儿"），进而削弱了句6（13a）和6（13b）信息焦点的作用。

如果按照上述推论，语码转换句"条件b"和"条件d"也应不存在语义解读上的差异，然而研究却发现，"无前置—转换"（条件d）阅读时间最长；两组受试倾向于接受"前置—转换"（条件b），而非"无前置—转换"（条件d）。对此，可能的解释是，中英文wh-疑问词存在参数差异：英文的wh-疑问词（"whose"）具有强的[+wh]特征，而中文wh-疑问词（"谁的"）却不具有强的[+wh]特征。因此，英文的"whose"需要移位与标句词中心语的[uwh]特征形成核查；而中文的"谁的"则无须移位，表现为：受试倾向于接受"前置—转换"（条件b）。对此，可以标识为如下句6（14）：

6（14）a. [+~~uwh~~ Spec-C [+wh Whose NP1]]...NP2

b. [+uwh Spec-C NP2]...[+wh Whose NP1]

（句法阻碍）

不难看出，在上句6（14a）中（对应条件b），标句词中心语不可解的［uwh］能够与英语wh-疑问词"whose"形成特征核查，故立即成功拼出（MacSwan，2014b：21）。然而，在句6（14b）中（对应条件d），句词中心语不可解的［uwh］受了句法阻碍，无法实现wh-疑问词的特征核查，故拼出失败。

因此，在实验过程中，两组受试均立即侦测到英文wh-疑问词的［+wh］特征，且与标句词中心语不可解的［uwh］形成特征核查，表现为上述的"无前置—转换"（条件d）阅读时间远大于"前置—转换"条件，且阅读时间最长。

二 语码转换的时间进程

不难理解，先前研究较少关注语码转换加工的时间进程，可能由于先进研究工具的缺乏所致。例如，事件相关电位或眼动仪等。对于语码转换加工进程的考察，有助于揭示语码转换加工的内在认知过程（Jr. Clifton，2007），故对于探明句内语码转换早期和晚期加工阶段的具体表现意义颇大。

常见的研究多借助事件相关电位技术，参考三个脑电指标：N2、N400和LPC，进而考察单个孤立的语码转换在线加工时间进程。近期，也有学者开始将研究单元拓展到句子层面，探究句内语码转换的在线加工时间进程（Elston-Güttler et al.，2005；Moreno et al.，2002；Ng et al.，2014；Proverbio et al.，2004；Ruigendijk et al.，2015；Van der Meij et al.，2011）。

此外，有些学者参考不同的眼动指标，开展眼动实验，用以表示语言加工不同阶段的时间进程（Frazier & Rayner，1982；Jr. Clifton et al.，2007：348；Rayner，1998；Rayner & Frazier，1987；Rayner et al.，2000）。基于此，本研究对眼动阅读材料划分了两个兴趣区：目标词和目标词后位置。结果显示，早期加工阶段和晚期加工阶段均出现了稳定的语码转换代价，说明语码转换句法因素可能是语码转换不同加工阶段互动的结果，反映了语码转换从早期加工阶段一直延续到晚期加工阶段的连续统。

这一发现与双语非选择激活有关（Dijkstra & van Heuven，1998；Dijkstra & van Heuven，2002），表明双语者在实验的早期和晚期均激活了标句词中心语的不可解［uwh］特征，即这种非选择性激活并非只与心理词汇激活有关，还与双语语法规则交互激活有关，与梯度符号运算理论不谋而合。该理论强调，"双语心理表征与语法规则形成有机整合"（Goldrick et al.，2016a：857），"会话者在使用语言时，其不仅调用双语心理词汇系统，还运用到双语语言系统的语法规则"（Goldrick et al.，2016a：861）。换言之，"不论双语者使用与否，双语系统均保持开放状态，且无法完全关闭"（Altarriba & Basnight-Brown，2009：20）。

三 语言水平

与既往研究关注语码转换代价来源不同的是（Bultena et al.，2014，2015；Costa & Santesteban，2004；Costa et al.，2006；Gullifer et al.，2013；Meuter & Allport，1999；van Hell et al.，2015），本研究主要考察中英句内语码转换句法和认知机制。

眼动结果表明，两组受试在语码转换条件反应一致，仅区别在阅读速度上。研究拟结合句法学视角的二语习得理论"失败的功能特征假设"（Aldwayan et al.，2009；Hawkins，2005；Ohba，2003；Tsimpli & Dimitrakopoulou，2007）和"全迁移全通达模型"进行讨论。其中，前者认为，二语习得者无法对一语中未示例的不可解特征进行参数重设（Tsimpli & Dimitrakopoulou，2007），故二语者无法习得完整的二语语法系统；后者却认为，"在二语习得最初阶段，二语者便能以一语为基础通达其语法特征的表征"（Foucart & Frenck-Mestre，2012：227），故二语者能够成功设置参数。

不难看出，两组受试均习得了标句词中心语不可解的［uwh］特征，方才得以实现特征核查，故与"全迁移全通达"理论预期一致。本研究还与既往研究一致（Aldwayan et al.，2010；Foucart &

Frenck-Mestre，2012；Hawkins，2005；Hawkins & Hattori，2006；Ohba，2003）。例如，有学者采用语法判断任务，考察日英双语者wh-疑问词的［+wh］特征习得问题。研究发现，高级水平日本学习者能够习得特征驱动的英语 wh-移位（Ohba，2003）。还有学者采用自定步速阅读任务，发现纳吉迪阿拉伯英语学习者能像英语母语者那样，在加工 wh-依存关系时充分调用抽象的句法规则（Aldwayan et al.，2010）。

第五节　本章小结

本研究以中英句内语码转换为案例，借助生态效度较高的眼动阅读任务，通过开展实证研究，探讨中英语码转换的 wh-疑问词因素，旨在考察语码转换句子层面的认知加工机制，研究结论如下：

第一，就语言水平而言，两组受试在语码转换表现一致，研究仅发现高级水平受试的阅读时间显著快于中级水平受试。此外，本研究还发现，不论是中级水平受试，还是高级水平受试，二者均习得了不可解的句法特征，这与句法学视角的二语习得"全迁移全通达假设"理论预期一致。可见本研究还可以反哺二语习得理论。

第二，就实验条件而言，"无前置—转换"条件阅读时间最长；两组受试倾向于接受"前置—转换"条件，而非"无前置—转换"条件，这与"非制约观"的代表理论最简方案理论预期一致（MacSwan，2005a，b），可见，本研究发现得到"非制约观"的支持。

第三，就时间进程而言，总体上，两组受试在早期加工阶段和晚期加工阶段表现一致，体现了语码转换早期加工阶段一直延续到晚期加工阶段的连续统。

然而，研究尚存一定不足：第一，在实验设计上，通过增添语境句，旨在消除焦点信息对目标句的干扰，此外，研究结果也表明，这种干扰效应不明显。但是，研究毕竟涉及语言材料的移位，对研究结果可能会产生一定干扰。未来研究在设计上可考虑规避这点。第二，在受试遴选上，本研究并未发现语言水平的调节作用，可能由于两组受试英语水平均较高所致，未来可选取语言水平差异较大的两组受试，进一步考察语言水平在语码转换中的调节效应。第三，在研究工具选取上，本研究的眼动实验本质上属于行为实验，可能难以揭示语码转换加工的神经认知基础。鉴于此，后续研究可借助神经语言学研究工具（事件相关电位、脑磁图和功能核磁共振），并辅以更为精密的研究设计，以期进一步探明语码转换的神经认知机制。

第七章
总体讨论

第一节　前言

　　通过实施三项心理语言学实验，本研究考察了中英语码转换形态、语音及句子三个语言学层面的认知加工机制。具体地，本研究旨在厘清语码转换"制约观"和"非制约观"的理论争议，语言水平在语码转换中的作用及语码转换的时间进程等。鉴于此，本章首先梳理主要发现；其次，结合"第三语法"、语码转换加工视角及语言水平的二语习得视角，对研究发现展开理论性探讨。

第二节　结果梳理

　　这部分将梳理主要理论发现、时间进程结果及语言水平结果。具体如下：

一　理论发现

　　就理论发现来看，实验一和实验二主要从比较研究视角，考察语码转换的"制约观"和"非制约观"理论争议；实验三以 wh-疑问词为案例，进一步考察语码转换的句法学解读。其中，实验一为限定词短语语码转换的眼动研究，比较了以"制约观"为代表的功能中心语原则和以"非制约观"为代表的最简方案理论；实验二亦为限定词短语语码转换的眼动研究，比较了以"制约观"为代表的触发理论和以"非制约观"为代表的最简方案理论；实验三为句内语码转换的眼动研究，进一步确定语码转换的句法理论基础。具体如下：

实验一：语码转换的功能中心语和最简方案理论比较研究。设置了中英语码转换条件（$Det_{Chinese}+N_{English}$ 和 $Det_{English}+N_{Chinese}$）及其各自的基线（$Det_{Chinese}+N_{Chinese}$ 和 $Det_{English}+N_{English}$）。眼动结果显示，"$Det_{English}+N_{Chinese}$"（two 苹果）条件显著大于"$Det_{Chinese}+N_{English}$"（两个 apples）条件主要眼动指标的转换代价，这一结果与以"制约观"为代表的功能中心语原则不一致；而与以"非制约观"为代表的最简方案理论一致，即中英名词存在明显参数差异，中文名词均为不可数，不存在可解的[+Num]特征，无法与中心语的[uNum]形成特征核查，因此拼出失败。而本研究中所选的均为可数具体名词，在英语中具有[+Num]特征，能够与限定词的[uNum]形成特征核查，因此拼出成功，表现为"$Det_{English}+N_{Chinese}$"（two 苹果）条件的语码转换代价显著大于"$Det_{Chinese}+N_{English}$"（两个 apples）条件。

实验二：语码转换的触发理论和最简方案理论比较研究。设置了中英语码转换条件（$Det_{Chinese}+N_{English}$ 和 $Det_{English}+N_{Chinese}$）及其各自的基线（$Det_{Chinese}+N_{Chinese}$ 和 $Det_{English}+N_{English}$）。此外，研究还纳入音节重叠条件：音节重叠（七个 apples，"七个"与"seven"均为双音节）与音节不重叠（八个 apples，"八个"为双音节，而"eight"为单音节）条件。结果发现，音节重叠与音节不重叠条件下的转换代价无显著差异，不满足触发理论的预期。此外，"$Det_{English}+N_{Chinese}$"条件的转换代价显著大于"$Det_{Chinese}+N_{English}$"条件，这一发现支持了以"非制约观"为代表的最简方案理论，与实验一的发现亦一致。

实验三：wh-移位在语码转换中的应用。为实验一和实验二的短语延伸，考察句内语码转换的句法理论基础（van Hell et al.,

2015),设置了四种语码转换条件:"前置—非转换条件"(条件 a)、"前置—转换条件"(条件 b)、"非前置—非转换条件"(条件 c)及"非前置—转换条件"(条件 d)。结果显示,"非前置—转换条件"(条件 d)眼动阅读时间显著大于"前置—转换条件"(条件 b),而"前置—非转换条件"(条件 a)及"非前置—非转换条件"(条件 c)之间阅读时间不存在显著差异。这说明 wh-疑问词在非转换句中未出现不同的解读,而在前置和非前置句中存在明显差异,支持了最简方案框架下的特征核查理论。其中,中英在 wh-疑问词上存在参数差异,中文为非移位语言,而英语为移位语言。为了核查标句词的 [uwh] 特征,带有强的 [+wh] 特征的英语 wh-疑问词需要执行前置移位操作,因此表现为"非前置—转换条件"(条件 d)眼动阅读时间显著大于"前置—转换条件"(条件 b)。

不难看出,不论是语码转换"制约观"和"非制约观"的比较研究,还是语码转换句法规则的验证研究,三项眼动实验结果均一致地支持最简方案的理论预期,因而语码转换"非制约观"具有更强的理论阐释力。

二 时间进程结果

语码转换时间进程主要涉及早期及晚期两个加工阶段。本研究主要参照不同的眼动指标。其中,有反映早期加工阶段的首次注视时间、凝视时间和回视时间;亦有反映晚期加工阶段的总注视时间(关于分类,参见 Leeser,2014:233)。为获知三项实验的语码转换效应,以实验条件与基线条件相减的方式得到转换代价,结果如表 7-1 所示。

表 7-1　　　　三项实验兴趣区的转换代价推断统计结果

项目	早期加工阶段			晚期加工阶段
	首次注视时间	凝视时间	回视时间	总注视时间
实验一				
ROI1	$t(62) = -0.192$	null	null	$t(62) = 6.815^{**}$

续表

项目	早期加工阶段			晚期加工阶段
	首次注视时间	凝视时间	回视时间	总注视时间
ROI2	$t(62) = -0.197$	null	null	$t(62) = 6.815^{**}$
ROI3	$t(62) = 5.265^{**}$	$t(62) = 4.601^{**}$	null	$t(62) = 5.675^{**}$
实验二				
ROI1	$F(1, 55) = 3.094†$	null	null	$F(1, 55) = 52.677^{**}$
ROI2	$F(1, 55) = 3.920†$	null	null	$F(1, 55) = 3.938†$
ROI3	$F(1, 55) = 7.385^{**}$	null	null	$F(1, 55) = 8.522^{**}$
实验三				
ROI1	$t(56) = 7.048^{**}$	$t(56) = 8.305^{**}$	$t(56) = 2.998^{**}$	$t(56) = 3.492^{**}$
ROI2	$t(56) = 19.535^{**}$	$t(56) = 10.610^{**}$	$t(56) = 3.709^{**}$	$t(56) = 3.168^{**}$

注：$†p < 0.1$，$*p < 0.05$，$**p < 0.01$；ROI = 兴趣区（Region of interest）。

不难看出，三项研究的时间进程结果总结如下：

实验一：在早期加工阶段的三个兴趣区中，语码转换效应仅在某些兴趣区（如ROI3）上出现，可能表明该阶段的语码转换效应表现不太稳定。在晚期加工阶段，三个兴趣区均得到显著的语码转换效应，表明晚期加工阶段呈现出较为明显的语码转换效应。

实验二：代表早期加工阶段的首次注视时间在三个兴趣区表现为（边缘）显著效应，而其他早期指标上却并未发现显著的转换效应，说明语码转换效应在早期加工阶段表现不够稳定。在晚期加工阶段，三个兴趣区均得到（边缘）显著的语码转换效应，说明稳定的语码转换效应在晚期加工阶段表现较为明显。这一发现验证了实验一的结论。

实验三：在早期加工阶段的两个兴趣区中均出现了显著语码转换效应，说明语码转换效应在早期阶段表现稳定。此外，在晚期加工阶段亦出现这一效应。说明稳定的语码转换效应从早期加工阶段便已出现，一直持续到晚期加工阶段。

三项实验结果表明，语码转换效应可能从早期加工阶段便已出现，一直持续到晚期加工阶段。其中，稳定的语码转换效应出现在晚期加工阶段。

三 语言水平结果

通过比较两组受试（高级、中级水平）在语码转换上的表现，以考察语言水平对语码转换的调节作用，结果参见表7-2。

表7-2 三项实验高级水平（AG）和中级水平（IG）受试在兴趣区上转换代价推断统计结果

项目	早期加工阶段						晚期加工阶段	
	首次注视时间		凝视时间		回视时间		总注视时间	
实验一	AG	IG	AG	IG	AG	IG	AG	IG
ROI1	-0.573	0.249	null	null	null	null	5.084**	4.498**
ROI2	-0.573	0.249	null	null	null	null	5.084**	4.498**
ROI3	3.299**	4.111**	3.883**	1.883†	null	null	4.888**	3.281**
实验二	AG	IG	AG	IG	AG	IG	AG	IG
ROI1	$F(1, 55) = 3.094$†		null		null		$F(1, 55) = 52.677$**	
ROI2	$F(1, 55) = 3.920$†		null		null		$F(1, 55) = 3.938$†	
ROI3	$F(1, 55) = 7.385$**		null		null		$F(1, 55) = 8.522$**	
实验三	AG	IG	AG	IG	AG	IG	AG	IG
ROI1	1.629	12.080**	6.603**	5.215**	1.872†	2.327*	3.684**	1.442
ROI2	17.289**	12.016**	6.968**	9.168**	3.470**	1.917†	1.586	2.965**

注：†$p<0.1$，*$p<0.05$，**$p<0.01$；ROI=兴趣区（Region of interest）。

不难看出，三项研究的语言水平结果总结如下：

实验一：就显著的转换代价而言，两组受试在首次注视时间、凝视时间和总注视时间上表现同步。这个结果表明语言水平对语码转换不具有明显的调节作用。

实验二：就显著的转换代价而言，两组受试在首次注视时间和总注视时间上表现同步。这个结果说明语言水平对语码转换不具有明显的调节作用。

实验三：就显著的转换代价而言，总体上，两组受试在凝视时间和回视时间上表现同步；在首次注视时间和总注视时间上表现为部分同步。这个结果说明语言水平对语码转换不具有明显的调节作用。

综上，三项实验结果均表明语言水平对语码转换不具有明显的调节作用。

第三节　语码转换的第三语法论辩

随着深入探究语码转换的认知机制，学者们业已推翻早期"语码转换随机论"的学术观点（Labov，1971；Lance，1975；Gardner-Chloros & Edwards，2004）。在此背景下，近期研究开始关注语码转换的句法规则（Anderson & Toribio，2007；Bhatt，2002；González-Vilbazo & López，2012；MacSwan，2014a，2016；Quintanilla，2014；Toribio，2001a，2001b，2008），以及语言使用者的语码转换能力（González-Vilbazo & López，2012；Toribio，2001a，2001b）。

学者们围绕语码转换语法规则，提出了大量的语码转换理论，较有代表的为：等值限制（Poplack，1980）、自由语素制约（Poplack，1980）、功能中心语原则（Belazi et al.，1994）、4-M模型（Myers-Scotton，2006a，2015）、触发理论（Clyne，2003）和最简方案理论（MacSwan，2014a）等。这些理论在"第三语法"存在与否的认识上尚存争议（Cantone & Müller，2008；Koronkiewicz，2014），演化为"制约观"和"非制约观"之争。

研究结果支持"非制约观"的理论预期，可能表明语码转换特异性的"第三语法"并不存在。其中，实验一比较了代表"制约观"的功能中心语原则和代表"非制约观"的最简方案理论，结果显示双语者对"$Det_{Chinese}+N_{English}$"（两个 apples）和"$Det_{English}+N_{Chinese}$"（two 苹果）两种语码转换条件下具有不同的表现。实验二比较了代表"制约观"的触发理论和代表"非制约观"的最简方案理论，结果显示音节重叠对语码转换不起作用，表明作为触发词的双语音节重叠并未起触发作用。实验三为 wh-疑问词在中英语码转换中的表现，结果显示眼动阅读时间受到英语 wh-疑问词"whose"的影响，表明标句词中心语的不可解［uwh］与带有强的［+wh］特征的英语 wh-疑问词可形成特征核查。

本研究中不同正字法之间语码转换（Bartlett & González-Vilbazo，2013；Ong & Zhang，2010）的理论发现与先前相同正字法之间语码转换研究（Ebert，2014；Giancaspro，2015；Guzzardo Tamargo et al.，2016；Shim，2016）一致。例如，有学者考察西英双语者两种助动词短语（进行体和完成体）语码转换的认知加工机制（Guzzardo Tamargo et al.，2016），发现两种助动词短语语码转换眼动结果并不一致，这与功能中心语原则预期并不一致。另有学者运用接受性任务考察西英语码转换的 wh-疑问词移位（Ebert，2014），发现与本研究实验三结果一致，表明最简方案理论在阐释语码转换句法结构方面具有很强优势。此外，还有学者将视角转向不同正字法之间的语码转换，借助最简方案理论框架分析中西语码转换短语结构（Bartlett & González-Vilbazo，2013），研究发现英语限定词的不可解［uNum］特征可以与中文量词短语（classifier phrase）的［+Num］特征进行核查，如"these 五台车"，这一发现与本研究中的实验一和实验二结论一致。

总体上，本研究支持"非制约观"的理论预期，故为"制约观"和"非制约观"之争提供了实证支撑，进一步明确"非制约观"的理论优越性，并驳斥了语码转换特异性的"第三语法"观点（Lipsky，1985；Pfaff，1979；Sankoff & Poplack，1981）。

第四节　语码转换加工视角：梯度符号运算

语码转换加工时间进程主要指不同加工阶段语码转换效应的具

体表现。本研究参照不同眼动指标来描摹早期和晚期加工阶段（Frazier & Rayner，1982；Jr. Clifton，2007；Rayner，1998，2000；Rayner & Frazier，1987）。研究结果显示，语码转换效应从早期加工阶段开始，一直持续到晚期加工阶段。其中，稳定的语码转换效应出现在晚期加工阶段。这个结果反映了语码转换效应从早期一直持续到晚期的连续统（continuum），与"梯度符号运算"所强调的"梯度心理表征与语法规则的形式化整合过程"相吻合（Goldrick et al.，2016a：857）。

具体地，按照"梯度符号运算"的观点，双语语法系统处于交互激活状态（Goldrick et al.，2016a：874），语码转换是将混合式表征（blend representation）和加权似然率语法规则进行整合的过程，进而可以将"离散的、梯度的双语知识和加工整合成有机体"。本研究的转换效应从初期一直持续到晚期，反映了双语系统以"混合表征"形式存储，并以非选择性方式提取。此外，双语者在三项眼动实验的不同条件下表现各异，这可以用"梯度符号运算"的加权似然率语法规则进行解释。例如，对于不可解的［uNum］和［uwh］特征，遇到更大激活程度的加权特征（如［+Num］和［+wh］特征等）时，需进行特征核查，以删除不可解特征。

"梯度符号运算"理论整合了形式语言学和心理语言学于一身，有助于解释本研究中的语码转换时间进程结果。不过，作为新近提出的语码转换理论，"梯度符号运算"理论阐释力还应得到更多的跨语言、跨学科实证支持（Abutalebi & Clahsen，2016；Bobb & Hoshino，2016；Goldrick et al.，2016b；López，2016；Muysken，2016；van Hell et al.，2016）。

第五节　语言水平的二语习得视角：全迁移全通达模型

形式语言学视域下的二语习得研究主要关注二语习得是否具有

母语性（nativelike attainment）和可学性（learnability）的问题。在母语可及性问题上形成两种不同的观点：有的学者认为，二语习得无法最终习得完整的二语语言系统（Aldwayan et al.，2009；Hawkins，2005；Ohba，2003；Tsimpli & Dimitrakopoulou，2007）；另有学者认为，二语习得与一语习得无异，语言使用者均能够习得完整的双语语言系统（Foucart & Frenck-Mestre，2012）。其中，前者代表性理论有："可解性假设"（Interpretability Hypothesis）和"失败的功能特征假设"。其中，"可解性假设"强调"不可解的特征（如格和一致特征）阻碍特征重设（reset），造成语言可学性困难"（Tsimpli & Dimitrakopoulou，2007：216）；而"失败的功能特征假设"则认为不可解特征无法重设，因而导致二语与一语之间的本质差别（Aldwayan et al.，2009；Hawkins，2005；Ohba，2003；Tsimpli & Dimitrakopoulou，2007）。后者代表性理论有："全迁移全通达。"该理论认为，"在二语习得最初阶段，二语者便能以一语为基础通达其语法特征的表征"（Foucart & Frenck-Mestre，2012：227），因此，二语者能够成功设置参数。

为了明晰形式语言学视角下的二语习得理论争议，学者们开展了实证研究，结果倾向于支持"全迁移全通达假设"（Foucart & Frenck-Mestre，2012；Leal Mendez & Slabakova，2014；VanPatten & Jegerski，2010）。例如，基于先前研究（Tsimpli & Dimitrakopoulou，2007），有学者发现两组高级学习者均能习得完整的英语接应代词用法（Leal Mendez & Slabakova，2014）。还有学者采用事件相关电位技术考察英法双语者加工语法性（gender）特征的神经认知机制（Foucart & Frenck-Mestre，2012），研究发现两组受试均能够习得或识别不可解特征，其中，在合并操作中两组表现一致，而移位操作则差异明显，说明移位这一内部合并过程比合并操作消耗更多的认知资源（Jakubowicz，2005，2011；Yuan，2015）。本研究开展了三项实验研究。具体地，实验一和实验二考察限定词短语不可解[uNum]特征习得问题。研究发现两组受试均同步地倾向于使用

"Det$_{Chinese}$ + N$_{English}$"（两个 apples）语码转换短语结构，而非"Det$_{English}$+N$_{Chinese}$"（two 苹果）结构，这可能与两组受试均习得了不可解的 [uNum] 特征有关；实验三则牵涉到标句词补足语的不可解 [uwh] 特征习得问题。不难看出两组受试均能够分辨出汉英在移位特征上的参数差异：中文为非移位语言，而英语为移位语言，为了核查标句词的 [uwh] 特征，带有强的 [+wh] 特征的英语 wh-疑问词需要执行前置移位操作，可见两组受试在特征核查和一致操作（Agree）的作用下，表现为"非前置—转换条件"眼动阅读时间显著大于"前置—转换条件"。

总体上，研究支持了"全迁移全通达假设"的理论预期（Foucart & Frenck-Mestre，2012）。然而，未来研究可借助神经认知手段，加强对该理论的实验考察，以提供更多的汇流性证据支持。

第六节 本章小结

本章为三项语码转换眼动阅读实验的综合讨论。涉及如下内容：首先，梳理了三项实验的主要理论发现、时间进程结果及语言水平结果。其次，针对上述发现，围绕语码转换的第三语法论辩、语码转换加工视角及语言水平的二语习得视角展开分述。最后，对本章的主要内容作一小结。

第八章

结　语

第一节　前言

本章拟对上述三项总体研究问题进行回应,并对研究发现进行梳理。此外,还将介绍本研究的启示、不足及未来的展望。

第二节　主要发现

本节拟以问题答复的形式梳理主要发现。具体地,针对第三章提出的三项总体研究问题,现答复如下:

问题一:中英语码转换在形态层面是否存在转换代价?如果存在,其表现是怎样的?

答复一:中英语码转换在形态层面存在转换代价。研究发现"$Det_{English} + N_{Chinese}$"(two 苹果)条件下的转换代价显著大于"$Det_{Chinese} + N_{English}$"(两个 apples)条件。按照功能中心语预测的那样,功能中心语功能性选取其补足语,因此"$Det_{English} + N_{Chinese}$"和"$Det_{Chinese} + N_{English}$"均违反了该理论,故二者理应不存在转换代价上的差异,然而研究发现与功能中心语的预测不一致。从最简方案理论角度看，在"Det$_{Chinese}$+N$_{English}$"（两个 apples）条件下，限定词的不可解特征［uNum］需要被实义名词（apples）所携带的可接特征［+Num］所核查，因此拼出成功。在"Det$_{English}$ + N$_{Chinese}$"（two 苹果）条件下，由于中文名词均为不可数名词，不具有可解的［-Num］特征，无法与限定词的［uNum］进行特征核查，致使拼出失败。这与语码转换代价在"Det$_{English}$ + N$_{Chinese}$"（two 苹果）条件下显著大于"Det$_{Chinese}$+N$_{English}$"（两个 apples）条件的结论一致。可见，本实验支持了以最简方案为代表的非制约观，然而并未得到以功能中心语原则为代表的制约观的支持。

问题二：中英语码转换在语音层面是否存在转换代价？如果存在，其表现是怎样的？

答复二：中英语码转换在语音层面存在转换代价。通过中英双语的音节重叠与否，考察音节重叠在中英语码转换中的触发效应。按照触发理论的预期，音节上的重叠能够触发语码转换（Clyne,2003：175），故音节重叠条件的转换代价理应小于音节不重叠条件，然而研究却表明，音节重叠（七个 apples，"七个"与"seven"均为双音节，存在音节数上的重叠）与音节不重叠（八个 apples，"八个"为双音节，而"eight"为单音节，二者不存在音节数上的重叠）条件下的转换代价无显著差异，因此触发理论无法阐释本研究的发现。另外，研究发现"Det$_{English}$ + N$_{Chinese}$"条件的转换代价显著大于"Det$_{Chinese}$+N$_{English}$"条件，这与实验一的结果一致，进一步支持以最简方案为代表的非制约观，然而并未得到以触发理论为代表的制约观的支持。

问题三：中英语码转换在句子层面是否存在转换代价？如果存在，其表现是怎样的？

答复三：中英语码转换在句子层面存在转换代价。研究结果显示，"前置—转换"条件下（whose NP1 是 NP2）的语码转换代价显著低于"非前置—转换"条件（NP2 是 whose NP1）。按照最简方案理论预设，英语和汉语的 wh-疑问词存在参数差异。其中，英语具有强［+wh］特征，而汉语为弱［-wh］特征。因此，英语属于移位语言，而中文则属于非移位语言（wh-in-situ language）（温宾利，2002：232）。与"前置—转换"（*whose* NP1 是 NP2）条件比较，由于"非前置—转换"条件（NP2 是 *whose* NP1）违反了英语 wh-疑问词的强［+wh］特征，所以造成更多的认知负荷，表现为更大的转换代价。鉴于此，句子层面的语码转换认知机制研究进一步支持以最简方案为代表的语码转换非制约观。

第三节 启示

基于对前人理论和实证研究，本研究通过眼动阅读任务，旨在从句法学视角出发，考察语码转换的认知加工机制，对后续语码转换研究具有如下理论和方法论启示。

一 理论启示

本研究理论启示有四：

第一，对于语码转换制约观和非制约观的系统性的比较研究，有助于厘清语码转换理论争议。未来的研究还可以纳入更多的代表性理论，采用多元化的比较视角，运用科学合理的实证手段，借助丰富的语码转换语料，开展语码转换理论验证性和比较性研究。

第二，对于语码转换认知加工时间进程的研究，有助于揭示语码转换不同认知加工阶段的具体表现。未来的研究可借助时间分辨率更高的事件相关电位技术，在语音、形态、词汇和句子等层面开展系统的语码转换神经认知机制研究，进一步揭示语码转换的不同加工阶段的表现情况。

第三，对于语码转换句法学视角的研究，有助于反哺二语习得有关不可解特征是否可以最终习得的问题。鉴于本研究结论支持特征核查理论，说明不可解特征［uNum］和［uwh］可以习得，进而支持二语习得的"全迁移全通达模型",与"失败的功能特征假设"理论预期不一致。

第四,对于语码转换认知机制的多层面研究,有助于为后续研究提供可资参考的研究框架。本研究纳入两大句法操作(合并和移位)、两大理论观点(制约观和非制约观)和三个语言学层面(形态、语音和句子),建构了较为完备的语码转换研究框架,未来研究可在此基础上进行拓展,以丰富和发展语码转换研究的多层面探索。

二 方法论启示

方法论启示有二:

第一,与其他研究方法(范式)相比,本研究采用了生态效度较高的眼动阅读范式,可类比自然语境下的语码转换现象(Gullberg et al., 2009: 22),所得可靠的研究数据可反映语码转换的认知加工过程。未来研究应关注方法论方面的生态效度。

第二,与其他行为实验比较,眼动阅读范式亦可参考不同眼动指标(如首次注视时间、凝视时间、回视时间和总注视时间等),进而类推语码转换认知加工的时间进程。未来的研究还可以纳入更多的眼动指标,如反映情绪唤起的瞳孔直径等指标,进一步明确语码转换中句法规则的激活阶段。

第四节 研究不足及展望

目前来看,本研究综合心理语言学和理论语言学视角,进行的中英语码转换句法和认知加工机制的尝试性探索,研究不足在所难免。本节将对研究不足进行概括,并对后续研究提出几点展望。

一 不足

概括起来，研究不足主要有三：

第一，从受试上讲，本研究囿于中国英语学习者。为了严格遴选受试，研究采用客观的牛津快速语言测试，辅以主观语言水平测量量表。此外，作为考量的致混指标（confound），受试的语码转换态度亦予以测量。然而，与既往研究不同的是，中国英语学习者的英语使用场景极为有限，多发生在英语课堂环境下，因而中英语码转换的使用更是并不多见，这与国外学者们选取的平衡双语者存在很大程度上的差异，因此本研究的发现仅能够代表中国英语学习者语码转换加工的认知机制情况。另外，虽然牛津快速语言测试任务结果显示两组受试英语水平存在显著差异。然而两组受试的眼动阅读结果差异并不显著，这可能说明两组受试英语水平之间的差异并不够大，未来的语码转换研究仍需将语言水平作为重要的考量指标之一。最后，本研究并未纳入受试的执行功能这个与语码转换关系较为密切的因素（参见 Bobb & Wodniecka, 2013; de Bruin et al., 2015; Prior & Gollan, 2013; Valian, 2015a, b），未来研究需考虑执行功能与语码转换研究的关系，以及语码转换与一般性任务转换是否同源等。

第二，从实验设计上讲，研究设计和研究任务仍有提升空间。首先，本研究虽考察多个语言学层面的认知机制，然而语言材料的研究单元却并未统一。例如，实验一和实验二以短语为材料，而实验三又以句子为材料，这一定程度上限制了以三项实验取得的总体发现的推广。其次，虽然眼动阅读任务在生态效度方面独具优势，然而该范式无法避免心理语言学上的"溢出效应"（spill-over effect）（Conklin & Pellicer-Sanchez, 2016; Li et al., 2017），即目标词不可避免地受到前刺激的干扰，进而难以反映真实情况下的语码转换效应。最后，三项实验只设计语言理解中的语码转换，语言产出中语码转换却未触及。未来应考虑综合纳入语言产出和语言理解，进一步厘清语言产出与语言理解中的语码转换认知机制的异同，为"产出—分布—理解"提供实证支持（Gennari & MacDonald，2009）。

第三，从时间进程上讲，研究工具和范式有待改进。本研究主要依托眼动的不同指标来模拟语码转换认知加工的时间进程。例如，反映早期加工阶段的首次注视时间、凝视时间和回视时间等，以及反映晚期加工阶段的总注视时间。然而以"眼脑假设"（Just & Carpenter，1980）为基础的眼动阅读范式毕竟是行为实验，所得的眼动数据只能间接地类推语码转换认知机制，却难以揭示其神经认知过程。今后，研究者可借助神经语言学研究方法，依托事件相关电位、功能核磁共振等考察语码转换的神经认知机制。

总的来说，本研究在受试遴选、研究设计、研究单元统一性及时间进程等方面存在一定不足。以下将针对上述不足，提出几点展望。

二 展望

鉴于本研究尚存一定不足，未来研究可在如下方面进行拓展：

第一，从受试上讲，未来研究应严格区分外语和二语学习者。不难发现，本研究中的受试使用英语场景有限，日常交流中使用语码转换更是不常见。鉴于我国具有丰富的语言资源，未来研究可考虑考察方言与普通话之间（如广东话—普通话）的语码转换句法规则，提高研究发现的针对性。此外，本研究并未发现语言水平的调节效应，这可能是由于研究中涉及的两组受试水平差异不够明显所致。今后，研究可考虑扩大语言水平组间差异，进一步探明语言水平对于语码转换的调节作用。最后，由于执行功能与语码转换密不可分（Gollan & Goldrick，2016），今后可对受试的执行功能进行测试，探究语码转换与一般性任务转换是否同源。

第二，从研究设计上讲，未来研究应采用多任务方法。例如，有学者（Li et al.，2017）采用离线和在线任务相结合，取得较好的综合研究发现。此外，未来的研究还应综合考察语言理解和语言产出中语码转换之间的关系。例如，借助同盟脚本技术或语码转换语料库，并辅以在线加工任务，为"产出—分布—理解"模型提供支持。

第三，从时间进程上讲，未来研究应采用神经语言学研究方法。例如，在事件相关电位研究中，可以参考几个反映不同语码转换加工进程的脑电指标：N2、N400 和 LPC。其中，N2 反映策略监控（Roelfs et al., 2006）、认知控制（Folstein & Van Petten, 2008）和"反应性选择"（Gajewski et al., 2008）；N400 反映语义加工过程；而 LPC 则反映句子层面的整合（Kaan et al., 2000；Paller & Kutas, 1992）和再分析（Friederici, 1995）。

总之，本研究从语法学视角出发，进行中英语码转换认知机制研究的初步尝试，尚有很大的提升空间。未来的语码转换研究可在本研究所建构的框架基础上，优化受试遴选标准、研究设计和研究工具，为语码转换研究的理论与实践研究作出新的贡献。

附　　录

附录一：实验一语言材料

类别	序号	中文	英文	条件	示例
水果	1	苹果	apple	a	两个苹果
				b	两个 apples
				c	two apples
				d	two 苹果
	2	香蕉	banana	a	两个香蕉
				b	两个 bananas
				c	two bananas
				d	two 香蕉
	3	柠檬	lemon	a	两个柠檬
				b	两个 lemons
				c	two lemons
				d	two 柠檬
	4	橘子	orange	a	两个橘子
				b	两个 oranges
				c	two oranges
				d	two 橘子
	5	桃子	peach	a	两个桃子
				b	两个 peaches
				c	two peaches
				d	two 桃子
	6	梨子	pear	a	两个梨子
				b	两个 pears
				c	two pears
				d	two 梨子

续表

类别	序号	中文	英文	条件	示例
水果	7	菠萝	pineapple	a	两个菠萝
				b	两个 pineapples
				c	two pineapples
				d	two 菠萝
	8	草莓	strawberry	a	两个草莓
				b	两个 strawberries
				c	two strawberries
				d	two 草莓
	9	西瓜	watermelon	a	两个西瓜
				b	两个 watermelons
				c	two watermelons
				d	two 西瓜
	10	葡萄	grape	a	两个葡萄
				b	两个 grapes
				c	two grapes
				d	two 葡萄
	11	樱桃	cherry	a	两个樱桃
				b	两个 cherries
				c	two cherries
				d	two 樱桃
	12	荔枝	litchi	a	两个荔枝
				b	两个 litchis
				c	two litchis
				d	two 荔枝
	13	花生	peanut	a	两个花生
				b	两个 peanuts
				c	two peanuts
				d	two 花生
	14	芒果	mango	a	两个芒果
				b	两个 mangos
				c	two mangos
				d	two 芒果
	15	李子	plum	a	两个李子
				b	两个 plums
				c	two plums
				d	two 李子
	16	核桃	walnut	a	两个核桃
				b	两个 walnuts
				c	two walnuts
				d	two 核桃

续表

类别	序号	中文	英文	条件	示例
蔬菜	17	茄子	aubergine	a	两个茄子
				b	两个 aubergines
				c	two aubergines
				d	two 茄子
	18	卷心菜	cabbage	a	两个卷心菜
				b	两个 cabbages
				c	two cabbages
				d	two 卷心菜
	19	胡萝卜	carrot	a	两个胡萝卜
				b	两个 carrots
				c	two carrots
				d	two 胡萝卜
	20	辣椒	chilly	a	两个辣椒
				b	两个 chillies
				c	two chillies
				d	two 辣椒
	21	玉米	corn	a	两个玉米
				b	两个 corns
				c	two corns
				d	two 玉米
	22	黄瓜	cucumber	a	两个黄瓜
				b	两个 cucumbers
				c	two cucumbers
				d	two 黄瓜
	23	蘑菇	mushroom	a	两个蘑菇
				b	两个 mushrooms
				c	two mushrooms
				d	two 蘑菇
	24	洋葱	onion	a	两个洋葱
				b	两个 onions
				c	two onions
				d	two 洋葱
	25	胡椒	pepper	a	两个胡椒
				b	两个 peppers
				c	two peppers
				d	two 胡椒
	26	土豆	potato	a	两个土豆
				b	两个 potatoes
				c	two potatoes
				d	two 土豆

续表

类别	序号	中文	英文	条件	示例
蔬菜	27	南瓜	pumpkin	a	两个南瓜
				b	两个 pumpkins
				c	two pumpkins
				d	two 南瓜
	28	大豆	soybean	a	两个大豆
				b	两个 soybeans
				c	two soybeans
				d	two 大豆
	29	西红柿	tomato	a	两个西红柿
				b	两个 tomatoes
				c	two tomatoes
				d	two 西红柿
	30	芹菜	celery	a	两个芹菜
				b	两个 celeries
				c	two celeries
				d	two 芹菜
	31	韭菜	leek	a	两个韭菜
				b	两个 leeks
				c	two leeks
				d	two 韭菜
	32	大蒜	garlic	a	两个大蒜
				b	两个 garlics
				c	two garlics
				d	two 大蒜
动物	33	小鸟	bird	a	两个小鸟
				b	两个 birds
				c	two birds
				d	two 小鸟
	34	小猫	cat	a	两个小猫
				b	两个 cats
				c	two cats
				d	two 小猫
	35	公鸡	cock	a	两个公鸡
				b	两个 cocks
				c	two cocks
				d	two 公鸡
	36	奶牛	cow	a	两个奶牛
				b	两个 cows
				c	two cows
				d	two 奶牛

续表

类别	序号	中文	英文	条件	示例
动物	37	恐龙	dinosaur	a	两个恐龙
				b	两个 dinosaurs
				c	two dinosaurs
				d	two 恐龙
	38	小狗	dog	a	两个小狗
				b	两个 dogs
				c	two dogs
				d	two 小狗
	39	鸭子	duck	a	两个鸭子
				b	两个 ducks
				c	two ducks
				d	two 鸭子
	40	青蛙	frog	a	两个青蛙
				b	两个 frogs
				c	two frogs
				d	two 青蛙
	41	山羊	goat	a	两个山羊
				b	两个 goats
				c	two goats
				d	two 山羊
	42	骏马	horse	a	两个骏马
				b	两个 horses
				c	two horses
				d	two 骏马
	43	狮子	lion	a	两个狮子
				b	两个 lions
				c	two lions
				d	two 狮子
	44	猴子	monkey	a	两个猴子
				b	两个 monkeys
				c	two monkeys
				d	two 猴子
	45	小猪	pig	a	两个小猪
				b	两个 pigs
				c	two pigs
				d	two 小猪

续表

类别	序号	中文	英文	条件	示例
动物	46	兔子	rabbit	a	两个兔子
				b	两个 rabbits
				c	two rabbits
				d	two 兔子
	47	毒蛇	snake	a	两个毒蛇
				b	两个 snakes
				c	two snakes
				d	two 毒蛇
	48	老虎	tiger	a	两个老虎
				b	两个 tigers
				c	two tigers
				d	two 老虎
a	1	红酒养胃		25	科幻 fiction
	2	热茶烫嘴		26	手机 signal
	3	小曲悦耳		27	英语 skill
	4	距离很远		28	演讲 topic
	5	灯火通明		29	电视 program
	6	故事感人		30	角色 playing
	7	手机丢失		31	美国 friend
	8	人生阅历		32	生活 habit
	9	茶叶销量		33	苹果 tree
	10	试卷传递		34	图书 exhibition
	11	窗户明亮		35	供给 food
	12	中国制造		36	交流 ideas
	13	检索工具	b	37	人力 resources
	14	英语专业		38	消防 project
	15	奇技淫巧		39	测量 result
	16	书面表达		40	电子 pet
	17	人生苦短		41	拼音 words
	18	语料工具		42	文件 scanning
	19	航空母舰		43	通信 tool
	20	太空飞船		44	民生 issues
	21	毕业论文		45	经济 policy
	22	家庭作业		46	化学 teacher
	23	艳阳高照		47	课程 design
	24	杯水车薪		48	教学 plan

续表

类别	序号	中文	英文	条件	示例
c	49	English teacher		73	rest 一下
	50	house work		74	task 完成
	51	job fair		75	job 经历
	52	book store		76	college 教育
	53	girl friend		77	mission 实现
	54	computer games		78	spring 节日
	55	identity card		79	paper 草稿
	56	exam result		80	sleep 场所
	57	arm chair		81	boy 朋友
	58	human intelligence		82	education 产品
	59	coffee cup		83	machine 学习
	60	construction bank		84	distance 交流
	61	stock market	d	85	environment 保护
	62	shop assistant		86	arts 节日
	63	tourist guide		87	car 修理
	64	policy maker		88	research 范式
	65	game winner		89	TV 节目
	66	job fair		90	technology 革新
	67	culture heritage		91	life 格言
	68	night school		92	business 谈判
	69	country music		93	Internet 活动
	70	sports meeting		94	success 秘诀
	71	lunch room		95	table 工具
	72	paper tiger		96	math 天才

注：刺激 1—48 为目标试次；刺激 a—d 为填充材料。

附录二：实验二语言材料

类别	序号	条件	音节一致	音节不一致
水果	1	a	七个苹果	八个苹果
		b	七个 apples	八个 apples
		c	seven apples	eight apples
		d	seven 苹果	eight 苹果

续表

类别	序号	条件	音节一致	音节不一致
水果	2	a	七个香蕉	八个香蕉
		b	七个 bananas	八个 bananas
		c	seven bananas	eight bananas
		d	seven 香蕉	eight 香蕉
	3	a	七个柠檬	八个柠檬
		b	七个 lemons	八个 lemons
		c	seven lemons	eight lemons
		d	seven 柠檬	eight 柠檬
	4	a	七个橘子	八个橘子
		b	七个 oranges	八个 oranges
		c	seven oranges	eight oranges
		d	seven 橘子	eight 橘子
	5	a	七个桃子	八个桃子
		b	七个 peaches	八个 peaches
		c	seven peaches	eight peaches
		d	seven 桃子	eight 桃子
	6	a	七个梨子	八个梨子
		b	七个 pears	八个 pears
		c	seven pears	eight pears
		d	seven 梨子	eight 梨子
	7	a	七个菠萝	八个菠萝
		b	七个 pineapples	八个 pineapples
		c	seven pineapples	eight pineapples
		d	seven 菠萝	eight 菠萝
	8	a	七个草莓	八个草莓
		b	七个 strawberries	八个 strawberries
		c	seven strawberries	eight strawberries
		d	seven 草莓	eight 草莓
	9	a	七个西瓜	八个西瓜
		b	七个 watermelons	八个 watermelons
		c	seven watermelons	eight watermelons
		d	seven 西瓜	eight 西瓜
	10	a	七个葡萄	八个葡萄
		b	七个 grapes	八个 grapes
		c	seven grapes	eight grapes
		d	seven 葡萄	eight 葡萄

续表

类别	序号	条件	音节一致	音节不一致
水果	11	a	七个樱桃	八个樱桃
		b	七个 cherries	八个 cherries
		c	seven cherries	eight cherries
		d	seven 樱桃	eight 樱桃
	12	a	七个荔枝	八个荔枝
		b	七个 litchis	八个 litchis
		c	seven litchis	eight litchis
		d	seven 荔枝	eight 荔枝
	13	a	七个花生	八个花生
		b	七个 peanuts	八个 peanuts
		c	seven peanuts	eight peanuts
		d	seven 花生	eight 花生
	14	a	七个芒果	八个芒果
		b	七个 mangos	八个 mangos
		c	seven mangos	eight mangos
		d	seven 芒果	eight 芒果
	15	a	七个李子	八个李子
		b	七个 plums	八个 plums
		c	seven plums	eight plums
		d	seven 李子	eight 李子
	16	a	七个核桃	八个核桃
		b	七个 walnuts	八个 walnuts
		c	seven walnuts	eight walnuts
		d	seven 核桃	eight 核桃
蔬菜	17	a	七个茄子	八个茄子
		b	七个 aubergines	八个 aubergines
		c	seven aubergines	eight aubergines
		d	seven 茄子	eight 茄子
	18	a	七个卷心菜	八个卷心菜
		b	七个 cabbages	八个 cabbages
		c	seven cabbages	eight cabbages
		d	seven 卷心菜	eight 卷心菜
	19	a	七个胡萝卜	八个胡萝卜
		b	七个 carrots	八个 carrots
		c	seven carrots	eight carrots
		d	seven 胡萝卜	eight 胡萝卜

续表

类别	序号	条件	音节一致	音节不一致
蔬菜	20	a	七个辣椒	八个辣椒
		b	七个 chillies	八个 chillies
		c	seven chillies	eight chillies
		d	seven 辣椒	eight 辣椒
	21	a	七个玉米	八个玉米
		b	七个 corns	八个 corns
		c	seven corns	eight corns
		d	seven 玉米	eight 玉米
	22	a	七个黄瓜	八个黄瓜
		b	七个 cucumbers	八个 cucumbers
		c	seven cucumbers	eight cucumbers
		d	seven 黄瓜	eight 黄瓜
	23	a	七个蘑菇	八个蘑菇
		b	七个 mushrooms	八个 mushrooms
		c	seven mushrooms	eight mushrooms
		d	seven 蘑菇	eight 蘑菇
	24	a	七个洋葱	八个洋葱
		b	七个 onions	八个 onions
		c	seven onions	eight onions
		d	seven 洋葱	eight 洋葱
	25	a	七个胡椒	八个胡椒
		b	七个 peppers	八个 peppers
		c	seven peppers	eight peppers
		d	seven 胡椒	eight 胡椒
	26	a	七个土豆	八个土豆
		b	七个 potatoes	八个 potatoes
		c	seven potatoes	eight potatoes
		d	seven 土豆	eight 土豆
	27	a	七个南瓜	八个南瓜
		b	七个 pumpkins	八个 pumpkins
		c	seven pumpkins	eight pumpkins
		d	seven 南瓜	eight 南瓜
	28	a	七个大豆	八个大豆
		b	七个 soybeans	八个 soybeans
		c	seven soybeans	eight soybeans
		d	seven 大豆	eight 大豆

续表

类别	序号	条件	音节一致	音节不一致
蔬菜	29	a	七个西红柿	八个西红柿
		b	七个 tomatoes	八个 tomatoes
		c	seven tomatoes	eight tomatoes
		d	seven 西红柿	eight 西红柿
	30	a	七个芹菜	八个芹菜
		b	七个 celeries	八个 celeries
		c	seven celeries	eight celeries
		d	seven 芹菜	eight 芹菜
	31	a	七个韭菜	八个韭菜
		b	七个 leeks	八个 leeks
		c	seven leeks	eight leeks
		d	seven 韭菜	eight 韭菜
	32	a	七个大蒜	八个大蒜
		b	七个 garlics	八个 garlics
		c	seven garlics	eight garlics
		d	seven 大蒜	eight 大蒜
动物	33	a	七个小鸟	八个小鸟
		b	七个 birds	八个 birds
		c	seven birds	eight birds
		d	seven 小鸟	eight 小鸟
	34	a	七个小猫	八个小猫
		b	七个 cats	八个 cats
		c	seven cats	eight cats
		d	seven 小猫	eight 小猫
	35	a	七个公鸡	八个公鸡
		b	七个 cocks	八个 cocks
		c	seven cocks	eight cocks
		d	seven 公鸡	eight 公鸡
	36	a	七个奶牛	八个奶牛
		b	七个 cows	八个 cows
		c	seven cows	eight cows
		d	seven 奶牛	eight 奶牛
	37	a	七个恐龙	八个恐龙
		b	七个 dinosaurs	八个 dinosaurs
		c	seven dinosaurs	eight dinosaurs
		d	seven 恐龙	eight 恐龙

附　录　173

续表

类别	序号	条件	音节一致	音节不一致
动物	38	a	七个小狗	八个小狗
		b	七个 dogs	八个 dogs
		c	seven dogs	eight dogs
		d	seven 小狗	eight 小狗
	39	a	七个鸭子	八个鸭子
		b	七个 ducks	八个 ducks
		c	seven ducks	eight ducks
		d	seven 鸭子	eight 鸭子
	40	a	七个青蛙	八个青蛙
		b	七个 frogs	八个 frogs
		c	seven frogs	eight frogs
		d	seven 青蛙	eight 青蛙
	41	a	七个山羊	八个山羊
		b	七个 goats	八个 goats
		c	seven goats	eight goats
		d	seven 山羊	eight 山羊
	42	a	七个骏马	八个骏马
		b	七个 horses	八个 horses
		c	seven horses	eight horses
		d	seven 骏马	eight 骏马
	43	a	七个狮子	八个狮子
		b	七个 lions	八个 lions
		c	seven lions	eight lions
		d	seven 狮子	eight 狮子
	44	a	七个猴子	八个猴子
		b	七个 monkeys	八个 monkeys
		c	seven monkeys	eight monkeys
		d	seven 猴子	eight 猴子
	45	a	七个小猪	八个小猪
		b	七个 pigs	八个 pigs
		c	seven pigs	eight pigs
		d	seven 小猪	eight 小猪
	46	a	七个兔子	八个兔子
		b	七个 rabbits	八个 rabbits
		c	seven rabbits	eight rabbits
		d	seven 兔子	eight 兔子
	47	a	七个毒蛇	八个毒蛇
		b	七个 snakes	八个 snakes
		c	seven snakes	eight snakes
		d	seven 毒蛇	eight 毒蛇
	48	a	七个老虎	八个老虎
		b	七个 tigers	八个 tigers
		c	seven tigers	eight tigers
		d	seven 老虎	eight 老虎

续表

类别	序号	条件	音节一致		音节不一致
a	1	红酒养胃	b	25	科幻 fiction
	2	热茶烫嘴		26	手机 signal
	3	小曲悦耳		27	英语 skill
	4	距离很远		28	演讲 topic
	5	灯火通明		29	电视 program
	6	故事感人		30	角色 playing
	7	手机丢失		31	美国 friend
	8	人生阅历		32	生活 habit
	9	茶叶销量		33	苹果 tree
	10	试卷传递		34	图书 exhibition
	11	窗户明亮		35	供给 food
	12	中国制造		36	交流 ideas
	13	检索工具		37	人力 resources
	14	英语专业		38	消防 project
	15	奇技淫巧		39	测量 result
	16	书面表达		40	电子 pet
	17	人生苦短		41	拼音 words
	18	语料神技		42	文件 scanning
	19	航空母舰		43	通信 tool
	20	太空飞船		44	民生 issues
	21	毕业论文		45	经济 policy
	22	家庭作业		46	化学 teacher
	23	艳阳高照		47	课程 design
	24	杯水车薪		48	教学 plan
c	49	English teacher	d	73	rest 一下
	50	house work		74	task 完成
	51	job fair		75	job 经历
	52	book store		76	college 教育
	53	girl friend		77	mission 实现
	54	computer games		78	spring 节日
	55	identity card		79	paper 草稿
	56	exam result		80	sleep 场所
	57	arm chair		81	boy 朋友
	58	human intelligence		82	education 产品
	59	coffee cup		83	machine 学习
	60	construction bank		84	distance 交流
	61	stock market		85	environment 保护
	62	shop assistant		86	arts 节日
	63	tourist guide		87	car 修理
	64	policy maker		88	research 范式
	65	game winner		89	TV 节目
	66	job fair		90	technology 革新
	67	culture heritage		91	life 格言

续表

类别	序号	条件	音节一致		音节不一致
c	68	night school	d	92	business 谈判
	69	country music		93	Internet 活动
	70	sports meeting		94	success 秘诀
	71	lunch room		95	table 工具
	72	paper tiger		96	math 天才
a'	1	布丁沙拉	b'	25	新年 gift
	2	游戏人间		26	支付 project
	3	自然拼读		27	数字 platform
	4	文学造诣		28	毕业 paper
	5	关键部门		29	劳动 force
	6	优势学科		30	中央 bank
	7	表格工具		31	高等 education
	8	论文摘要		32	失业 benefit
	9	审阅模式		33	太空 ship
	10	批注信息		34	情感 issue
	11	电子竞技		35	时事 politics
	12	花园城市		36	节目 list
	13	春运高峰		37	项目 plan
	14	运作模式		38	毕业 travel
	15	命运转折		39	远程 education
	16	风水师父		40	利益 group
	17	王牌专业		41	教学 facility
	18	心理暗示		42	管理 work
	19	建国伟业		43	升学 difficulty
	20	完美蜕变		44	开心 time
	21	灯光昏暗		45	环境 pollution
	22	内心独白		46	心理 health
	23	权力转交		47	旅途 scenery
	24	人情世故		48	就业 rate

续表

类别	序号	条件	音节一致	序号	音节不一致
c'	49	orange juice	d'	73	job 状况
	50	classroom teaching		74	birth 控制
	51	TV series		75	blood 血压
	52	book store		76	book 书柜
	53	bacon salad		77	brain 流失
	54	thinking pattern		78	mail 订单
	55	life passion		79	youth 旅社
	56	work load		80	labor 市场
	57	grammar book		81	business 卡片
	58	story collection		82	work 伙伴
	59	love affairs		83	hair 造型
	60	horse keeper		84	woman 教师
	61	paper tiger		85	peace 生活
	62	team work		86	garden 酒店
	63	family plan		87	speculation 行为
	64	business district		88	happiness 安康
	65	bank account		89	family 和睦
	66	air conditioner		90	open 教育
	67	clothes shop		91	right 保障
	68	alarm clock		92	sky 之城
	69	holiday journey		93	music 喷泉
	70	shelf life		94	reputation 问题
	71	listening skills		95	autonomy 权力
	72	book review		96	Internet 资源

注：刺激 1—48 为目标试次；刺激 a—d 和 a'—d' 均为填充材料。

附录三：实验三语言材料

编号	类型	实验句
1	a	在昨日的舞会上，小钟的二姐夫王伟跳了一支令人印象深刻的霹雳舞。 王小姐问谁的妻子是小钟的二姐？
	b	在昨日的舞会上，小钟的二姐夫王伟跳了一支令人印象深刻的霹雳舞。 王小姐问 whose 妻子是小钟的二姐？
	c	在昨日的舞会上，小钟的二姐夫王伟跳了一支令人印象深刻的霹雳舞。 王小姐问小钟的二姐是谁的妻子？
	d	在昨日的舞会上，小钟的二姐夫王伟跳了一支令人印象深刻的霹雳舞。 王小姐问小钟的二姐是 whose 妻子？
2	a	在力学小学门口，王先生前来接他那当五班班长的儿子。 董先生问谁的孩子是五班的班长？
	b	在力学小学门口，王先生前来接他那当五班班长的儿子。 董先生问 whose 孩子是五班的班长？
	c	在力学小学门口，王先生前来接他那当五班班长的儿子。 董先生问五班的班长是谁的孩子？
	d	在力学小学门口，王先生前来接他那当五班班长的儿子。 董先生问五班的班长是 whose 孩子？
3	a	作为小红班主任的丈夫，吴亚松每天为辛劳的妻子打点好一切琐事。 宋女士问谁的丈夫是小红班主任？
	b	作为小红班主任的丈夫，吴亚松每天为辛劳的妻子打点好一切琐事。 宋女士问 whose 丈夫是小红的班主任？
	c	作为小红班主任的丈夫，吴亚松每天为辛劳的妻子打点好一切琐事。 宋女士问小红的班主任是谁的丈夫？
	d	作为小红班主任的丈夫，吴亚松每天为辛劳的妻子打点好一切琐事。 宋女士问小红的班主任是 whose 丈夫？
4	a	王佳佳的女儿非常能干，最近被提为张总裁的秘书。 李女士问谁的女儿是张总裁的秘书？
	b	王佳佳的女儿非常能干，最近被提为张总裁的秘书。 李女士问 whose 女儿是张总裁的秘书？
	c	王佳佳的女儿非常能干，最近被提为张总裁的秘书。 李女士问张总裁的秘书是谁的女儿？
	d	王佳佳的女儿非常能干，最近被提为张总裁的秘书。 李女士问张总裁的秘书是 whose 女儿？

续表

编号	类型	实验句
5	a	身为小雅的男友，王浩的搭档正在研发一款新的网络游戏。 张天吴问谁的搭档是小雅的男友？
	b	身为小雅的男友，王浩的搭档正在研发一款新的网络游戏。 张天吴问 whose 搭档是小雅的男友？
	c	身为小雅的男友，王浩的搭档正在研发一款新的网络游戏。 张天吴问小雅的男友是谁的搭档？
	d	身为小雅的男友，王浩的搭档正在研发一款新的网络游戏。 张天吴问小雅的男友是 whose 搭档？
6	a	菲菲的妹妹青春靓丽，已经成为小强的女友。 赵小姐问谁的妹妹是小强的女友？
	b	菲菲的妹妹青春靓丽，已经成为小强的女友。 赵小姐问 whose 妹妹是小强的女友？
	c	菲菲的妹妹青春靓丽，已经成为小强的女友。 赵小姐问小强的女友是谁的妹妹？
	d	菲菲的妹妹青春靓丽，已经成为小强的女友。 赵小姐问小强的女友是 whose 妹妹？
7	a	小蕾的老公李松业务能力很强，已成为王经理的得力助手。 孙书记问谁的得力助手是小蕾的老公？
	b	小蕾的老公李松业务能力很强，已成为王经理的得力助手。 孙书记问 whose 得力助手是小蕾的老公？
	c	小蕾的老公李松业务能力很强，已成为王经理的得力助手。 孙书记问小蕾的老公是谁的得力助手？
	d	小蕾的老公李松业务能力很强，已成为王经理的得力助手。 孙书记问小蕾的老公是 whose 得力助手？
8	a	身兼物流部负责人，陈雅的家属双十一期间忙得不可开交。 吴经理问谁的家属是物流部负责人？
	b	身兼物流部负责人，陈雅的家属双十一期间忙得不可开交。 吴经理问 whose 家属是物流部负责人？
	c	身兼物流部负责人，陈雅的家属双十一期间忙得不可开交。 吴经理问物流部负责人是谁的家属？
	d	身兼物流部负责人，陈雅的家属双十一期间忙得不可开交。 吴经理问物流部负责人是 whose 家属？
9	a	作为王凯的同桌，李红的朋友最近被南师大外国语学院录取。 郑老师问谁的朋友是王凯的同桌？
	b	作为王凯的同桌，李红的朋友最近被南师大外国语学院录取。 郑老师问 whose 朋友是王凯的同桌？
	c	作为王凯的同桌，李红的朋友最近被南师大外国语学院录取。 郑老师问王凯的同桌是谁的朋友？
	d	作为王凯的同桌，李红的朋友最近被南师大外国语学院录取。 郑老师问王凯的同桌是 whose 朋友？

续表

编号	类型	实验句
10	a	廖欢欢的祖父是二连连长，曾指挥了多场战役。 周警官问谁的祖父是二连连长？
	b	廖欢欢的祖父是二连连长，曾指挥了多场战役。 周警官问 whose 祖父是二连连长？
	c	廖欢欢的祖父是二连连长，曾指挥了多场战役。 周警官问二连连长是谁的祖父？
	d	廖欢欢的祖父是二连连长，曾指挥了多场战役。 周警官问二连连长是 whose 祖父？
11	a	肖博士的父亲与刘强东交往颇深，是强东的人生导师。 钱薇薇问谁的父亲是刘强东的人生导师？
	b	肖博士的父亲与刘强东交往颇深，是强东的人生导师。 钱薇薇问 whose 父亲是刘强东的人生导师？
	c	肖博士的父亲与刘强东交往颇深，是强东的人生导师。 钱薇薇问刘强东的人生导师是谁的父亲？
	d	肖博士的父亲与刘强东交往颇深，是强东的人生导师。 钱薇薇问刘强东的人生导师是 whose 父亲？
12	a	作为王磊的挚友，魏青青的夫人是位温文尔雅的女士。 杨晓涵问谁的夫人是王磊的挚友？
	b	作为王磊的挚友，魏青青的夫人是位温文尔雅的女士。 杨晓涵问 whose 夫人是王磊的挚友？
	c	作为王磊的挚友，魏青青的夫人是位温文尔雅的女士。 杨晓涵问王磊的挚友是谁的夫人？
	d	作为王磊的挚友，魏青青的夫人是位温文尔雅的女士。 杨晓涵问王磊的挚友是 whose 夫人？
13	a	倪老师家的保姆聪明能干，据张君说是她的婶婶。 韩先生问谁的保姆是张君的婶婶？
	b	倪老师家的保姆聪明能干，据张君说是她的婶婶。 韩先生问 whose 保姆是张君的婶婶？
	c	倪老师家的保姆聪明能干，据张君说是她的婶婶。 韩先生问张君的婶婶是谁的保姆？
	d	倪老师家的保姆聪明能干，据张君说是她的婶婶。 韩先生问张君的婶婶是 whose 保姆？
14	a	小强有位漂亮的舞伴，听说她是罗叔叔的闺女。 沈阿姨问谁的闺女是小强的舞伴？
	b	小强有位漂亮的舞伴，听说她是罗叔叔的闺女。 沈阿姨问 whose 闺女是小强的舞伴？
	c	小强有位漂亮的舞伴，听说她是罗叔叔的闺女。 沈阿姨问小强的舞伴是谁的闺女？
	d	小强有位漂亮的舞伴，听说她是罗叔叔的闺女。 沈阿姨问小强的舞伴是 whose 闺女？

续表

编号	类型	实验句
15	a	小王收藏了许多文学作品，其中莫言的作品是他的最爱。 蒋先生问谁的作品是小王的最爱？
	b	小王收藏了许多文学作品，其中莫言的作品是他的最爱。 蒋先生问 whose 作品是小王的最爱？
	c	小王收藏了许多文学作品，其中莫言的作品是他的最爱。 蒋先生问小王的最爱是谁的作品？
	d	小王收藏了许多文学作品，其中莫言的作品是他的最爱。 蒋先生问小王的最爱是 whose 作品？
16	a	身兼鼓楼区区长一职，王凯的舅舅为该区的发展作出了重要贡献。 卫晓聪问谁的舅舅是鼓楼区区长？
	b	身兼鼓楼区区长一职，王凯的舅舅为该区的发展作出了重要贡献。 卫晓聪问 whose 舅舅是鼓楼区区长？
	c	身兼鼓楼区区长一职，王凯的舅舅为该区的发展作出了重要贡献。 卫晓聪问鼓楼区区长是谁的舅舅？
	d	身兼鼓楼区区长一职，王凯的舅舅为该区的发展作出了重要贡献。 卫晓聪问鼓楼区区长是 whose 舅舅？
17	a	由于部门人事调动，小周的老婆成了秦晓环的同事。 褚经理问谁的同事是小周的老婆？
	b	由于部门人事调动，小周的老婆成了秦晓环的同事。 褚经理问 whose 同事是小周的老婆？
	c	由于部门人事调动，小周的老婆成了秦晓环的同事。 褚经理问小周的老婆是谁的同事？
	d	由于部门人事调动，小周的老婆成了秦晓环的同事。 褚经理问小周的老婆是 whose 同事？
18	a	宋兴彤的伯伯战功赫赫，曾担任第一站队队长。 冯先生问谁的伯伯是第一战队队长？
	b	宋兴彤的伯伯战功赫赫，曾担任第一站队队长。 冯先生问 whose 伯伯是第一战队队长？
	c	宋兴彤的伯伯战功赫赫，曾担任第一站队队长。 冯先生问第一战队队长是谁的伯伯？
	d	宋兴彤的伯伯战功赫赫，曾担任第一站队队长。 冯先生问第一战队队长是 whose 伯伯？
19	a	作为新佳集团总经理，翁红梅的姑妈十分热衷公益事业。 游同学问谁的姑妈是新佳集团总经理？
	b	作为新佳集团总经理，翁红梅的姑妈十分热衷公益事业。 游同学问 whose 姑妈是新佳集团总经理？
	c	作为新佳集团总经理，翁红梅的姑妈十分热衷公益事业。 游同学问新佳集团总经理是谁的姑妈？
	d	作为新佳集团总经理，翁红梅的姑妈十分热衷公益事业。 游同学问新佳集团总经理是 whose 姑妈？

编号	类型	实验句
20	a	王媛媛的妈妈不顾身体的不适,担任了鼓楼区抗洪救灾的领袖。 竺女士问谁的妈妈是鼓楼区抗洪救灾的领袖?
	b	王媛媛的妈妈不顾身体的不适,担任了鼓楼区抗洪救灾的领袖。 竺女士问 whose 妈妈是鼓楼区抗洪救灾的领袖?
	c	王媛媛的妈妈不顾身体的不适,担任了鼓楼区抗洪救灾的领袖。 竺女士问鼓楼区抗洪救灾的领袖是谁的妈妈?
	d	王媛媛的妈妈不顾身体的不适,担任了鼓楼区抗洪救灾的领袖。 竺女士问鼓楼区抗洪救灾的领袖是 whose 妈妈?
21	a	令宋雪松倍感欣慰的是,他的儿子赢得了东沟村唯一的全国道德模范称号。 宫村长问谁的儿子是东沟村唯一的全国道德模范?
	b	令宋雪松倍感欣慰的是,他的儿子赢得了东沟村唯一的全国道德模范称号。 宫村长问 whose 儿子是东沟村唯一的全国道德模范?
	c	令宋雪松倍感欣慰的是,他的儿子赢得了东沟村唯一的全国道德模范称号。 宫村长问东沟村唯一的全国道德模范是谁的儿子?
	d	令宋雪松倍感欣慰的是,他的儿子赢得了东沟村唯一的全国道德模范称号。 宫村长问东沟村唯一的全国道德模范是 whose 儿子?
22	a	身为王集村多年的妇女主任,宁女士的婆婆勤俭持家。 权长新问谁的婆婆是王集村妇女主任?
	b	身为王集村多年的妇女主任,宁女士的婆婆勤俭持家。 权长新问 whose 婆婆是王集村妇女主任?
	c	身为王集村多年的妇女主任,宁女士的婆婆勤俭持家。 权长新问王集村妇女主任是谁的婆婆?
	d	身为王集村多年的妇女主任,宁女士的婆婆勤俭持家。 权长新问王集村妇女主任是 whose 婆婆?
23	a	由于吴佳宏的未婚妻表现出色,呈贡担任了校体操队中队长。 盖处长问谁的未婚妻是校体操队中队长?
	b	由于吴佳宏的未婚妻表现出色,呈贡担任了校体操队中队长。 盖处长问 whose 未婚妻是校体操队中队长?
	c	由于吴佳宏的未婚妻表现出色,呈贡担任了校体操队中队长。 盖处长问校体操队中队长是谁的未婚妻?
	d	由于吴佳宏的未婚妻表现出色,呈贡担任了校体操队中队长。 盖处长问校体操队中队长是 whose 未婚妻?
24	a	开学分配新宿舍,秦伯伯的侄子成为王松的室友。 桓先生问谁的侄子是王松的新室友?
	b	开学分配新宿舍,秦伯伯的侄子成为王松的室友。 桓先生问 whose 侄子是王松的新室友?
	c	开学分配新宿舍,秦伯伯的侄子成为王松的室友。 桓先生问王松的新室友是谁的侄子?
	d	开学分配新宿舍,秦伯伯的侄子成为王松的室友。 桓先生问王松的新室友是 whose 侄子?

续表

编号	类型	实验句
25	a	李佳航的夫人研究成果丰硕,得到王博导的格外赏识。 关女士问谁的夫人是王博导的得意弟子?
	b	李佳航的夫人研究成果丰硕,得到王博导的格外赏识。 关女士问 whose 夫人是王博导的得意弟子?
	c	李佳航的夫人研究成果丰硕,得到王博导的格外赏识。 关女士问王博导的得意弟子是谁的夫人?
	d	李佳航的夫人研究成果丰硕,得到王博导的格外赏识。 关女士问王博导的得意弟子是 whose 夫人?
26	a	由于业务上的往来,张经理的助手成了李先生的朋友。 蒯明明问谁的朋友是张经理的助手?
	b	由于业务上的往来,张经理的助手成了李先生的朋友。 蒯明明问 whose 朋友是张经理的助手?
	c	由于业务上的往来,张经理的助手成了李先生的朋友。 蒯明明问张经理的助手是谁的朋友?
	d	由于业务上的往来,张经理的助手成了李先生的朋友。 蒯明明问张经理的助手是 whose 朋友?
27	a	由于转学的缘故,司飞的弟弟成了吴中继的学生。 相先生问谁的学生是司飞的弟弟?
	b	由于转学的缘故,司飞的弟弟成了吴中继的学生。 相先生问 whose 学生是司飞的弟弟?
	c	由于转学的缘故,司飞的弟弟成了吴中继的学生。 相先生问司飞的弟弟是谁的学生?
	d	由于转学的缘故,司飞的弟弟成了吴中继的学生。 相先生问司飞的弟弟是 whose 学生?
28	a	马娜告诉我,她的老板也就是王玲的姐夫特别能干。 红月明问谁的老板是王玲的姐夫?
	b	马娜告诉我,她的老板也就是王玲的姐夫特别能干。 红月明问 whose 老板是王玲的姐夫?
	c	马娜告诉我,她的老板也就是王玲的姐夫特别能干。 红月明问王玲的姐夫是谁的老板?
	d	马娜告诉我,她的老板也就是王玲的姐夫特别能干。 红月明问王玲的姐夫是 whose 老板?
29	a	季晓松对他的领导颇有成见,因他是张航的堂弟且对张航事事照顾。 荆纪楠问谁的领导是张航的堂弟?
	b	季晓松对他的领导颇有成见,因他是张航的堂弟且对张航事事照顾。 荆纪楠问 whose 领导是张航的堂弟?
	c	季晓松对他的领导颇有成见,因他是张航的堂弟且对张航事事照顾。 荆纪楠问张航的堂弟是谁的领导?
	d	季晓松对他的领导颇有成见,因他是张航的堂弟且对张航事事照顾。 荆纪楠问张航的堂弟是 whose 领导?

续表

编号	类型	实验句
30	a	何芳芳的表姐身材苗条，获得了去年亚姐选美冠军称号。 查小姐问谁的表姐是去年亚姐选美冠军？
	b	何芳芳的表姐身材苗条，获得了去年亚姐选美冠军称号。 查小姐问 whose 表姐是去年亚姐选美冠军？
	c	何芳芳的表姐身材苗条，获得了去年亚姐选美冠军称号。 查小姐问去年亚姐选美冠军是谁的表姐？
	d	何芳芳的表姐身材苗条，获得了去年亚姐选美冠军称号。 查小姐问去年亚姐选美冠军是 whose 表姐？
31	a	作为肖院长的得意门生，张教授的侄女十分聪慧。 巢学功问谁的得意门生是张教授的侄女？
	b	作为肖院长的得意门生，张教授的侄女十分聪慧。 巢学功问 whose 得意门生是张教授的侄女？
	c	作为肖院长的得意门生，张教授的侄女十分聪慧。 巢学功问张教授的侄女是谁的得意门生？
	d	作为肖院长的得意门生，张教授的侄女十分聪慧。 巢学功问张教授的侄女是 whose 得意门生？
32	a	吴晗清的表弟十分荣幸，被王老师亲自收为其关门弟子。 曾乐乐问谁的表弟是王老师的关门弟子？
	b	吴晗清的表弟十分荣幸，被王老师亲自收为其关门弟子。 曾乐乐问 whose 表弟是王老师的关门弟子？
	c	吴晗清的表弟十分荣幸，被王老师亲自收为其关门弟子。 曾乐乐问王老师的关门弟子是谁的表弟？
	d	吴晗清的表弟十分荣幸，被王老师亲自收为其关门弟子。 曾乐乐问王老师的关门弟子是 whose 表弟？
33	a	隔壁吴阿婆的孙子也就是李薇薇的堂弟，获得了外研社杯演讲比赛的第一名。 丰同学问谁的堂弟是隔壁吴阿婆的孙子？
	b	隔壁吴阿婆的孙子也就是李薇薇的堂弟，获得了外研社杯演讲比赛的第一名。 丰同学问 whose 堂弟是隔壁吴阿婆的孙子？
	c	隔壁吴阿婆的孙子也就是李薇薇的堂弟，获得了外研社杯演讲比赛的第一名。 丰同学问隔壁吴阿婆的孙子是谁的堂弟？
	d	隔壁吴阿婆的孙子也就是李薇薇的堂弟，获得了外研社杯演讲比赛的第一名。 丰同学问隔壁吴阿婆的孙子是 whose 堂弟？
34	a	庞松明的未婚夫一表人才，得到宋经理的重用且成了他的专职秘书。 须经理问谁的未婚夫是宋经理的专职秘书？
	b	庞松明的未婚夫一表人才，得到宋经理的重用且成了他的专职秘书。 须经理问 whose 未婚夫是宋经理的专职秘书？
	c	庞松明的未婚夫一表人才，得到宋经理的重用且成了他的专职秘书。 须经理问宋经理的专职秘书是谁的未婚夫？
	d	庞松明的未婚夫一表人才，得到宋经理的重用且成了他的专职秘书。 须经理问宋经理的专职秘书是 whose 未婚夫？

编号	类型	实验句
35	a	成龙的众多徒弟中，他最欣赏的一个就是王洪亮的女婿。 鞠女士问谁的女婿是成龙最欣赏的徒弟？
	b	成龙的众多徒弟中，他最欣赏的一个就是王洪亮的女婿。 鞠女士问 whose 女婿是成龙最欣赏的徒弟？
	c	成龙的众多徒弟中，他最欣赏的一个就是王洪亮的女婿。 鞠女士问成龙最欣赏的徒弟是谁的女婿？
	d	成龙的众多徒弟中，他最欣赏的一个就是王洪亮的女婿。 鞠女士问成龙最欣赏的徒弟是 whose 女婿？
36	a	赵本山的小舅子亦具有不错的艺术天赋，成了五位年轻艺人的师父。 养师傅问谁的师父是赵本山的小舅子？
	b	赵本山的小舅子亦具有不错的艺术天赋，成了五位年轻艺人的师父。 养师傅问 whose 师父是赵本山的小舅子？
	c	赵本山的小舅子亦具有不错的艺术天赋，成了五位年轻艺人的师父。 养师傅问赵本山的小舅子是谁的师父？
	d	赵本山的小舅子亦具有不错的艺术天赋，成了五位年轻艺人的师父。 养师傅问赵本山的小舅子是 whose 师父？
37	a	身为张叔叔的发小，李娜娜的姨父与张叔叔一起合伙开了一家咨询公司。 沙同学问谁的姨父是张叔叔的发小？
	b	身为张叔叔的发小，李娜娜的姨父与张叔叔一起合伙开了一家咨询公司。 沙同学问 whose 姨父是张叔叔的发小？
	c	身为张叔叔的发小，李娜娜的姨父与张叔叔一起合伙开了一家咨询公司。 沙同学问张叔叔的发小是谁的姨父？
	d	身为张叔叔的发小，李娜娜的姨夫与张叔叔一起合伙开了一家咨询公司。 沙同学问张叔叔的发小是 whose 姨夫？
38	a	作为小米的好姐妹，谭维维的女友打算去德国留学。 空姐姐问谁的女友是小米的好姐妹？
	b	作为小米的好姐妹，谭维维的女友打算去德国留学。 空姐姐问 whose 女友是小米的好姐妹？
	c	作为小米的好姐妹，谭维维的女友打算去德国留学。 空姐姐问小米的好姐妹是谁的女友？
	d	作为小米的好姐妹，谭维维的女友打算去德国留学。 空姐姐问小米的好姐妹是 whose 女友？
39	a	新入住的户主是马凯的婶婶，现在成了张阿姨家对门的邻居。 饶小姐问谁的婶婶是张阿姨家对门的邻居？
	b	新入住的户主是马凯的婶婶，现在成了张阿姨家对门的邻居。 饶小姐问 whose 婶婶是张阿姨家对门的邻居？
	c	新入住的户主是马凯的婶婶，现在成了张阿姨家对门的邻居。 饶小姐问张阿姨家对门的邻居是谁的婶婶？
	d	新入住的户主是马凯的婶婶，现在成了张阿姨家对门的邻居。 饶小姐问张阿姨家对门的邻居是 whose 婶婶？

续表

编号	类型	实验句
40	a	魏大卫的儿子得到了李博士的亲自栽培，已经成为一名学术新秀。 简女士问谁的儿子是李博士栽培的学生？
	b	魏大卫的儿子得到了李博士的亲自栽培，已经成为一名学术新秀。 简女士问 whose 儿子是李博士栽培的学生？
	c	魏大卫的儿子得到了李博士的亲自栽培，已经成为一名学术新秀。 简女士问李博士栽培的学生是谁的儿子？
	d	魏大卫的儿子得到了李博士的亲自栽培，已经成为一名学术新秀。 简女士问李博士栽培的学生是 whose 儿子？
41	a	听小芬说她的亲哥哥成了菲菲的男朋友，还给菲菲送了个定情信物呢。 那同学问谁的男朋友是小芬的亲哥哥？
	b	听小芬说她的亲哥哥成了菲菲的男朋友，还给菲菲送了个定情信物呢。 那同学问 whose 男朋友是小芬的亲哥哥？
	c	听小芬说她的亲哥哥成了菲菲的男朋友，还给菲菲送了个定情信物呢。 那同学问小芬的亲哥哥是谁的男朋友？
	d	听小芬说她的亲哥哥成了菲菲的男朋友，还给菲菲送了个定情信物呢。 那同学问小芬的亲哥哥是 whose 男朋友？
42	a	为了记录了摩梭族的语料，小李亲自收集材料以提高研究的信效度。 辛老师问谁的语料是小李亲自收集的材料？
	b	为了记录了摩梭族的语料，小李亲自收集材料以提高研究的信效度。 辛老师问 whose 语料是小李收集的材料？
	c	为了记录了摩梭族的语料，小李亲自收集材料以提高研究的信效度。 辛老师问小李收集的材料是谁的语料？
	d	为了记录了摩梭族的语料，小李亲自收集材料以提高研究的信效度。 辛老师问小李收集的材料是 whose 语料？
43	a	小米的挚友也是娜娜的闺密，参加了江苏卫视的《非诚勿扰》节目。 冷小姐问谁的闺密是小米的挚友？
	b	小米的挚友也是娜娜的闺密，参加了江苏卫视的《非诚勿扰》节目。 冷小姐问 whose 闺密是小米的挚友？
	c	小米的挚友也是娜娜的闺密，参加了江苏卫视的《非诚勿扰》节目。 冷小姐问小米的挚友是谁的闺密？
	d	小米的挚友也是娜娜的闺密，参加了江苏卫视的《非诚勿扰》节目。 冷小姐问小米的挚友是 whose 闺密？
44	a	张师傅生前唯一的作品技艺精湛，最终被一位江苏籍富豪高价收藏。 融晶晶问谁的收藏是张师傅生前唯一的作品？
	b	张师傅生前唯一的作品技艺精湛，最终被一位江苏籍富豪高价收藏。 融晶晶问 whose 收藏是张师傅生前唯一的作品？
	c	张师傅生前唯一的作品技艺精湛，最终被一位江苏籍富豪高价收藏。 融晶晶问张师傅生前唯一的作品是谁的收藏？
	d	张师傅生前唯一的作品技艺精湛，最终被一位江苏籍富豪高价收藏。 融晶晶问张师傅生前唯一的作品是 whose 收藏？

续表

编号	类型	实验句
45	a	老王的表侄业务能力过硬，现在被提为华为的事业部主管。 敖晓彤问谁的事业部主管是老王的表侄？
	b	老王的表侄业务能力过硬，现在被提为华为的事业部主管。 敖晓彤问 whose 事业部主管是老王的表侄？
	c	老王的表侄业务能力过硬，现在被提为华为的事业部主管。 敖晓彤问老王的表侄是谁的事业部主管？
	d	老王的表侄业务能力过硬，现在被提为华为的事业部主管。 敖晓彤问老王的表侄是 whose 事业部主管？
46	a	听李爷爷说他的孙女也就是王经理的儿媳妇，最近刚刚读了个哈佛大学博士学位。 勾先生问谁的孙女是王经理的儿媳妇？
	b	听李爷爷说他的孙女也就是王经理的儿媳妇，最近刚刚读了个哈佛大学博士学位。 勾先生问 whose 孙女是王经理的儿媳妇？
	c	听李爷爷说他的孙女也就是王经理的儿媳妇，最近刚刚读了个哈佛大学博士学位。 勾先生问王经理的儿媳妇是谁的孙女？
	d	听李爷爷说他的孙女也就是王经理的儿媳妇，最近刚刚读了个哈佛大学博士学位。 勾先生问王经理的儿媳妇是 whose 孙女？
47	a	令武林高手们吃惊的是，全真教的长老成了丐帮的精神领袖。 聂菲菲问谁的精神领袖是全真教的长老？
	b	令武林高手们吃惊的是，全真教的长老成了丐帮的精神领袖。 聂菲菲问 whose 精神领袖是全真教的长老？
	c	令武林高手们吃惊的是，全真教的长老成了丐帮的精神领袖。 聂菲菲问全真教的长老是谁的精神领袖？
	d	令武林高手们吃惊的是，全真教的长老成了丐帮的精神领袖。 聂菲菲问全真教的长老是 whose 精神领袖？
48	a	三月二十八日是小李的生日，他的朋友们都前来庆祝。 巩青青问谁的生日是三月二十八日？
	b	三月二十八日是小李的生日，他的朋友们都前来庆祝。 巩青青问 whose 生日是三月二十八日？
	c	三月二十八日是小李的生日，他的朋友们都前来庆祝。 巩青青问三月二十八日是谁的生日？
	d	三月二十八日是小李的生日，他的朋友们都前来庆祝。 巩青青问三月二十八日是 whose 生日？
49	a	据可靠消息称，王飞芳的侄子成了宋阿姨的女婿。 师女士问谁的侄子是宋阿姨的女婿？
	b	据可靠消息称，王飞芳的侄子成了宋阿姨的女婿。 师女士问 whose 侄子是宋阿姨的女婿？
	c	据可靠消息称，王飞芳的侄子成了宋阿姨的女婿。 师女士问宋阿姨的女婿是谁的侄子？
	d	据可靠消息称，王飞芳的侄子成了宋阿姨的女婿。 师女士问宋阿姨的女婿是 whose 侄子？

续表

编号	类型	实验句
50	a	作为力学小学一班的学习委员,陈楠的外甥成绩优异且乐于助人。 欧先生问谁的外甥是力学小学一班的学习委员?
	b	作为力学小学一班的学习委员,陈楠的外甥成绩优异且乐于助人。 欧先生问 whose 外甥是力学小学一班的学习委员?
	c	作为力学小学一班的学习委员,陈楠的外甥成绩优异且乐于助人。 欧先生问力学小学一班的学习委员是谁的外甥?
	d	作为力学小学一班的学习委员,陈楠的外甥成绩优异且乐于助人。 欧先生问力学小学一班的学习委员是 whose 外甥?
51	a	莉莉的哥哥也就是雯雯的学长,昨天当选为校学生会主席。 沃小姐问谁的学长是莉莉的哥哥?
	b	莉莉的哥哥也就是雯雯的学长,昨天当选为校学生会主席。 沃小姐问 whose 学长是莉莉的哥哥?
	c	莉莉的哥哥也就是雯雯的学长,昨天当选为校学生会主席。 沃小姐问莉莉的哥哥是谁的学长?
	d	莉莉的哥哥也就是雯雯的学长,昨天当选为校学生会主席。 沃小姐问莉莉的哥哥是 whose 学长?
52	a	王婶婶的侄女嫁给了宋伟伟的哥哥,现在成了伟伟的嫂子。 利家鸣问谁的嫂子是王婶婶的侄女?
	b	王婶婶的侄女嫁给了宋伟伟的哥哥,现在成了伟伟的嫂子。 利家鸣问 whose 嫂子是王婶婶的侄女?
	c	王婶婶的侄女嫁给了宋伟伟的哥哥,现在成了伟伟的嫂子。 利家鸣问王婶婶的侄女是谁的嫂子?
	d	王婶婶的侄女嫁给了宋伟伟的哥哥,现在成了伟伟的嫂子。 利家鸣问王婶婶的侄女是 whose 嫂子?
53	a	宋经理的保镖值得信赖,因为他曾经做过飞虎队队长。 越彤彤问谁的保镖是飞虎队队长?
	b	宋经理的保镖值得信赖,因为他曾经做过飞虎队队长。 越彤彤问 whose 保镖是飞虎队队长?
	c	宋经理的保镖值得信赖,因为他曾经做过飞虎队队长。 越彤彤问飞虎队队长是谁的保镖?
	d	宋经理的保镖值得信赖,因为他曾经做过飞虎队队长。 越彤彤问飞虎队队长是 whose 保镖?
54	a	由于公司业务发展的需要,朱小龙的妈妈担任了神马集团的首席执行官。 匡明明问谁的妈妈是神马集团的首席执行官?
	b	由于公司业务发展的需要,朱小龙的妈妈担任了神马集团的首席执行官。 匡明明问 whose 妈妈是神马集团的首席执行官?
	c	由于公司业务发展的需要,朱小龙的妈妈担任了神马集团的首席执行官。 匡明明问神马集团的首席执行官是谁的妈妈?
	d	由于公司业务发展的需要,朱小龙的妈妈担任了神马集团的首席执行官。 匡明明问神马集团的首席执行官是 whose 妈妈?

编号	类型	实验句
55	a	由于两家交往甚密，李佳涵的孩子做了王先生的干儿子。 国同学问谁的孩子是王先生的干儿子？
	b	由于两家交往甚密，李佳涵的孩子做了王先生的干儿子。 国同学问 whose 孩子是王先生的干儿子？
	c	由于两家交往甚密，李佳涵的孩子做了王先生的干儿子。 国同学问王先生的干儿子是谁的孩子？
	d	由于两家交往甚密，李佳涵的孩子做了王先生的干儿子。 国同学问王先生的干儿子是 whose 孩子？
56	a	据说艺术团的领导班子换届了，现在由王晓萌的先生任鼓楼区文工团团长。 文邱江问谁的先生是鼓楼区文工团团长？
	b	据说艺术团的领导班子换届了，现在由王晓萌的先生任鼓楼区文工团团长。 文邱江问 whose 先生是鼓楼区文工团团长？
	c	据说艺术团的领导班子换届了，现在由王晓萌的先生任鼓楼区文工团团长。 文邱江问鼓楼区文工团团长是谁的先生？
	d	据说艺术团的领导班子换届了，现在由王晓萌的先生任鼓楼区文工团团长。 文邱江问鼓楼区文工团团长是 whose 先生？
57	a	由于军队复员，原南京军区三营营长做了王经理的专属司机。 寇心如问谁的专属司机是原南京军区三营营长？
	b	由于军队复员，原南京军区三营营长做了王经理的专属司机。 寇心如问 whose 专属司机是原南京军区三营营长？
	c	由于军队复员，原南京军区三营营长做了王经理的专属司机。 寇心如问原南京军区三营营长是谁的专属司机？
	d	由于军队复员，原南京军区三营营长做了王经理的专属司机。 寇心如问原南京军区三营营长是 whose 专属司机？
58	a	听其他同事说，宋楠爸爸的老友也就是王宏伟的领导患了食道癌。 广菲菲问谁的领导是宋楠爸爸的老友？
	b	听其他同事说，宋楠爸爸的老友也就是王宏伟的领导患了食道癌。 广菲菲问 whose 领导是宋楠爸爸的老友？
	c	听其他同事说，宋楠爸爸的老友也就是王宏伟的领导患了食道癌。 广菲菲问宋楠爸爸的老友是谁的领导？
	d	听其他同事说，宋楠爸爸的老友也就是王宏伟的领导患了食道癌。 广菲菲问宋楠爸爸的老友是 whose 领导？
59	a	据小道消息称，罗红的干爹最近被提为呈贡县县委书记。 东亚亚问谁的干爹是呈贡县县委书记？
	b	据小道消息称，罗红的干爹最近被提为呈贡县县委书记。 东亚亚问 whose 干爹是呈贡县县委书记？
	c	据小道消息称，罗红的干爹最近被提为呈贡县县委书记。 东亚亚问呈贡县县委书记是谁的干爹？
	d	据小道消息称，罗红的干爹最近被提为呈贡县县委书记。 东亚亚问呈贡县县委书记是 whose 干爹？

续表

编号	类型	实验句
60	a	作为一名退伍老兵,柯黎明的爷爷曾参加了朝鲜战争。 禄同学问谁的爷爷是朝鲜战争的退伍老兵?
	b	作为一名退伍老兵,柯黎明的爷爷曾参加了朝鲜战争。 禄同学问 whose 爷爷是朝鲜战争的退伍老兵?
	c	作为一名退伍老兵,柯黎明的爷爷曾参加了朝鲜战争。 禄同学问朝鲜战争的退伍老兵是谁的爷爷?
	d	作为一名退伍老兵,柯黎明的爷爷曾参加了朝鲜战争。 禄同学问朝鲜战争的退伍老兵是 whose 爷爷?
猜	1	在朋友的聚会上,由于看到小黄跟王佳俊长得比较像。 朱嵩松猜小黄是不是王佳俊的亲生哥哥?
	2	在七夕节这天,身为单身人士的秦同学陷入深思中。 秦同学猜他的那个谁是不是也喜欢他呢?
	3	走到领导办公室门前,看到汪涵清在向领导抱怨。 尤女士猜汪涵清的责任有没有王丹的艰巨呢?
	4	看了几期《逻辑思维》后,觉得乏善可陈。 许先生猜罗胖的节目是不是很受欢迎?
	5	听朋友说非洲有一种恐怖的野人,至今还是处于奴隶社会时期。 吕小姐猜非洲的野人是不是也会唱歌?
	6	进到南师大的图书馆,看到清一色的女生在埋头读书。 施小姐猜南师大的女生是不是都很勤奋?
	7	司机告诉张二叔一种倒车的方法,觉得很受用。 张二叔猜司机的方法是不是大众的值得推广?
	8	孔菲菲昨天去倪老师家做客,看到了他家墙上挂着一幅名画。 孔菲菲猜倪老师家的名画是不是出自名家之手?
	9	通过阅读民国的爱情故事,尤其是有关金岳霖和林徽因的往事。 曹佳佳猜金岳霖一生是不是单恋林徽因?
	10	看到自己的好友满世界旅游,还给自己寄了各种地方特色的明信片。 龙乐乐猜美好的人生是不是拥有丰富的阅历?
	11	因为经常听到爷爷说起年轻时候的故事,尤其是跟战争有关的事情。 贾红尘猜 his 爷爷是不是参加了解放战争?
	12	由于与隔壁班的女生谈起了恋爱,他的成绩出现了下滑的迹象。 王福生猜 his 学习是不是受到一定影响?
	13	听我诉说了朋友和他的女友闹分手的故事后,陆先生很受震撼。 他猜 my 最好的朋友是不是抛弃了他的女友?
	14	在情人节这天,由于男友的电话一直无法接通。 戚小姐猜 his 男朋友是不是弄丢了手机?
	15	谢女士看到自己的孩子老是高烧不退,她立即把孩子送到了医院。 谢女士猜 her 孩子是不是得了重感冒?
	16	看到王欢开着豪车去学校,副驾驶室坐着一位班花。 邹同学猜 his 豪车是不是爸爸给买的?
	17	由于经常听到王琴提起,他爸爸与昆明市长共进晚餐的事。 喻同学猜昆明市长是不是 his 爸爸的好友?
	18	看到闺密打算去参加相亲节目,并希望能够牵手一位男嘉宾。 柏女士猜相亲节目是不是 her 闺蜜的最爱?

续表

类型	编号	实验句
猜	19	王乐已经换了很多高档手机，但是他的家境却不是很好。 窦先生猜王乐的手机是不是 he 自己攒钱买的？
	20	周末去李明明家做客，由于李明明的爸爸要求自己向爸爸问好。 章欢欢猜李明明的爸爸是不是 his 爸爸的朋友？
想	21	暑期即将来临，由于发觉张老师一直没提关于夏令营的事。 严加航想张老师有没有忘记暑期夏令营的安排？
	22	由于自己并没有听说罗星星的爷爷提起过退休老干部的事，所以自己也比较疑惑。 华美华想罗星星的爷爷有没有拜访过退休老干部？
	23	金琳琳的杂事太多，已经想不起来还有多少篇论文没读。 她在想贾老师有没有布置这周的阅读任务？
	24	魏虹虹与朋友在外面逛街，发现街角新开了一家餐馆。 她在想新开的餐馆会不会有喜欢的菜肴？
	25	已经与编辑部联系了好几次，仍未收到任何邮件包裹。 陶老师想核心期刊有没有给他寄送样刊？
	26	作为一个爱美女士，姜女士对梳妆打扮可没少费心。 姜女士想北京路的那家专柜预订的腮红有没有到货呢？
	27	提到那个会议的日程，似乎并没有多少动静。 谢院长想助手有没有安排下个月会议的具体举办事宜？
	28	作为资深的体育爱好者，邹开明每期的比赛必看。 他在想今早的巴西奥运会赛事直播有没有开始呢？
	29	作为负责任的老师，喻老师对学生的安全问题牵肠挂肚。 她在想班上的同学们有没有安全到家？
	30	家里已经多次收到催缴通知了，范先生想告诉妻子缴费的事。 他在想妻子今天有没有记得去交水电费？
	31	由于具有强迫症的习惯，彭女士经常怀疑自己。 她在想 herself 出门前有没有关煤气？
	32	由于预报说今天有雨，郎先生开始担心起了女儿。 郎先生想 his 女儿今天出门有没有带伞？
	33	由于工作繁忙，她拜托小秦替自己打点好一些杂务。 鲁小姐想小秦有没有帮 she 预订酒店？
	34	听说周杰伦要来南京开演唱会，而且门票特别难买。 韦菲菲想周杰伦的演唱会 ticket 有没有被抢光呢？
	35	临近毕业，由于南师大对毕业生有论文发表要求。 昌同学想之前投的 that 篇稿子有没有被接受呢？
	36	马小姐是个很繁忙的白领，工作之余会去星巴克喝喝咖啡。 马小姐想 Starbucks 有没有出夏季新品呢？
	37	由于把书忘在家里，她让妈妈给送过来。 苗同学想 her 妈妈有没有忘记给她带书来学校？
	38	花小姐如同她的姓一样，是个爱花的女生。 她在想一 year 前种在花园里的那株玫瑰有没有开花呢？
	39	由于工作繁忙，且住处离公司距离很远。 方女士想有没有能直达 new 公司的交通工具？
	40	今年暑假期间，唐先生一家开车去大理自驾游。 他想 this 附近有没有加油站？

续表

编号	类型	实验句
41	说	学校需要更换空调，负责人正愁着找谁来维修。 俞老师说南师大图书馆的中央空调是王师傅维修的。
42		有人问及新修公路的归属问题，大家众说纷纭。 任先生说新修的公路是政府出资的。
43		由于不忍其扰，有人想向仙林街道负责人反映。 袁同学说王欣欣的爸爸是仙林街道负责人。
44		早就听说非洲一种野象，尤其善于奔跑。 鲍先生说非洲的野象是一种非常聪明的动物。
45		虽然我们会觉得美国的种种不公，但其实力绝对不容小觑。 史老师说美国的经济实力是全球绝对领先的。
46		里约奥运会中，场外的观众们都为健儿们的出色表现而欢呼喝彩。 唐先生说中国人的爱国热情是十分高涨的。
47		面对多数人想成名成家的想法，费女士说怎样成为大家都敬仰的伟人。 是个值得深思的话题。
48		通过游览南师大，令人印象深刻的是其民国风格。 廉同学说南师大随园校区是东方最美的校园。
49		面对经济全球化，以及国际不断合作共赢的大背景下， 岑书记说东南亚桥头堡战略是不容忽视的。
50		看到李明明电脑可以不插电源使用很久，薛先生十分惊讶， 他说李明明新买电脑的电池是十分耐用的。
51		看到有些同学的习惯不好，雷老师都会严厉地批评。 雷老师说 *what* 都关注是个不好的习惯。
52		面对骄傲自大的人，没必要去反击什么。 因为贺小姐说 *where* 得到支持哪里就缺乏什么。
53		在一次班级会议上，面对一些学习不努力的学生， 倪老师说 *we* 必须好好学习才能对得起父母的养育之恩。
54		汤先生一直对自己的儿子持乐观态度，尤其以儿子的成绩为傲。 汤先生说 *his* 儿子是个品学兼优的好学生。
55		王磊想买一本殷老师推荐的小说，但是忘记了该书的出版社。 殷老师说 *her* 新买的小说是牛津大学出版社出版的。
56		罗先生的爸爸是位房地产开发商，开发了不少楼盘。 罗先生说王思聪家的小区也是 *his* 爸爸开发的。
57		毕老师对培养学生有自己的观点，尤其对那些成绩优秀的学生有独特的看法， 他说聪明的学生是 *he* 不用花时间指导都能成才的。
58		关于人生的跌宕起伏，谁也说不准。 郝先生说容易焦虑的人是 *he* 童年时期阴影的反映。
59		远处看到一个男生替邬小姐买票，我以为是她的男友。 邬小姐却说替她购买车票的是 *her* 闺密的男朋友。
60		论及怎样成功，以及保持怎样的心态， 安老师说成功的秘诀是 *nobody* 能够用言语说明白的。

续表

编号	类型	实验句
	61	常先生与余小姐平时来往较多，两人也是公司的中坚力量。 因此常先生请余小姐去参加他的婚礼。
	62	为了提高社团的活跃性，大家很希望颇具艺术天赋的叶菲菲同学前来捧场。 乐彤彤请叶菲菲加盟她们的社团。
	63	由于节目的特别安排，且听众们已经适应了先前的表现方式， 于珊珊请回了罗胖主持他的《逻辑思维》节目。
	64	上次生病住院，时同学的作业迟迟未交， 他只好请王同学代为转交班主任布置的作业。
	65	李星星平时格外忙，只有晚上有空。 皮女士请李星星出席她的生日晚宴。
	66	每当遇到一些难题时，卞同学都会找李博士帮忙， 这次他又请李博士帮忙解答学术难题。
	67	由于暑期学校要派年轻教师学习的缘故，情急之下， 顾老师只好请李老师的侄子开车去南京开会。
	68	孟先生正好在小区门口遇到自己的表叔，寒暄之余， 孟先生请自己的表叔去家里坐坐。
请	69	正值学校四十年校庆，学校加大宣传的力度。 黄老师邀请许多毕业生回母校看看。
	70	穆先生正在筹划开一家商业资讯公司，目前资金尚未到齐。 他只好邀请小学好友投资他的公司。
	71	肖菲菲爸爸的酒庄今天开业，她爸爸宴请了许多人。 所以萧菲菲也请闺密去 her 爸爸的酒庄做客。
	72	鉴于很多学生第一次来昆明，感受春城气息， 尹小姐请需要参赛的 student 游览美丽的滇池。
	73	针对自己的未来，以及如何看待婚姻问题， 姚先生请李小姐聊聊 herself 的婚恋观。
	74	为了炫耀自己的厨艺，邵同学想自己亲自做菜， 于是他请王青青吃了顿 himself 亲手做的大餐。
	75	考虑到适应大众的口味，节目需要进一步细化， 汪女士请罗胖子听听 he 关于节目调整的建议。
	76	祁老师是位爱书之人，收藏了很多经典书籍， 祁老师请余先生阅览了 she 收藏的经典书籍。
	77	由于第一次见面，双方并不是很了解彼此， 毛先生只好请王灿灿吃了顿 his 妈妈包的饺子。
	78	李青青的个人发展很好，已经上升到公司的管理层， 禹同学请李青青提携了 his 弟弟。
	79	由于上次交通事故，庞老师的伤还未痊愈， 他只得请小万同学为 he 购买了一包香烟。
	80	舒先生钟爱歌曲，尤其爱听马淑苏唱的歌， 他前天请马淑苏为自己唱了首 he 最爱的曲子。

注：刺激 1—60 为目标试次；含有"猜""想""说"句子均为填充材料。

附录四：实验知情书

非常感谢您百忙中抽出时间前来南京师范大学外国语学院神经语言学实验室，参加本次眼动阅读实验。为了便于您充分了解个人在实验过程中的知情权，请在下表"□"中勾选您认可的内容。谢谢！

我已经阅读下列款项，并且勾选确认：

1	本人能够阅读并且理解本研究项目中的内容信息。	□
2	本人对自己所参加的与研究项目相关的任何疑问，均保留提问的权利。	□
3	本人自愿参加本研究项目。	□
4	本人已知晓，在实验过程中，如果感到任何不适而选择立即结束，均可无理由退出且不受到质询或任何形式的惩罚。	□
5	本研究已经明确告知本人，实验数据仅供研究之用，且对个人信息作匿名处理并严格保密。	□
6	与实验有关的访谈、问卷或咨询均已征得本人的同意。	□
7	本人对研究数据的使用、研究成果的出版、共享保留知情权。	□
8	第三方如若获取本研究项目的数据，其应遵循上述匿名款项，本人保留知情权，且第三方负有告知义务。	□
9	请选择下面款项中的任意一项： ·我同意研究人员使用本人的姓名，并且本人业已知晓本人（及姓名）将作为研究内容的一部分用于报告的撰写、研究的出版及其他途径的传播。	□
	·未经本人同意，请勿将本人姓名直接用于研究报告的撰写、研究的出版及其他途径的传播；如果使用本人个人信息，请做好匿名处理。	□
10	作为参与人员，本人以及研究人员同意签署本知情书的签名和日期。	□

参与人员：

_____   _____   _____
参与人姓名   个人签名   日　　期

附录五：语言学习情况、语码转换态度及语言水平测试

亲爱的同学，

您好！现诚邀您耐心填写本问卷。作为实验的重要组成部分，本问卷旨在了解您的基本信息、英语自评水平、语言使用频率及对语码转换（即双语之间的相互转换现象）的态度。请放心填写，我们保证您填写的内容仅作学术研究之用。

1. 基本信息（注：□内填写具体数字）

性别：男□/女□	年龄：□□岁	专业：	年级：大学□年级
学英语起始年龄： 岁	年级：研究生□年级（限研究生填写）		
您通过了：CET-4□，分数是：□□□/CET-6□，分数是：□□□/TEM-4□，分数是：□□/TEM-8□，分数是：□□（根据实际勾选并填写分数）			

2. 英语水平（注：指当前的语言技能情况，请根据自身情况勾选相应数字）

项目	不能	几乎不能	不太能	不确定	可能	很可能	母语水平
听	1	2	3	4	5	6	7
说	1	2	3	4	5	6	7
读	1	2	3	4	5	6	7
写	1	2	3	4	5	6	7
综合	1	2	3	4	5	6	7

3. 语言使用频率（注：指当前的语言使用情况，请根据自身情况勾选相应数字）

项目	从不用	不用	几乎不用	不确定	偶尔用	经常用	频繁用
汉语	1	2	3	4	5	6	7

续表

项目	从不用	不用	几乎不用	不确定	偶尔用	经常用	频繁用
英语	1	2	3	4	5	6	7

4. 语码转换频率（注：指当前的语码转换情况，请根据自身情况勾选相应数字）

项目	从不用	不用	几乎不用	不确定	偶尔用	经常用	频繁用
语码转换	1	2	3	4	5	6	7
汉转英	1	2	3	4	5	6	7
英转汉	1	2	3	4	5	6	7

5. 语码转换的态度（注：指对语码转换的态度，请根据自身情况勾选相应数字）

1）与朋友在一起我（频繁使用语码转换 7□/经常使用语码转换 6□/偶尔使用语码转换 5□/不确定 4□/几乎不使用语码转换 3□/不使用语码转换 2□/从不用语码转换 1□）

2）在英语课堂上，必要时老师讲解课文时使用汉语，我会感到（非常不能接受 1□/不能接受 2□/比较不能接受 3□/一般 4□/比较能接受 5□/能接受 6□/非常能接受 7□）

3）当听到有人说汉语时夹杂着英语，我会感到（非常不能接受 1□/不能接受 2□/比较不能接受 3□/一般 4□/比较能接受 5□/能接受 6□/非常能接受 7□）

4）当听到有人说英语时夹杂着汉语，我会感到（非常不能接受 1□/不能接受 2□/比较不能接受 3□/一般 4□/比较能接受 5□/能接受 6□/非常能接受 7□）

5）就个人来说，我对语码转换这种行为（非常不能接受 1□/不能接受 2□/比较不能接受 3□/一般 4□/比较能接受 5□/能接受 6□/非常能接受 7□）

6. 牛津快速分阶测试题（以下为英语选择题，请凭第一印象勾选相应的选项）

1) Question 1-5

· Where can you see these notices（标识）？

· For questions 1 to 5, tick（√）one letter A, B or C on the table（□）.

1	Please leave your room key at Reception.	A□. in a shop	B□. in a hotel	C□. in a taxi
2	Foreign money changed here	A□. in a library	B□. in a bank	C□. in a police station
3	CLOSED FOR HOLIDAYS Lessons start again on the 8 th January	A□. at a travel agent's	B□. at a music school	C□. at a restaurant
4	AFTERNOON SHOW BEGINS AT 2PM	A□. outside a theatre	B□. outside a supermarket	C□. outside a restaurant
5	Price per night: £ 10 a tent £ 5 a person	A□. at a cinema	B□. in a hotel	C□. on a camp-site

2) Multiple Choice（In this section you must choose the word or phrase which best completes each sentence）

（1）The teacher encouraged her students _____ to an English pen-friend.

A□. should write　B□. write　　C□. wrote　　D□. to write

（2）They spent a lot of time _____ at the pictures in the museum.

A□. looking　　B□. for looking　C□. to look　D□. to looking

（3）Shirley enjoys science lessons, but all her experiments seem to ____ wrong.

A□. turn　　　B□. come　　　C□. end　　　D□. go

（4）9 ____ from Michael, all the group arrived on time.

A□. Except　　B□. Other　　C□. Besides　D□. Apart

(5) She ____ her neighbour's children for the broken window.

A□. accused　　B□. complained　C□. blamed　D□. denied

(6) As I had missed the history lesson, my friend went ____ the homework with me.

A□. by　　　　B□. after　　　C□. over　　　D□. on

(7) Whether she's a good actress or not is a ____ of opinion.

A□. matter　　B□. subject　　C□. point　　D□. case

(8) The decorated roof of the ancient palace was ____ up by four thin columns.

A□. built　　　B□. carried　　C□. held　　　D□. supported

(9) Would it ____ you if we came on Thursday?

A□. agree　　　B□. suit　　　C□. like　　　D□. fit

(10) This form ____ be handed in until the end of the week.

A□. doesn't need　B□. doesn't have　C□. needn't

D□. hasn't got

(11) If you make a mistake when you are writing, just ____ it out with your pen.

A□. cross　　　B□. clear　　　C□. do　　　D□. wipe

(12) Although our opinions on many things ____, we're good friends.

A□. differ　　　B□. oppose　　C□. disagree　D□. divide

(13) This product must be eaten ____ two days of purchase.

A□. by　　　　B□. before　　C□. within　　D□. under

(14) The newspaper report contained ____ important information.

A□. many　　　B□. another　　C□. an　　　D□. a lot of

(15) Have you considered ____ to London?

A□. move　　　　　　　　　B□. to move

C□. to be moving　　　　　　D□. moving

(16) It can be a good idea for people who lead an active life to increase their ____ of vitamins.

　　A□. upturn　　　B□. input　　　C□. upkeep　　D□. intake

(17) I thought there was a ____. of jealousy in his reaction to my good fortune.

　　A□. piece　　　B□. part　　　C□. shadow　　D□. touch

(18) Why didn't you ____. that you were feeling ill?

　　A□. advise　　　B□. mention　　C□. remark　　D□. tell

(19) James was not sure exactly where his best interests ____.

　　A□. stood　　　B□. rested　　　C□. lay　　　D□. centred

(20) He's still getting ____ the shock of losing his job.

　　A□. across　　　B□. by　　　　C□. over　　　D□. through

(21) Roger's manager ____ to make him stay late if he hadn't finished the work.

　　A□. insisted　　　B□. warned　　C□. threatened D□. announced

(22) By the time he has finished his week's work, John has hardly ____ energy left for the weekend.

　　A□. any　　　　B□. much　　　C□. no　　　　D□. same

(23) As the game ____ to a close, disappointed spectators started to leave.

　　A□. led　　　　　　　　　B□. neared

　　C□. approached　　　　　D□. drew

(24) I don't remember ____ the front door when I left home this morning.

　　A □. to lock　　B □. locking　　C □. locked　　D □. to have locked

(25) I ____ to other people borrowing my books: they always forget to return them.

　　A□. disagree　　B□. avoid　　　C□. dislike　　D□. object

(26) Andrew's attempts to get into the swimming team have not ___ with much success.

　　A□. associated　　B□. concluded　　C□. joined　　D□. met

(27) Although Harry had obviously read the newspaper article carefully, he didn't seem to have ___ the main point.

　　A□. grasped　　B□. clutched　　C□. clasped　　D□. gripped

(28) A lot of the views put forward in the documentary were open to ___.

　　A□. enquiry　　B□. query　　C□. question　　D□. wonder

(29) The new college ___ for the needs of students with a variety of learning backgrounds.

　　A□. deals　　B□. supplies　　C□. furnishes　　D□. caters

(30) I find the times of English meals very strange——I'm not used ___ .dinner at 6 pm.

　　A□. to have　　B□. to having　　C□. having　　D□. have

3) Cloze (In this section you must choose the word or phrase which best completes each sentence)

UFOs—do they exist?

UFO is short for "unidentified flying object". UFOs are popularly known as flying saucers, (1) ___ that is often the (2) ___ they are reported to be. The (3) ___ "flying saucers" were seen in 1947 by an American pilot, but experts who studied his claim decided it had been a trick of the light.

Even people experienced at watching the sky, (4) ___ as pilots, report seeing UFOs. In 1978 a pilot reported a collection of UFOs off the coast of New Zealand. A television (5) ___ went up with the pilot and filmed the UFOs. Scientists studying this phenomenon later discovered that in this case they were simply lights on boats out fishing.

　　(1) A□. because　　　　B□. therefore

      C□. although   D□. so
(2) A□. look   B□. shape
      C□. size   D□. type
(3) A□. last   B□. next
      C□. first   D□. oldest
(4) A□. like   B□. that
      C□. so   D□. such
(5) A□. cameraman   B□. director
      C□. actor   D□. announcer

Alice Guy Blaché

Alice Guy Blaché was the first female film director. She first became involved in cinema whilst working for the Gaumont Film Company in the late 1890s. This was a period of great change in the cinema and Alice was the first to use many new inventions, (6) ____ sound and colour.

In 1907 Alice (7) ____ to New York where she started her own film company. She was (8) ____ successful, but, when Hollywood became the centre of the film world, the best days of the independent New York film companies were (9) ____ When Alice died in 1968, hardly anybody (10) ____ her name.

    (6) A□. bringing   B□. including
         C□. containing   D□. supporting
    (7) A□. moved   B□. ran
         C□. entered   D□. transported
    (8) A□. next   B□. once
         C□. immediately   D□. recently
    (9) A□. after   B□. down
         C□. behind   D□. over
    (10) A□. remembered   B□. realized

C□. reminded   D□. repeated

The tallest buildings—SKYSCRAPERS

Nowadays, skyscrapers can be found in most major cities of the world. A building which was many (11) ____. high was first called a skyscraper in the United States at the end of the 19th century, and New York has perhaps the (12) ____. skyscraper of them all, the Empire State Building. The (13) ____. beneath the streets of New York is rock, (14) ____. enough to take the heaviest load without sinking, and is therefore well-suited to bearing the (15) ____. of tall buildings.

(11) A□. stages   B□. steps
     C□. storeys   D□. levels
(12) A□. first-rate   B□. top-class
     C□. well-built   D□. best-known
(13) A□. dirt   B□. field
     C□. ground   D□. soil
(14) A□. hard   B□. stiff
     C□. forceful   D□. powerful
(15) A□. weight   B□. height
     C□. size   D□. scale

参考文献

戴曼纯等：《中国英语学习者 L2 句法发展研究》，外语教学与研究出版社 2012 年版。

桂诗春：《实验心理语言学纲要》，湖南教育出版社 1991 年版。

桂诗春：《新编心理语言学》，上海外语教育出版社 2000 年版。

桂诗春：《什么是心理语言学》，上海外语教育出版社 2011 年版。

桂诗春、宁春岩：《语言学方法论》，外语教学与研究出版社 1997 年版。

温宾利：《当代句法学导论》，外语教学与研究出版社 2002 年版。

陈立平：《句法学视角中的语码转换研究》，《解放军外国语学院学报》2006 年第 3 期。

崔占玲、张积家：《汉—英双语者言语理解中语码切换的机制——来自亚词汇水平的证据》，《心理学报》2010 年第 2 期。

崔占玲、张积家、顾维忱：《藏—汉—英三语者言语产生中的词汇选择机制》，《现代外语》2009 年第 1 期。

方梅：《汉语对比焦点的句法表现手段》，《中国语文》1995 年第 4 期。

李霓霓、王瑞明、王穗苹、李董平、范小月：《语言理解转换中非目标语言影响目标语言的时间进程》，《心理科学》2012 年第 1 期。

刘丹青：《汉语中的非话题主语》，《中国语文》2016年第3期。

刘欢欢、范宁、沈翔鹰、纪江叶：《认知灵活性对非熟练双语者语言转换的影响：一项ERPs研究》，《心理学报》2013年第6期。

马志刚：《空主语参数特征簇中介语习得程度的变量集相关性研究》，《外语教学与研究》2014年第6期。

倪传斌：《英语语法语素磨蚀顺序研究：基于4-M改进模型的理论阐释》，《外语教学与研究》2015年第47期。

倪传斌、魏俊彦、徐晓东、肖巍：《基于句子层面的双语词汇转换研究：来自眼动的证据》，《解放军外国语学院学报》2015年第1期。

祁志强、彭聃龄、许翔杰、柳恒超：《汉英双语者语言产生与理解过程中的切换研究》，《心理科学》2009年第2期。

石毓智：《汉语的主语与话题之辨》，《语言研究》2001年第2期。

肖巍、倪传斌：《中国英语学习者一语自动激活：来自ERPs的证据》，《外语教学与研究》2016年第2期。

于善志：《不可解特征与二语习得中的隐性主语》，《中国海洋大学学报》（社会科学版）2010年第4期。

于善志：《最简方案视角下的不可解特征及其句法操作》，《北京第二外国语学院学报》（外语版）2008年第4期。

张积家、崔占玲：《藏汉英双语者字词识别中的语码切换及其代价》，《心理学报》2008年第2期。

张清芳：《汉语单音节和双音节词汇产生中的音韵编码过程：内隐启动范式研究》，《心理学报》2008年第3期。

张清芳：《音节在语言产生中的作用》，《心理科学进展》2005年第6期。

Abney, S.P. (1987). *The English Noun Phrase in Its Sentential Aspect. Unpublished Ph.D dissertation*, MIT, Cambridge, Mass.

Abutalebi, J., & Clahsen, H. (2016). Variability and its limits in bilingual language production. *Bilingualism: Language and Cognition*,

19 (5), 855–856.

Adger, D. (2003). *Core Syntax: A Minimalist Approach.* Oxford University Press.

Aitchison, J. (2008). *The Articulate Mammal: An Introduction to Psycholinguistics* (5th ed.). Routledge.

Aldwayan, S., Fiorentino, R., & Gabriele, A. (2009). Using syntactic constraints in the acquisition and processing of *wh*-movement: A study of Najdi Arabic learners of English. Paper presented at *the 10th Biennial Conference on Generative Approaches to Second Language Acquisition*, University of Illinois, Urbana-Champaign.

Aldwayan, S., Fiorentino, R., & Gabriele, A. (2010). Evidence of syntactic constraints in the processing of *wh*-movement: A study Najdi Arabic learners of English.In VanPatten, B., & Jegerski, J (eds.). *Research in Second Language Processing and Parsing* (pp.65–86). John Benjamins Publishing Company.

Altarriba, J., Kroll, J.F., Sholl, A., & Rayner, K. (1996). The influence of lexical and conceptual constraints on reading mixed-language sentences: Evidence from eye fixations and naming times. *Memory & Cognition*, 24 (4), 477–492.

Altarriba, J., & Basnight-Brown, D.M. (2009). Empirical approaches to the study of code-switching in sentential contexts. In Isurin, L., Winford, D., & de Bot, K (eds.). *Multidisciplinary Approaches to Code Switching* (pp.3–24). John Benjamins Publishing Company.

Alvarez, R.P., Holcomb, P.J., & Grainger, J. (2003). Accessing word meaning in two languages: An event-related brain potential study of beginning bilinguals. *Brain and Language*, 87 (2), 290–304.

Anderson, T.K. (2006). *Spanish-English Bilinguals' Attitudes towards Code-switching: Proficiency, Grammaticality, and Familiarity.* Unpublished Ph.D dissertation, The Pennsylvania State University, State

College, Pennsylvania.

Anderson, T.K., & Toribio, A.J. (2007). Attitudes towards lexical borrowing and intra-sentential code-switching among Spanish-English bilinguals. *Spanish in Context*, 4 (2), 217-240.

Assche, E.V., Duyck, W., & Hartsuiker, R.J. (2012). Bilingual word recognition in a sentence context. *Frontiers in Psychology*, 3, 1-8.

Bartlett, L., & González-Vilbazo, K. (2013). The structure of the Taiwanese DP in Taiwanese-Spanish bilinguals: Evidence from code-switching. *Journal of East Asian Linguistics*, 22 (1), 65-99.

Bak, P. (1996). *How Nature Works: The Science of Self-organized Criticality*. New York: Copernicus.

Belazi, H.M., Rubin, E.J., & Toribio, A.J. (1994). Code switching and x-bar theory: The functional head constraint. *Linguistic Inquiry*, 25 (2), 221-237.

Bhatt, R.M.(1997). Code-switching and the functional head constraint. *World Englishes*, 16 (1), 171-176.

Bhatt, R.M. (2002). Code-switching: Structural models. In Mesthrie, R (ed.). *Concise Encyclopedia of Sociolinguistics* (pp. 456-461). Elsevier.

Bhatt, R.M. (2016). Coactivation: The portmanteau constructions in bilingual grammar. *Bilingualism: Language and Cognition*, 19 (5), 877-878.

Bialystok, E., Craik, F.I.M., & Luk, G. (2012). Bilingualism: Consequences for mind and brain. *Trends in Cognitive Sciences*, 16 (4), 240-250.

Bobb, S.C., & Hoshino, N. (2016). Fusing languages in the bilingual cognitive architecture. *Bilingualism: Language and Cognition*, 19 (5), 879-880.

Bobb, S.C., & Wodniecka, Z. (2013). Language switching in picture naming: What asymmetric switch costs (do not) tell us about inhibition in bilingual speech planning. *Journal of Cognitive Psychology*, *25* (5), 568-585.

Bolotin, N. (1996). Arabic speakers' resetting of parameters. In M.Eid (ed.). *Perspectives on Arabic Linguistics VIII* (pp.135-155). Amsterdam: John Benjamins.

Broersma, M. (2000). *De trigger theorie voor codewisseling: De oorspronkelijke en enn aangepaste versie*. MA thesis, Catholic University of Nijmegen.

Broersma, M. (2009). Triggered codeswitching between cognate languages. *Bilingualism: Language and Cognition*, *12* (4), 447-462.

Broersma, M. (2011). Triggered code-switching: Evidence from picture naming experiments. In M.S.Schmid & W.Lowie (eds.). *Modeling Bilingualism from Structure to Chaos: In Honor of Kees de Bot* (pp.37-57). Amsterdam: John Benjamins.

Broersma, M., & de Bot, K. (2006). Triggered codeswitching: A corpus-based evaluation of the original triggering hypothesis and a new alterative. *Bilingualism: Language and Cognition*, *9* (1), 1-13.

Broersma, M., Isurin, L., Bultena, S., & de Bot, K. (2009). Triggered code switching: Evidence from Dutch-English and Russian-English bilinguals. In L.Isurin, D.Winford & K.de Bot (eds.). *Multidisciplinary Approaches to Code Switching* (pp.103-128). John Benjamins Publishing Company.

Bullock, B.E., & Toribio, A.J. (2009). *The Cambridge Handbook of Linguistic Code-switching*. Cambridge University Press.

Bultena, S., Dijkstra, T., & van Hell, J.G. (2014). Language switch costs in sentence comprehension depend on language dominance: Evidence from self-paced reading. *Bilingualism: Language and Cognition*, *18* (3), 453-469.

Bultena, S., Dijkstra, T., & van Hell, J.G. (2015). Switch cost modulations in bilingual sentence processing: Evidence from shadowing. *Language, Cognition and Neuroscience*, *30* (5), 586-605.

Cantone, K.F., & MacSwan, J. (2009). Adjectives and word order: A focus on Italian-German codeswitching. In Isurin, L., Winford, D., & de Bot, K (eds.). *Multidisciplinary Approaches to Code Switching* (pp.243-277). John Benjamins Publishing Company.

Cantone, K.F., & Müller, N. (2008). *Un nase or una nase?* What gender marking within switched DPs reveals about the architecture of the bilingual language faculty. *Lingua*, *118* (6), 810-826.

Carroll, D.W. (2008). *Psychology of Language* (5th ed.). Thomson Wadsworth.

Chan, B.H. (2015a). Portmanteau constructions, phrase structure, and linearization. *Frontiers in Psychology*, *6*, 1-16.

Chan, B.H. (2015b). A diachronic-functional approach to explaining grammatical patterns in code-switching: Postmodification in Cantonese-English noun phrases. *International Journal of Bilingualism*, *19* (1), 17-39.

Chan, H.S. (2008). Code-switching, word order and the lexical/functional category distinction. *Lingua*, *118* (6), 777-809.

Chauncey, K., Grainger, J., & Holcomb, P.J. (2008). Code-switch effects in bilingual word recognition: A masked priming study with event-related potentials. *Brain and Language*, *105* (3), 161-174.

Chen, J., Chen, T., & Dell, G.S. (2002). Word-form encoding in Mandarin Chinese as assessed by the implicit priming task. *Journal of Memory and Language*, *46* (4), 751-781.

Chen, J., O'séaghdha, P.G., & Chen, T. (2016). The primacy of abstract syllables in Chinese word production. *Journal of Experimental Psychology Learning Memory and Cognition*, *42* (5), 825-836.

Cheng, L.L., & Sybesma, R. (1998). Yi-wan tang, yi-ge Tang: Classifiers and massifiers. *Tsing-Hua Journal of Chinese Studies*, *28* (3), 385-412.

Cheng, L.L., & Sybesma, R. (1999). Bare and not-so-bare nouns and the structure of NP. *Linguistic Inquiry*, *30* (4), 509-542.

Chomsky, N. (1965). *Aspects of the Theory of Syntax*. Cambridge, MA: MIT Press.

Chomsky, N. (1995). *The Minimalist Program*.Cambridge: MIT Press.

Chomsky, N. (1998). Minimalist inquiries: The framework. *MIT Occasional Papers in Linguistics* 15, Cambridge, MA: MITWPL, Department of Linguistics and Philosophy, MIT.

Clyne, M. (1967). *Transference and Triggering*. The Hague: Nijhoff.

Clyne, M. (2000). Constraints on code switching: How universal are they? In Wei, L (ed.). *The Bilingual Reader* (pp.241-264). Routledge.

Clyne, M. (2003). *Dynamics of Language Contact*. Cambridge University Press.

Costa, A. (2005). Lexical access in bilingual production.In J.F.Kroll & A.M.B.De Groot (eds.). *Handbook of Bilingualism: Psycholinguistic Approaches* (pp.308-325). Oxford University Press.

Conklin, K., & Pellicer-Sanchez, A. (2016). Using eye-tracking in applied linguistics and second language research. *Second Language Research*, *32* (3), 453-467.

Costa, A., & Santesteban, M. (2004). Lexical access in bilingual speech production: Evidence from language switching in highly proficient bilinguals and L2 learners. *Journal of Memory and Language*, *50* (4), 491-511.

Costa, A., Santesteban, M., & Ivanova, I. (2006). How do highly proficient bilinguals control their lexicalization process inhibitory and language-specific selection mechanisms are both functional. *Journal of Experimental Psychology: Learning, Memory, and Cognition*, 32 (5), 1057–1074.

Cunnings, I., Batterham, C., Felser, C. & Clahsen, H. (2010). Constraints on L2 learners' processing of *wh*-dependencies. In B., VanPatten & J., Jegerski (eds.). *Research in Second Language Processing and Parsing* (pp.87–110). John Benjamins Publishing Company.

de Bot, K., Broersma, M., & Isurin, L. (2009). Sources of triggering in code switching. In L. Isurin, D. Winford & K. de Bot (eds.). *Multidisciplinary Approaches to Code Switching* (pp.85–102). John Benjamins Publishing Company.

de Bruin, A., Bak, T.H., & Della Sala, S. (2015). Examining the effects of active versus inactive bilingualism on executive control in a carefully matched non-immigrant sample. *Journal of Memory and Language*, 85, 15–26.

Declerck, M., & Philipp, A. M. (2015a). A review of control processes and their locus in language switching. *Psychonomic Bulletin & Review*, 22, 1–16.

Declerck, M., & Philipp, A.M. (2015b). A sentence to remember: Instructed language switching in sentence production. *Cognition*, 137, 166–173.

Di Sciullo, A., Muysken, P., & Singh, R. (1986). Government and code-mixing. *Journal of Linguistics*, 22, 1–24.

Dijkstra, T. (2005). Bilingual visual word recognition and lexical access. In J. F. Kroll & A. M. B. De Groot (eds.). *Handbook of Bilingualism: Psycholinguistic Approaches* (pp.179–201). Oxford University Press.

Dijkstra, T., & van Hell, J.G. (2003). Testing the language mode hypothesis using trilinguals. *International Journal of Bilingual Education and Bilingualism*, 6 (1), 2-16.

Dijkstra, T., van Heuven, W. (1998). The BIA model and bilingual word recognition. In J. Grainger & A. Jacobs (eds.), *Localist Connectionist Approaches to Human Cognition* (pp.189-225). Hillsdale, NJ: Erlbaum.

Dijkstra, T., & van Heuven, W. (2002). The architecture of the bilingual word recognition system: From identification to decision. *Bilingualism: Language and Cognition*, 5 (3), 175-197.

Dussias, P. E. (1997). *Switching at No Cost: Exploring Spanish – English Codeswitching Using the Response-Contingent Sentence Matching Task.* Unpublished Ph.D dissertation, The University of Arizona.

Dussias, P.E. (2001). Psycholinguistic complexity in codeswitching. *International Journal of Bilingualism*, 5 (1), 87-100.

Dussias, P.E. (2003). Spanish-English code-mixing at the auxiliary phrase: Evidence from eye-movement data. *Revista Internacional de Lingüística Iberoamericana*, 1 (2), 7-34.

Ebert, S. (2014). *The Morphosyntax of Wh-questions: Evidence from Spanish-English Code-switching.* Unpublished Ph.D dissertation, University of Illinois at Chicago.

Elston-Güttler, K.E., Gunter, T.C., & Kotz, S.A. (2005). Zooming into L2: Global language context and adjustment affect processing of interlingual homographs in sentences. *Cognitive Brain Research*, 25 (1), 57-70.

Epstein, I. (1915). *La Pensée et La Polyglossie: Essai Psychologique et Didactique* [*Thought and Multilingualism: A Psychological and Didactic Essay*]. Lausanne: Librarie Payot et Cie.

Esfahani & Rahimi, F. (2016). Impact of learning tasks on retention of vocabulary knowledge in Persian EFL learners. *Modern Journal of Lan-*

guage Teaching Methods, 6 (2), 498–508.

Fairchild, S., & van Hell, J. G. (2017). Determiner-noun code-switching in Spanish - English heritage speakers. *Bilingualism: Language and Cognition*, 20 (1), 150–161.

Felser, C., & Cunnings, I. (2012). Processing reflexives in a second language: The timing of structural and discourse-level constraints. *Applied Psycholinguistics*, 33 (3), 571–603.

Finer, D.L. (2014). Movement triggers and reflexivization in Korean-English code-switching. In J. MacSwan (ed.). *Grammatical Theory and Bilingual Codeswitching* (pp.37–62). The MIT Press.

Finkbeiner, M., Gollan, T.H., & Caeamazza, A. (2006). Lexical access in bilingual speakers: What's the (hard) problem. *Bilingualism: Language and Cognition*, 9 (2), 153–166.

Folstein, J.R., & Van Petten, C. (2008). Influence of cognitive control and mismatch on the N2 component of the ERP: A review. *Psychophysiology*, 45, 152–170.

Forster, K.I., Guerrera, C., & Elliot, L. (2009). The maze task: measuring forced incremental sentence processing time. *Behavior Research Method*, 41, 163–171.

Foucart, A., & Frenck-Mestre, C. (2012). Can late L2 learners acquire new grammatical features? Evidence from ERPs and eye-tracking. *Journal of Memory and Language*, 66 (1), 226–248.

Frazier, L., & Rayner, K. (1982). Making and correcting errors during sentence comprehension: Eye movements in the analysis of structurally ambiguous sentences. *Cognitive Psychology*, 14, 178–210.

Friederici, A. (1995). The time course of syntactic activation during language processing: A model based on neuropsychological and neurophysiological data. *Brain and Language*, 50, 259–281.

Gajewski, P.D., Stoerig, P., & Falkenstein, M. (2008). ERP-correlates of response selection in a response conflict paradigm. *Brain Research*, *1189*, 127–134.

Gardner-Chloros, P. (2009). *Code-switching*. Cambridge University Press.

Gardner-Chloros, P., & Edwards, M. (2004). Assumptions behind grammatical approaches to code-switching: When the blueprint is a red herring. *Transactions of the Philological Society*, *102* (1), 103–129.

Gelderen, E. V., & MacSwan, J. (2008). Interface conditions and code-switching: pronouns, lexical DPs, and checking theory. *Lingua*, *118* (6), 765–776.

Gennari, S.P., MacDonald, M.C. (2009). Linking production and comprehension processes: The case of relative clauses. *Cognition*, *111*, 1–23.

Gennari, S.P., Mirković, J., & MacDonald, M.C. (2012). Animacy and competition in relative clause production: A cross-linguistic investigation. *Cognitive Psychology*, *65* (2), 141–176.

Gerard, L.D., & Scarborough, D.L. (1989). Language specific lexical access of homographs by bilinguals. *Journal of Experimental Psychology: Learning, Memory and Cognition*, *15*, 305–315.

Giancaspro, D. (2013). L2 learners' and heritage speakers' judgments of code-switching at the auxiliary-VP boundary. Paper presented at *the 16th Hispanic Linguistics Symposium*.

Giancaspro, D. (2015). Code-switching at the auxiliary-VP boundary: A comparison of heritage speakers and L2 learners. *Linguistic Approaches to Bilingualism*, *5* (3), 379–407.

Goldrick, M., Putnam, M., & Schwarz, L. (2016a). Coactivation in bilingual grammars: A computational account of code mixing. *Bilingualism: Language and Cognition*, *19* (5), 857–876.

Goldrick, M., Putnam, M., & Schwarz, L. (2016b). The future of code mixing research: Integrating psycholinguistic and formal grammatical theories. *Bilingualism: Language and Cognition*, *19* (5), 903-906.

Gollan, T.H., & Ferreira, V.S. (2009). Shall I stay or shall I switch? A cost-benefit analysis of voluntary language switching in young and aging bilinguals. *Journal of Experimental Psychology: Learning, Memory, and Cognition*, *35*, 640-665.

Gollan, T.H., & Goldrick, M. (2016). Grammatical constraints on language switching: Language control is not just executive control. *Journal of Memory and Language*, *90*, 177-199.

González-Vilbazo, K., Bartlett, L., Downey, S., Ebert, S., Heil, J., Hoot, B., Koronkiewicz, B., & Ramos, S. (2013). Methodological considerations in code-switching research. *Studies in Hispanic and Lusophone Linguistics*, *6* (1), 119-138.

González-Vilbazo, K., & López, L. (2011). Some properties of light verbs in code-switching. *Lingua*, *121* (5), 832-850.

González-Vilbazo, K., & López, L. (2012). Little v and parametric variation. *Natural Language & Linguistic Theory*, *30* (1), 33-77.

Grabowski, J. (2011). *Stability of Grammaticality Judgments in German-English Code-switching*. Unpublished MA dissertation, Arizona State University.

Grainger, J., & Beauvillain, C. (1987). Language blocking and lexical access in bilinguals. *The Quarterly Journal of Experimental Psychology: Human Experimental Psychology*, (2), 295-319.

Grainger, J., Midgley, K., & Holcomb, P.J. (2010). Re-thinking the bilingual interactive-activation model from a developmental perspective (BIA-d). *Language Acquisition across Linguistic and Cognitive Systems*, *52*, 267-283.

Green, D.W. (1998). Mental control of the bilingual lexico-semantic system. *Bilingualism: Language and Cognition*, *1* (2), 67-81.

Grosjean, F. (1982). *Life with Two Languages: An Introduction to Bilingualism. Cambridge, MA: Harvard University Press.*

Grosjean, F. (2001). The bilingual's language modes. In J. L. Nicol (ed.), *One Mind, Two Languages: Bilingual Language Processing* (pp.1-22). Oxford and Malden, MA: Blackwell.

Gullberg, M., Indefrey, P., & Muysken, P. (2009). Research techniques for the study of code-switching. In Bullock, B.E., & Toribio, A.J (eds.). *The Cambridge Handbook of Linguistic Code-switching* (pp.21-39). Cambridge University Press.

Gullifer, J. W., Kroll, J. F., & Dussias, P. E. (2013). When language switching has no apparent cost: Lexical access in sentence context. *Frontiers in Psychology*, 4, 1-13.

Guzzardo Tamargo, R. E., & Dussias, P. E. (2013). Processing of Spanish-English code-switches by late bilinguals. In N.G.S.Baiz & R. Hawles (eds.). *BUCLD 37: Proceedings of the 37th Annual Boston University Conference on Language Development* (pp.134-146). Somerville, MA: Cascadilla Proceedings Project.

Guzzardo Tamargo, R. E., Valdés Kroff, J. R., & Dussias, P. E. (2016). Examining the relationship between comprehension and production processes in code-switched language. *Journal of Memory and Language*, 89, 138-161.

Hara, M. (2010). Second language gap processing of Japanese scrambling under a Simpler Syntax account. In B. VanPatten & J. Jegerski (eds.). *Research in Second Language Processing and Parsing* (pp.177-205). John Benjamins Publishing Company.

Hawkins, R. (2005). Revisiting *wh*-movement: The availability of an uninterpretable (*wh*) feature in interlanguage grammars.Paper presented at *the Proceedings of the 7th Generative Approaches to Second Language Acquisition Conference.*Somerville, MA: Cascadilla Proceedings.

Hawkins, R., & Chan, C.Y.H. (1997). The partial availability of Universal Grammar in second language acquisition: The 'failed functional features hypothesis'. *Second Language Research*, *13* (3), 187–226.

Hawkins, R., & Hattori, H. (2006). Interpretation of English multiple *wh*-questions by Japanese speakers: A missing uninterpretable feature account. *Second Language Research*, *22* (3), 269–301.

Heredia, R.R., & Altarriba, J. (2001). Bilingual language mixing: Why do bilinguals code-switch. *Current Directions in Pyschological Science*, *10* (5), 164–168.

Heredia, R.R., Altarriba, J., & Cie'slicka, A.B. (2016). *Methods in Bilingual Reading Comprehension Research*. Springer.

Herring, J.R., Deuchar, M., Couto, M.C.P., & Quintanilla, M.M. (2010). "I saw the madre": Evaluating predictions about code-switched determiner-noun sequences using Spanish-English and Welsh-English data. *International Journal of Bilingual Education and Bilingualism*, *13* (5), 553–573.

Hita, S.M. (2014). Codeswitching and the syntax-semantics interface: The role of aspectual features in constraining intrasentential codeswitching involving the verb. In MacSwan, J (ed.). *Grammatical Theory and Bilingual Codeswitching* (pp.227–253). The MIT Press.

Holman, D., & Spivey, M.J. (2016). Connectionist models of bilingual word reading. In Heredia, R.R., Altarriba, J., & A.B., Cie'slicka (eds.). *Methods in Bilingual Reading Comprehension Research* (pp.213–229). Springer.

Isurin, L., Winford, D., & de Bot, K. (2009). *Multidisciplinary Approaches to Code Switching*. John Benjamins Publishing Company.

Jackson, G.M., Swainson, R., Mullin, A., Cunnington, R., & Jackson, S.R. (2004). ERP correlates of a receptive language-switching task. *Quarterly Journal of Experimental Psychology Section A: Human Experimental Psychology*, 57(2), 223-240.

Jake, J.L., Myers-Scotton, C.M., & Gross, S. (2002). Making a minimalist approach to codeswitching work: Adding the Matrix Language. *Bilingualism: Language and Cognition*, 5(1), 69-91.

Jake, J.L., Myers-Scotton, C.M., & Gross, S. (2002). A response to MacSwan (2005): Keeping the Matrix Language. *Bilingualism: Language and Cognition*, 8(3), 271-276.

Jakobson, R., Fant, G.M., & Halle, M. (1952). *Preliminaries to Speech Analysis: The Distinctive Features and Their Correlates*. The MIT Press.

Jakubowicz, C. (2005). The language faculty: (Ab)normal development and interface constraints. Paper presented at *GALA* 2005. University of Siena, Italy.

Jakubowicz, C. (2011). Measuring derivational complexity: New evidence from typically-developing and SLI learners of L1 French. *Lingua*, 121, 339-351.

Javier, R.A. (2007). *The Bilingual Mind: Thinking, Feeling and Speaking in Two Languages*. Springer.

Jegerski, J., & VanPatten, B. (2014). *Research Methods in Second Language Psycholinguistics*. Routledge.

Jespersen, O. (1922). *Language, Its Nature, Development, and Origin*. London: Allen & Unwin.

Jiang, N. (2012). *Conducting Reaction Time Research in Second Language Studies*. Routledge.

Jing, L., Tindall, E., & Nisbet, D. (2006). Chinese learners and English plural forms. *The Linguistics Journal*, 1(3), 127-147.

Joshi, A.K. (1985). Processing of sentences with intra-sentential codeswitching. In D.R. Dowty, L. Karttunen, & A.M. Zwicky (eds.).

Natural Language Parsing (pp.190-205). Cambridge University Press.

Jr.Clifton, C., & Staub, A. (2011). Syntactic influences on eye movements during reading. In S. Liversedge, I. D. Gilchrist, & S. Everling (eds.). *The Oxford Handbook of Eye Movements* (pp. 895–909). Oxford University Press.

Jr.Clifton, C., Staub, A., & Rayner, K. (2007). Eye movement in reading words and sentences. In R. P. G. van Gompel, M. H. Fischer, W. S. Murray & R. L. Hill (eds.). *Eye Movements: A Window on Mind and Brain* (pp.341-371). Elsevier.

Just, M.A., & Carpenter, P.A. (1980). A theory of reading: From eye fixations to comprehension. *Psychological Review*, 87 (4), 329-354.

Just, M.A., Carpenter, P.A., & Woolley, J.D. (1982). Paradigms and processes in reading comprehension. *Journal of Experimental Psychology: General*, 111, 228-238.

Kaan, E., Harris, A., Gibson, E., & Holcomb, P.J. (2000). The P600 as an index of integration difficulty. *Language and Cognitive Processes*, 15, 159-201.

Kamide, Y., Altmann, G.T.M., Haywood, S.L. (2003). The time-course of prediction in incremental sentence processing: Evidence from anticipatory eye movements. *Journal of Memory and Language*, 49, 133-156.

Keating, G.D. (2009). Sensitivity to violations of gender agreement in native and nonnative Spanish: An eye-movement investigation. *Language Learning*, 59, 503-535.

Keating, G.D. (2014). Eye-tracking with text. In Jegerski, J., & VanPatten, B. (eds.). *Research Methods in Second Language Psycholinguistics* (pp.69-92). Routledge.

Keating, G. D., & Jegerski, J. (2015). Experimental designs in sentence processing research. *Studies in Second Language Research*, *37* (1), 1-32.

Kootstra, G.J. (2012). *Code-switching in Monologue and Dialogue: Activation and Alignment in Bilingual Language Production*. Unpublished Ph.D dissertation, Radboud University Nijmegen, the Netherlands.

Kootstra, G. J. (2015). A psycholinguistic perspective on code-switching: Lexical, structural, and socio-interactive processes. In G. Stell & K.Yakpo (eds.). *Code-switching between Structural and Sociolinguistic Perspectives* (pp.39-64). Berlin: De Gruyter.

Kootstra, G. J., van Hell, J. G., & Dijkstra, T. (2009). Two speakers, one dialogue: An interactive alignment perspective on code-switching in bilingual speakers. In Ludmila Isurin, Donald Winford & Kees de Bot (eds.). *Multidisciplinary Approaches to Code Switching* (pp.129-159). John Benjamins Publishing Company.

Kootstra, G.J., van Hell, J.G., & Dijkstra, T. (2010). Syntactic alignment and shared word order in code-switched sentence production: Evidence from bilingual monologue and dialogue. *Journal of Memory and Language*, *63* (2), 210-231.

Kootstra, G.J., van Hell, J.G., & Dijkstra, T. (2012). Priming of code-switches in sentences: The role of lexical repetition, cognates, and language proficiency. *Bilingualism: Language and Cognition*, *15* (4), 797-819.

Koronkiewicz, B. (2014). *Pronoun Categorization: Evidence from Spanish/English Code-Switching*. Unpublished Ph.D dissertation, The University of Illinois at Chicago.

Kroff, J.V. (2012). *Using Eye-tracking to Study Auditory Comprehension in Codeswitching: Evidence for the Link between Comprehension and Production*. Unpublished Ph. D dissertation, The Pennsylvania State University.

Kroll, J.F., & Bialystok, E. (2013). Understanding the consequences of bilingualism for language processing and cognition. *Journal of Cognitive Psychology*, *25* (5), 497–514.

Kroll, J.F., & de Groot, A.M.B. (2005). *Handbook of Bilingualism: Psycholinguistic Approaches*. Oxford University Press.

Kroll, J.F., Dussias, P.E., Bice, K., & Perrotti, L. (2015). Bilingualism, mind, and brain. *The Annual Review of Linguistics*, (1), 377–394.

Kutas, M., & Hillyard, S.A. (1980). Reading senseless sentences: Brain potentials reflect semantic integration. *Science*, *4427* (207), 203–205.

Labov, W. (1971). The notion of "system" in Creole languages. In Hymes, D. (ed.). *Pidginization and Creolization of Languages*. Cambridge: Cambridge University Press.

La Heij, W. (2005). Selection processes in lexical access. In J.F.Kroll & A.M.B.De Groot (eds.). *Handbook of Bilingualism: Psycholinguistic Approaches* (pp.308–325). Oxford University Press.

Lakatos, I. (1970). Falsification and methodology of scientific research programs.In I.Lakatos & A.Musgrave (eds.). *Criticism and the Growth of Knowledge* (pp.91–195). Cambridge University Press.

Lance, D.M. (1969). *A Brief Study of Spanish–English Bilingualism: Final Report, Research Project Orr–Liberal Arts – 15504*. College Station: Texas A and M University.

Lance, D.M. (1975). Spanish–English code–switching.In Hernandez–Chavez, E., Cohen, A.D., & Beltramo, A.F (eds.). *El Lenguaje de los Chicanos: Regional and Social Characteristics Used by Mexican A-mericans* (pp.238–256). Center for Applied Linguistics, Arlingtion, VA.

Larson–Hall, J. (2010). *A Guide to Doing Statistics in Second Language*

Research Using SPSS. Routledge.

Leal Mendez, T., & Slabakova, R. (2014). The Interpretability Hypothesis again: A partial replication of Tsimpli and Dimitrakopoulou (2007). *International Journal of Bilingualism*, 18 (6), 537-557.

Leeser, M.J. (2014). On psycholinguistic methods.In Jegerski, J., & VanPatten, B. (eds.). *Research Methods in Second Language Psycholinguistics* (pp.231-251). Routledge.

Levelt, W.J.M. (1989). *Speaking: From Intention to Articulation*. Cambridge, Massachusetts: The MIT Press.

Li, C.N., & Thompson, S.A. (1976). Subject and topic: A new typology and language. In Charles N.Li (ed.). *Subject and Topic* (pp.457-489). New York: Academic Press.

Li, P. (1996). Spoken word recognition of code-switched words by Chinese-English bilinguals. *Journal of Memory and Language*, 35 (6), 757-774.

Li, R., Zhang, Z., & Ni, C. (2017). The impact of world knowledge on the processing of Mandarin possessive reflexive *zijide*. *Journal of Psycholinguistic Research*, 46, 597-615.

Li, Y., & Fung, P. (2014a). Language modeling with functional head constraint for code switching speech recognition. Paper presented at *the Conference on Empirical Methods in Natural Language Processing (EMNLP)*.

Li, Y., & Fung, P. (2014b). Code switch language modeling with functional head constraint. *IEEE International Conference on Acoustics*, 4913-4917.

Libben, M.R., & Titone, D.A. (2009). Bilingual lexical access in context: Evidence from eye movements during reading. *Journal of Experimental Psychology: Learning, Memory, and Cognition*, 35 (2), 381-390.

Liceras, J. M., Fuertes, R. F., Perales, S., Pérez‐Tattam, R., & Spradlin, K.T. (2008). Gender and gender agreement in bilingual native and non‐native grammars: A view from child and adult functional‐lexical mixings. *Lingua*, *118* (6), 827–851.

Liebscher, G., & Dailey‐O'Cain, J. (2005). Learner code‐switching in the content‐based foreign language classroom. *Modern Language Journal*, *89* (2), 234–247

Lipski, J. (1978). Codeswitching and the problem of bilingual competence.In M.Paradis (ed.). *Aspects of Bilingualism* (pp.250–264). Columbia, SC: Hornbeam Press.

Lipski, J. (1985). *Linguistic Aspects of Spanish–English Language Switching*. Tempe, Arizona: Center for Latin American Studies, Arizona State University.

Liu, H., Liang, L., Dunlap, S., Fan, N., & Chen, B. (2016). The effect of domain–general inhibition–related training on language switching: An ERP study. *Cognition*, *146*, 264–276.

Liu, H., Rossi, S., Zhou, H., & Chen, B. (2014). Electrophysiological evidence for domain–general inhibitory control during bilingual language switching. *PLOS One*, *9* (10), e110887.

López, L. (2016). Questions on data and the input to GEN. *Bilingualism: Language and Cognition*, *19* (5), 889–890.

Luna, D., Lerman, D., & Peracchio, L.A. (2005). Structural constraints in code–switched advertising. *Journal of Consumer Research*, *32* (3), 416–423.

MacDonald, M.C., & Thorntion, R. (2009). When language comprehension reflects production constraints: Resolving ambiguities with the help of past experience. *Memory & Cognition*, *37*, 1177–1186.

Macizo, P., Bajo, T., & Paolieri, D. (2012). Language switching and language competition. *Second Language Research*, *28* (2), 131–149.

MacSwan, J. (1999). *A Minimalist Approach to Intra-sentential Code-switching*. NewYork, NY: Garland.

MacSwan, J. (2000). The architecture of the bilingual language faculty: Evidence from codeswitching. *Bilingualism: Language and Cognition*, 3(1), 37–54.

MacSwan, J. (2005a). Codeswitching and generative grammar: A critique of the MLF model and some remarks on "modified minimalism". *Bilingualism: Language and Cognition*, 8(1), 1–22.

MacSwan, J. (2005b). Remarks on Jake, Myers-Scotton and Gross's response: There is no "Matrix Language". *Bilingualism: Language and Cognition*, 8(3), 277–284.

Macswan, J. (2005c). Précis of a minimalist approach to intrasentential code switching. *Rivista Di Lingüística*, 17(1), 55–92.

MacSwan, J. (2009). Generative approaches to code-switching. In Bullock, B.E., & Toribio, A.J (eds.). *The Cambridge Handbook of Linguistic Code-switching* (pp.309–335). Cambridge University Press.

MacSwan, J. (2014a). *Grammatical Theory and Bilingual Codeswitching*. The MIT Press.

MacSwan, J. (2014b). Programs and proposals in codeswitching research: Unconstraining theories of bilingual language mixing. In J.MacSwan (ed.). *Grammatical Theory and Bilingual Codeswitching* (pp.1–33). The MIT Press.

MacSwan, J. (2016). Code-switching in adulthood. In E. Nicoladis & S. Montanari (eds.). *Bilingualism across the Lifespan: Factors Moderating Language Proficiency* (pp. 183–200). De Gruyter.

MacSwan, J., & Colina, S. (2014). Some consequences of language design: Codeswitching and the PF interface. In J. MacSwan (ed.). *Grammatical Theory and Bilingual Codeswitching*. The MIT Press.

MacSwan, J., & McAlister, K.T. (2010). Naturalistic and elicited data in grammatical studies of codeswitching. *Studies in Hispanic and Lusophone Linguistics*, 3 (2), 521-532.

Mahootian, S. (1993). *A Null Theory of Code-switching*. Unpublished Ph.D disseration, Northwestern University.

Mahootian, S., & Santorini, B. (1996). Code switching and the complement/adjunct distinction. *Linguistic Inquiry*, 27 (3), 464-479.

Masoud, K., Abdoreza, T., Elham, G. (2015). The effects of brainstorming strategy on writing skill of Iranian EFL learners. *Modern Journal of Language Teaching Methods*, 5 (1), 111-124.

Maurer, U., Zevin, J.D., & McCandliss, B.D. (2008). Left-lateralized N170 effects of visual expertise in reading: Evidence from Japanese syllabic and logographic scripts. *Journal of Cognitive Neuroscience*, 20 (10), 1878-1891.

McAlister, K.T. (2010). *Age of Onset of Exposure in Codeswitching*. Unpublished Ph.D dissertation, Arizona State University.

Meechan, M. (2001). *A Minimalist Approach to Intrasentential Codeswitching* by Jeff MacSwan. *Language in Society*, 30 (2), 285-289.

Mesthrie, R. (2002). *Concise Encyclopedia of Sociolinguistics*. Elsevier.

Meuter, R.F.I., & Allport, A. (1999). Bilingual language switching in naming: Asymmetrical costs of language selection. *Journal of Memory and Language*, 40, 25-40.

Meuter, R.F.I., Humphreys, G.W., & Rumiati, R.I. (2002). Bilingual language switching and the frontal lobes: Modulatory control in language selection. *International Journal of Bilingualism*, 6 (2), 109-124.

Monika, C. (2016). Students' accounts of grammatical forms of German that are difficult, unattainable, and irrelevant for self-expression. *Language Awareness*, 25 (3), 197-221.

Moreno, E.M., Federmeier, K.D., & Kutas, M. (2002). Switching languages, switching palabras (words): An electrophysiological study of code switching. *Brain and Language*, *80* (2), 188-207.

Müller, N., & Cantone, K.F. (2009). Language mixing in bilingual children: Code-switching? In Bullock, B.E., & Toribio, A.J. (eds.). *The Cambridge Handbook of Linguistic Code-switching* (pp. 199-220). Cambridge University Press.

Muysken, P. (2000). *Bilingual Speech: A Typology of Code-mixing*. Cambridge: Cambridge University Press.

Muysken, P. (2016). Bilingual complexes: the perspective of the Gradient Symbolic Computation framework. *Bilingualism: Language and Cognition*, *19* (5), 891-892.

Myers-Scotton, C. (2006a). *Multiple Voices: An Introduction to Bilingualism*. Blackwell Publishing.

Myers-Scotton, C. (2006b). Natural codeswitching knocks on the laboratory door. *Bilingualism: Language and Cognition*, *9* (2), 203-212.

Myers-Scotton, C., & Jake, J. (2015). Cross-language asymmetries in code-switching patterns: Implications for bilingual language production. In Schweiter, John (ed.). *The Cambridge Handbook of Bilingual Processing* (pp.416-458). Cambridge University Press.

Moreno, E.M., Federmeier, K.D., & Kutas, M. (2002). Switching languages, switching palabras (words): An electrophysiological study of code switching. *Brain and Language*, *80* (2), 188-207.

Ng, S., Gonzalez, C., & Wicha, N.Y.Y. (2014). The fox and the cabra: An ERP analysis of reading code switched nouns and verbs in bilingual short stories. *Brain Research*, *1557*, 127-140.

Nyvad, A.M., Kizach, J., & Christensen, K.R. (2015). (Non-) arguments in long-distance extractions. *Journal of Psycholinguistic Research*, *44*, 519-531.

Ohba, H. (2003). The acquisition of *wh*-movement by advanced Japanese learners of English. *Bulletin of Joetsu University of Education*, 22 (2), 587-599.

Ong, K.K.W., & Zhang, L.J. (2010). Metalinguistic filters within the bilingual language faculty: A study of young English-Chinese bilinguals. *Journal of Psycholinguistic Research*, 39 (3), 243-272.

Paivio, A. (1991). Dual-coding theory: Retrospect and current status. *Canadian Journal of Psychology*, 45, 255-287.

Paller, K.A., & Kutas, M. (1992). Brain potentials during memory retrieval provide neurophysiological support for the distinction between conscious recollection and priming. *Journal of Cognitive Neuroscience*, (4), 375-391.

Pavlenko, A. (2009). *The Bilingual Mental Lexicon: Interdisciplinary Approaches*. Multilingual Matters.

Pfaff, C.W. (1979). Constraints on language mixing: Intra-sentential code-switching and borrowing in Spanish/English. *Language*, 55 (2), 291-318.

Philipp, A.M., & Huestegge, L. (2015). Language switching between sentences in reading: Exogenous and endogenous effects on eye movements and comprehension. *Bilingualism: Language and Cognition*, 18 (4), 614-625.

Pickering, M.J., & Garrod, S. (2004).Toward a mechanistic psychology of dialogue. *Behavioral and Brain Sciences*, 27 (2), 169-190.

Pivneva, I., Mercier, J., & Titone, D. (2014). Executive control modulates cross-language lexical activation during L2 reading: Evidence from eye movements. *Journal of Experimental Psychology: Learning, Memory, and Cognition*, 30 (4), 787-796.

Poplack, S. (1980). "Sometimes I'll start a sentence in Spanish Y TERMINO EN ESPAÑOL": Towards a typology of code-switching. *Linguistics*, 18, 581-618.

Potowski, K., & Bolyanatz, M. (2012). Reactions to (in)-felicitous code - switching: Heritage speakers vs. L2 learners. In *Selected Proceedings of the 14th Hispanic Linguistics Symposium* (pp.116-129).

Prior, A., & Gollan, T.H. (2013). The elusive link between language control and executive control: A case of limited transfer. *Journal of Cognitive Psychology*, 25(5), 622-645.

Proverbio, A.M., Leoni, G., & Zani, A. (2004). Language switching mechanisms in simultaneous interpreters: An ERP study. *Neuropsychologia*, 42(12), 1636-1656.

Quick, A.E., Lieven, E., & Tomasello, M. (2016). Mixed NPs in German-English and German-Russian bilingual children. In M.Reif & J.A.Robinson (eds.). *Cognitive Perspectives on Bilingualism* (pp.127-148). De Gruyter.

Quintanilla, M.M. (2014). The semantic interpretation and syntactic distribution of determiner phrases in Spanish - English. In J.MacSwan (ed.). *Grammatical Theory and Bilingual Codeswitching* (pp.213-226). The MIT Press.

Radford, A. (1997). *Syntactic Theory and the Structure of English: A Minimalist Approach*. Cambridge University Press.

Rayner, K. (1998). Eye movements in reading and information processing: 20 years of research. *Psychological Bulletin*, 124(3), 372-422.

Rayner, K., & Frazier, L. (1987). Parsing temporarily ambiguous complements. *The Quarterly Journal of Experimental Psychology*, 39A, 657-673.

Rayner, K., Kambe, G., & Duffy, S.A. (2000). The effect of clause wrap-up on eye movements during reading. *The Quarterly Journal of Experimental Psychology*, 53, 1061-1080.

Reeves, A., & Sperling, G. (1986). Attention gating in short-term visual memory. *Psychological Review*, 93(2), 180-206.

Roelfs, A., van Turennout, M., & Coles, M. G. (2006). Anterior cingulate cortex activity can be independent of response conflict in Stroop-like tasks. *Proceedings of the National Academy of Sciences USA*, *103*, 13884-13889.

Roohani, A., & Asiabani, S. (2015). Effects of self-regulated strategy development on EFL learners' reading comprehension and metacognition. *Gema Online Journal of Language Studies*, *15*(3), 31-49.

Rosselli, M., Ardila, A., Lalwani, L. N., & Vélez-Uribe, I. (2016). The effect of language proficiency on executive functions in balanced and unbalanced Spanish-English bilinguals. *Bilingualism: Language and Cognition*, *19*(3), 489-503.

Ruigendijk, E., Hentschel, G., & Zeller, J. P. (2015). How L2-learners' brains react to code-switches: An ERP study with Russian learners of German. *Second Language Research*, *32*(2), 197-223.

Sankoff, D., & Poplack, S. (1981). A formal grammar for code-switching. *Research on Language and Social Interaction*, *14*(1), 3-45.

Shim, J. (2016). Mixed verbs in code-switching: The syntax of light verbs. *Languages*, *8*(1), 1-31.

Shvartsman, M., Lewis, R.L., & Singh, S. (2014). Computationally rational saccadic control: An explanation of spillover effects based on sampling from noisy perception and memory [Data file]. Retrieved on January 22nd, 2017 from: http://www-personal.umich.edu/~rickl/pubs/shvartsman-et-al-2014-cmcl.pdf.

Slavkov, N. (2015). Long-distance *wh*-movement and long-distance *wh*-movement avoidance in L2 English: Evidence from French and Bulgarian speakers. *Second Language Research*, *31*(2), 179-210.

Sobin, N.J. (1984). On code-switching inside NP. *Applied Psycholinguistics*, *5*(4), 293-303.

Souag, L., & Kherbache, F. (2014). Syntactically conditioned code-switching?: The syntax of numerals in Beni-Snous Berber. *International Journal of Bilingualism*, 20 (2), 97-115.

Sperling, G., & Weichselgartner, E. (1995). Episodic theory of the dynamics of spatial attention. *Psychological Review*, 102, 503-522.

Tarlowski, A., Wodniecka, Z., & Marzecová, A. (2013). Language switching in the production of phrases. *Journal of Psycholinguistic Research*, 42 (2), 103-118.

Thomas, M.S.C., & Allport, A. (2000). Language switching costs in bilingual visual word recognition. *Journal of Memory and Language*, 43 (1), 44-66.

Thomason, S. (2001). *Language Contact: An Introduction*. Georgetown University Press.

Timm, L.A. (1975). Spanish-English codeswitching: *El porque* and *how-not-to*. Romance Philology, 28, 473-482.

Toribio, A.J. (2001a). Accessing bilingual code-switching competence. *International Journal of Bilingualism*, 5 (4), 403-436.

Toribio, A.J. (2001b). On the emergence of bilingual code-switching competence. *Bilingualism: Language and Cognition*, 4 (4), 203-231.

Toribio, A.J. (2008). Syntactic-theoretical perspectives on bilingual code-switching. *Lingua*, 118 (6), 761-764.

Toribio, A.J., & González-Vilbazo, K.E. (2014). Operator movement in English-Spanish and German-Spanish codeswitching. In J. MacSwan (ed.). *Grammatical Theory and Bilingual Codeswitching* (pp. 87-118). The MIT Press.

Tsang, W.L. (2016). Acquisition of English number agreement: L1 Cantonese-L2 English-L3 French speakers versus L1 Cantonese-L2 English speakers. *International Journal of Bilingualism*, 20 (5), 611-635.

Tsimpli, I.M., & Dimitrakopoulou, M. (2007). The Interpretability Hypothesis: Evidence from *wh*-questions in second language acquisition. *Second Language Research*, 23 (2), 215-242.

UCLES. (2001). *Oxford Quick Placement Test (Version 1)*. Oxford University Press.

Valian, V. (2015a). Bilingualism and cognition: A focus on mechanisms. *Bilingualism: Language and Cognition*, 18 (1), 47-50.

Valian, V. (2015b). Bilingualism and cognition. *Bilingualism: Language and Cognition*, 18 (1), 3-24.

Van der Meij, M., Cuetos, F., Carreiras, M., & Barber, H. A. (2011). Electrophysiological correlates of language switching in second language learners. *Psychophysiology*, 48 (1), 44-54.

van Gelderen, E., & MacSwan, J. (2008). Interface conditions and code-switching: Pronouns, lexical DPs, and checking theory. *Lingua*, 118 (6), 765-776.

van Hell, J.G., Cohen, C., & Grey, S. (2016). Testing tolerance for lexically-specific factors in Gradient Symbolic Computation. *Bilingualism: Language and Cognition*, 19 (5), 897-899.

van Hell, J.G., Litcofsky, K.A., & Ting, C.Y. (2015). Intra-sentential code-switching: cognitive and neural approaches. In J. W. Schwieter (eds.), *The Cambridge Handbook of Bilingual Processing* (pp.459-482). Cambridge: Cambridge University Press.

van Hell, J.G., Sánchez-Casas, R., & Ting, C.A. (in preparation). Enrique Iglesias tops the charts with newly released canción!: How socio-contextual information facilitates code-switching.

van Hell, J.G., & Witterman, M.J. (2009). The neurocognition of switching between languages: A review of electrophysiological studies. In Isurin, L., Winford, D., & de Bot, K. (eds.). *Multidisciplinary Approaches to Code Switching* (pp.53-84). John Benjamins Publishing Company.

VanPatten, B., & Jegerski, J. (2010). *Research in Second Language Processing and Parsing*. John Benjamins Publishing Company.

Vogt, H. (1954). Language contacts. *Word*, 10 (2-3), 365-374.

Von Studnitz, Roswitha E., & Green, David W. (2002). The cost of switching language in a semantic categorization task. *Bilingualism: Language and Cognition*, 5 (3), 241-251.

Wang, L., & Liu, H.T. (2013). Syntactic variation in Chinese-English code-switching. *Lingua*, (1), 58-73.

Wang, L., & Liu, H.T. (2016). Syntactic differences of adverbials and attributives in Chinese-English code-switching. *Language Sciences*, 55, 16-35.

Wang, X. (2015). Language control in bilingual language comprehension: evidence from the maze task. *Frontiers in Psychology*, 6, 1-12.

Wang, X.J. (2013). *Grammatical Development of Chinese among Non-native Speakers*. Cambridge Scholars Publishing.

Wei, L.X. (2009). Code-switching and the bilingual mental lexicon. In Bullock, B.E., & Toribio, A.J. (eds.). *The Cambridge Handbook of Linguistic Code-switching* (pp.270-288). Cambridge University Press.

Weinreich, U. (1953). *Language in Contact: Findings and Problems*. Mouton & Co, The Hague.

White, L. (2003). *Second Language Acquistion and Universal Grammar*. Cambridge University Press.

Whitford, V., Pivneva, I., & Titone, D. (2016). Eye movement methods to investigate bilingual reading. In Heredia, R.R., Altarriba, J., & Cie'slicka (eds.). *Methods in Bilingual Reading Comprehension Research* (pp.183-211). Springer.

Wilson, M.D. (1988). The MRC psycholinguistic database: Machine readable dictionary. *Behavioral Research Methods, Instruments and Computers*, 20 (1), 6-11.

Woolford, E. (1983). Bilingual code-switching and syntactic theory. *Linguistic Inquiry*, *14* (5), 520–536.

Wyngaerd, E. V. (2017). The adjective in Dutch-French codeswitching: Word order and agreement. *International Journal of Bilingualism*, *21* (4), 454–473.

Yuan, B. P. (2012). Is Chinese '*daodi*' '*the hell*' in English speakers' L2 acquisition of Chinese daodi … *wh* … questions? Effects and recoverability of L1 transfer at L2 interfaces. *International Journal of Bilingualism*, *17* (4), 403–430.

Yuan, B. P. (2015). The effect of computational complexity on L1 transfer: Evidence from L2 Chinese attitude-bearing *wh-questions*. *Lingua*, *167*, 1–18.

Zheng, L. (1997). Tonal aspects of code-switching. *Monash University Linguistic Papers*, *1* (1), 53–63.

索 引

标句词 37,42,45,120,121,123,
　128,140-142,147,151,154
标志语 122
不可解特征 5,37-40,51,58,59,
　85,115,117,142,152,153,
　156,157
参数重设 85,117,142
产出—分布—理解 18,47,
　160,161
称名变量 14
触发理论 4,7,31,35,44,46,50,
　87-92,113-115,117-119,146,
　150,156
第三语法 18,30,31,35,36,81,
　87,115,122,145,150,151,154
动词短语 18,33,40,151
二语 5,10,12,18,20-22,24-27,
　48,49,60,85,117,142,153,160

二语习得 51,52,59,60,84-86,
　92,117-119,142,143,145,
　152-154,157,158
反应时 11,12,14,20,26,28
方差分析 68,98-100,103,104,
　107,109,111,130,134
非平衡双语者 21
非制约观 3,4,7,30,31,36,37,
　42,43,47,50,55,56,82
功能语类 55-57,78,80
功能中心语原则 4,6,7,14,18,
　31,34,42,44,45,50,56,59,60,
　79-82,85,86,90,119,146,
　150,151,156
过度泛化 13
毫秒 16,26,27,67,90
合并 37,38,40,41,81,115,119,
　122,153,158

话题 19，122，123
基础语 32，33
基础语框架 29，32，33，42，43，46，47，50，90
简单简单效应 102
简单效应 70，73，101，103，106，131，135，136
交互效应 28，70，71，73，75，76，78，100-103，105，106，108-112，131-133，135-137
句法规则 3，4，8，10，11，13，14，18，35，49，55，56，143，147，150，158，160
句法因素 17，83，84，86，116，117，141
可解特征 37-40，58
空理论 31，44
连续型变量 14
逻辑式 38，42，57，115
迷津任务 14，15，23，25
名词短语 40-42，45
模态 19
母语性特征习得 119
内在语言 2
普遍语法 18，30，36，50
启动效应 25，46，90，97
嵌入语 32，33，46
嵌入语 30
屈折 42

全迁移全通达模型 51，84，85，117，142，152，158
全诠释原则 38
人口学变量 4，91
人类语言运算系统 37
社会经济地位 2，25
失败的功能特征假设 5，51，59，84，85，92，117，142，153，158
时间进程 3，4，24，26，30，51-54，60，72，75，78，82-84，86，91，92，104，109，113，115，116，118，125，134，138，141，143，145，147，148，151，152，154，157，158，160，161
事件相关电位 8，19，23，25，26，83-86，116-118，141，144，153，157，160，161
受试 6，12，15，16，19，20，24，26，28，48，49，52，54，60-82，84-86，91，93-115，117，118，125-144，149，153，154，159-161
双语认知优势观 9
双语者 9
算子移位 120，121，124，139
特征 7，12，22，23，25，28，34，37-41，45，46，56-60，63，80-82，85，86，115，117-124，128，140-143，146，147，151-154，156，157

跳跃 16
推断统计 14,16,147,149
晚期正成分 26
限定词短语 6,29,33,41,55-59,64,65,67-73,75,76,78,79,81-86,90,91,98,100-102,104-106,108-110,112-119,122,123,139,146,153
心理词汇 10-12,21-25,27-29,87,142
心理语言学 2-8,10-12,17,19,28,42,44-48,53,56,64,81-83,96,114,124,145,152,158,159
信息焦点 122,123,140
兴趣区 17,68,69,79,83,98-100,114,116,129,130,141,147-149
眼动 5,6,8,11,12,14-19,23,25,30,45,47-49,52,59,60,65-70,78,79,82-86,90-92,97-100,113,114,116-118,120,123,125,129,130,139-144,146,147,151,152,154,157-160
眼脑假设 15,86,160
一语 10,20-22,24-27,49,60,85,117,142,153
一致操作(Agree) 154

移位 6,37,41,42,119-123,129,139,140,143,146,147,151,153,154,157,158
抑制控制模型 20,24
语迹 121
语境因素 17,19,26,88
语类选取特征 38
语料库 42,43,46,47,51,65,88-91,114,161
语码转换 1
语素 4,6,32,33,45,46,48,52,55,57,59,61,63,65,67,69,71,73,75,77-79,81,83,85,86,121,150
语言产出 7,11,19,20,22,42,43,46,47,159-161
语言理解 19,22,42,47,82,159-161
语言水平 4,5,9-12,14,18,20,23-28,46,48,49,51-54,60,62,63,68,70-73,75,76,78,81,84,86,91,92,94,95,99-114,116-118,125,127,128,130-139,142-145,149,150,152,154,159,160
语言习得机制 36
语义选取 40
正确率 12,68,98,130
执行功能 9,25,159,160

制约观 30

制约观 2

中心语移位 37,41,120-122

注视 5,15-17,52,66-79,84,97,98,100-112,129,130,132-138,147-150,158,160

转换代价 7,10-12,20-27,44,45,47,52-54,58-60,65,69-72,74,75,77,79,80,83,84,91,92,100,102,104,106,109,110,113,114,116,117,125,130,133,134,137,138,141,142,146,147,149,155-157

自定步速阅读任务 14,15,19,23,25,114,143

最简方案 4,6,7,29,36,37,39-41,43,44,46,47,50,56,57,59,79,81,82,85,86,88,90-92,113-115,117-120,122,123,125,139,143,146,147,150,151,155-157